AF332503

DE LA NATIONALITÉ

DU TITRE DE CITOYEN

DANS L'ANTIQUITÉ ET À ROME.

DE LA QUALITÉ DE FRANÇAIS

DANS L'ANCIEN ET LE NOUVEAU DROIT.

(Commentaire de la loi de 1867 sur la naturalisation. — Cession de la Savoie et du comté de Nice, Traité de Francfort de 1871.)

LÉGISLATIONS COMPARÉES.

(Loi du 1er Juin 1870 : causes d'acquisition et de perte de la qualité de citoyen de l'Allemagne du Nord.)

PAR

RENÉ DE MARDIGNY,

Docteur en droit, avocat à la Cour d'appel de Nancy.

NANCY

IMPRIMERIE DE BERGER-LEVRAULT ET Cⁱᵉ

11, RUE JEAN-LAMOUR, 11

1873

A la mémoire de mon excellent Père.

———

A mes Parents.

———

A mes Amis.

———

A mes compatriotes de Metz.

INTRODUCTION.

A toutes les époques, chaque peuple, en dehors des principes communs à tous les hommes, a été régi par des lois qui lui étaient personnelles et dont le bénéfice était le plus souvent réservé exclusivement à ses nationaux. La participation aux avantages du droit civil qui, comme l'a dit le tribun Gary, est : « Le droit propre à chaque nation et qui la distingue des autres », et principalement l'investiture des droits politiques sont l'apanage du national qui ne se trouve pas lui-même sous le poids d'une déchéance.

Dans les temps les plus reculés, à Sparte, à Athènes, à Rome, pour avoir des droits, compter pour quelque chose, il fallait être citoyen, c'est-à-dire membre de la phratrie, de la curie ou cité ; dans l'empire franc, où il y avait autant de lois particulières que de peuplades, puis plus tard, sous le régime féodal, il en fut de même ; enfin, en France, de nos jours, tandis que les autres peuples du globe appliquent à leurs nationaux des principes qui leur sont propres, la jouissance des droits civils et politiques est attachée à la qualité de Français. Il est donc important de pouvoir déterminer exactement ceux qui sont nationaux de tel ou tel pays et ceux qui n'y sont qu'à l'état d'étrangers. Aujourd'hui surtout, qu'un traité inexorable vient d'arracher, par sa seule autorité, à la mère-patrie une partie de ses enfants les plus dévoués, nous avons pensé qu'il pouvait être utile d'indiquer à nos malheureux concitoyens par quelles voies légales il leur sera possible de recouvrer le titre de Français, dont la force les a dépouillés, mais que beaucoup voudront encore revendiquer, et de montrer à ceux d'entre eux qui resteront malgré eux sur la terre étrangère, qu'ils peuvent espérer que ce titre leur sera rendu un jour, de même qu'il leur a été ravi.

Nous n'avons pas l'intention d'examiner les différents effets juridiques qui résultent de ce que l'on est ou de ce que l'on n'est pas compris parmi les nationaux, nous sommes obligés de limiter notre travail; nous nous proposons seulement d'établir les principes successivement admis pour déterminer la nationalité, en nous appesantissant principalement sur la législation romaine et notre droit français actuel.

Cette étude sera divisée en trois parties : la première comprendra les législations anciennes, puis le droit romain que nous examinerons en traitant les questions suivantes en quatre chapitres : 1° Quels sont ceux qui naissent citoyens romains; 2° Comment peut s'acquérir le droit de cité; 3° Comment on perd la qualité de *civis romanus*; 4° Comment, après avoir perdu ce titre, on peut le recouvrer.

Notre seconde partie sera consacrée au droit ancien et au droit intermédiaire.

Nous déterminerons ensuite dans notre droit civil français : 1° Ceux qui sont Français d'origine; 2° Comment on peut le devenir; 3° Les causes qui font perdre cette qualité ; 4° Quelles sont les conditions à remplir pour l'obtenir à nouveau après l'avoir perdue. Nous terminerons enfin par une étude comparative et abrégée des différentes législations modernes, dans ce qu'elles peuvent avoir de commun avec notre sujet. Tel sera, en quatre chapitres et un appendice, l'objet de la troisième et dernière partie.

PREMIÈRE PARTIE.

LÉGISLATIONS ANCIENNES.

Dans l'antiquité, la nationalité se transmet toujours *jure sanguinis*, l'enfant suit la condition de ses père et mère : nous en voyons des exemples à Sparte, à Athènes, à Rome ; et même, si nous consultons les lois athéniennes, nous les voyons consacrer le principe que l'enfant n'est citoyen que tout autant que son père et sa mère jouissent de cette qualité, et que si l'un ou l'autre de ses parents est étranger, l'enfant suit sa condition. La cité recrute ses membres par la filiation, c'est la première source de citoyens et à peu près la seule à cette époque. La naissance sur le territoire n'avait alors par elle-même aucune influence et il en fut ainsi jusqu'au temps où, la souveraineté sur la terre et sur les personnes ne faisant plus qu'un, on appliqua uniquement, pour déterminer les nationaux, le principe de la territorialité. A côté de la transmission de la cité par la famille, et généralement par une admission solennelle, il y a la naturalisation, mode d'admission de l'étranger, d'abord rarement employée, mais que nous verrons successivement accueillie avec plus de faveur. Plus on remonte vers les premiers temps de l'histoire, plus on est frappé de la difficulté avec laquelle l'étranger était admis dans la cité ; on prenait à son égard des me-

sures hostiles ou tout au moins défiantes que peu à peu
le progrès des lumières et les besoins du commerce sont
venus tempérer chaque jour davantage : « Les peuples
barbares dont la civilisation n'a ni éclairé l'administration,
ni adouci les mœurs, sont gouvernés par un esprit
jaloux, inquiet et farouche[1]. » En temps de paix l'exclusion de l'étranger, en temps de guerre sa mort ou sa
réduction en servitude, furent naturellement, chez ces
nations, pour ainsi dire un principe de gouvernement.
Tous les peuples de l'antiquité et, malgré le raffinement
de leurs mœurs, la Grèce et Rome elle-même à son origine, obéirent à peu près aux mêmes instincts. Comment la
loi eût-elle été favorable à l'étranger, lorsque la religion,
qui en était alors le fondement, était elle-même empreinte
d'exclusivisme. M. Fustel de Coulanges nous donne une
définition exacte du citoyen et de l'étranger à cette époque
primitive : « Le citoyen, dit-il, est l'homme qui a la
religion de la cité ; l'étranger est celui qui n'a pas accès
au culte, celui que les dieux de la cité ne protégent pas
et qui n'a pas même le droit de les invoquer[2]. » C'est
cet antagonisme consacré, sinon produit par la religion,
qui nous explique et nous donne la première cause de la
haine et du mépris qui poursuivaient l'étranger. Les
cités vivent à côté les unes des autres avec leur loi particulière, leur religion particulière, on ne saurait comprendre la possibilité d'une union, ce serait abdiquer ses
dieux, se priver de leur puissante protection : « La religion faisait de la cité un corps qui ne pouvait s'agréger
à aucun autre, l'isolement était la loi de la cité. » De

---

1. ROEDERER, *Rap. au Conseil d'État*, 24 therm., an IX.
2. P. DE COUL., *De la cité antique*, L. III, ch. XII, p. 231, et ch. XIV
p. 241.

plus, comme on l'a dit avec raison [1], l'égoïsme formait la base des sociétés antiques ; égoïsmes de famille, de tribu, de corporation, de caste, croissaient à l'ombre de l'égoïsme national qui en était le résumé et le type et que l'on qualifiait volontiers de patriotisme. Chaque État considérant comme la condition naturelle, essentielle même de sa grandeur et de sa puissance, la défaite et l'extermination des autres peuples, de là sont venues ces maximes de gouvernements dont l'humanité est exclue, l'étranger longtemps confondu avec l'ennemi « : *Peregrinus antea dictus hostis.* » Outre l'obstacle que de pareilles mœurs opposaient à l'assimilation, à l'incorporation de l'étranger dans la cité, il en rencontrait d'autres presque invincibles dans les théories politiques qui, pour nous paraître aujourd'hui étranges, n'en furent pas moins très-accréditées parmi les Républiques de l'antiquité. Ce que les temps barbares avaient fait par instinct, les époques civilisées le firent encore longtemps par calcul, et il faudra en réalité remonter jusqu'à la Révolution française pour apprendre les véritables principes de la fraternité des peuples.

Au milieu de ces législations qui excluent tout ce qui n'est pas citoyen de la participation aux droits de la cité et lui en rendent l'accès presque impossible, ce n'est que bien rarement que nous trouverons semées çà et là quelques dispositions plus généreuses et plus humaines.

C'est à tort que l'on a accusé outre mesure la loi mosaïque ; on doit même la déclarer, sous ce rapport, supérieure aux autres législations anciennes. Malgré l'histoire des hôtes de Loth, des textes nous prouvent que l'on faisait de l'hospitalité un devoir [2] ; le Deutéronome

1. DE CHAMPAGNY, *Les Césars*, t. I, p. 232.
2. *Exode*, v. 9, ch. XXIII.

émet le principe de la fraternité des peuples, il repousse les idées de vengeance contre l'ennemi et déclare maudit celui qui commet des injustices à l'égard des étrangers[1]. Seulement, si la loi de Moïse, comme chez les autres peuples de cette époque, défend aux Hébreux des relations avec les nations étrangères qui les environnent, c'est afin qu'ils gardent la vraie religion et n'offrent pas leurs sacrifices aux faux dieux[2].

De telles lois formaient l'exception : les Scythes et les peuples de la Chersonèse Taurique égorgaient les étrangers sur l'autel de Diane, les Égyptiens professaient à leur égard une haine profonde, et l'histoire nous a fait connaître tous les maux qu'ils firent endurer aux Hébreux qu'ils traitaient en esclaves ; ils se glorifient même de leur barbarie, et inscrivent sur leurs monuments qu'aucun régnicole n'a travaillé à leur construction, mais les étrangers seuls qui, confiants dans les lois de l'hospitalité, n'ont trouvé que la plus cruelle des servitudes.

En Grèce, les philosophes et les législateurs professent tous ce système que le petit nombre de familles libres, en dehors des étrangers et des esclaves, est la condition de la prospérité des États. Platon, dans son livre *Des Lois*, fixe le chiffre des citoyens à 5040 ; Sparte n'en compta pas plus de 7000, et la libérale Athènes elle-même ne dépassa pas 20000 non compris, bien entendu, les femmes et les enfants. Ce groupe restreint, seul maître de tous les droits de la cité, c'est-à-dire tout à la fois des droits civils et politiques, jouissait seul de la plénitude de la liberté dont l'esclave, l'étranger domicilié, le prolétaire même, et quelquefois aussi l'affranchi se voyaient

---

1. *Deut.*, v. 19, ch. XXVII.
2. *Exode*, v. 33, ch. XXIII.

rigoureusement ou partiellement exclus. Corinthe, elle aussi, fut avare de son droit de cité : elle crut faire à Alexandre un honneur digne du maître du monde en lui offrant dans le titre de citoyen un nom que seul de tous les étrangers Hercule avait reçu avant lui[1]. Mais nous ne pouvons faire l'histoire de toutes les cités ou républiques de l'antiquité ; si chacune avait son législateur et des lois adoptées à son caractère propre, toutes ces législations sont empreintes du même esprit à l'égard de l'étranger. Nous dirons seulement quelques mots de Sparte et d'Athènes, sa rivale, ville célèbre entre toutes les Républiques de la Grèce.

Les Spartiates étaient régis par les lois de Lycurgue, dont la législation passait pour une des plus sages de l'antiquité, et cependant l'entrée de la ville était interdite aux étrangers, parce qu'il craignait, nous dit Thucydide, qu'ils imitassent la forme de son gouvernement et qu'ils apprissent à pratiquer la vertu. Au temps d'Hérodote, Sparte n'avait encore accordé le droit de cité à personne, excepté à un devin, encore avait-il fallu pour cela l'ordre formel de l'oracle. La position de ce peuple, entouré d'Hilotes et de Laconiens toujours menaçants, explique facilement ses mœurs guerrières, dures et sauvages. Il a peur de l'étranger, redoute de le voir s'introduire dans la cité pour corrompre par son contact les vertus des ancêtres et enseigner le vice, aussi il évite tous rapports avec lui. Un passage de Bacquet[2] nous dépeint bien l'esprit de cette législation : « Lycurgus, législateur des Lacédémoniens, considérant n'estre rien plus dangereux pour l'abolition de ses lois, que la récep-

1. PLUTARQUE.
2. BACQUET, *Droit d'aubaine*, ch. II, § 21.

tion de nouveaux habitants, il mist toute peine et s'estudia entièrement à clore l'entrée de sa cité aux étrangers. A ceste fin défendit aux Lacédémoniens la société et la conjonction par mariage avec les étrangers et étrangères, auxquels il refusa le droit de bourgeoisie et toute communication des affaires publiques.... et défendit tout commerce et trafic de marchandises estranges, *ut refert Plutarchus.* » D'autre part, c'était un crime de quitter sa patrie et celui qui n'assistait pas aux repas publics, principale cérémonie du culte national, même sans que ce fût par sa faute, cessait aussitôt de compter parmi les citoyens [1]. Sans doute la situation du peuple Lacédémonien, le désir d'entretenir les vertus guerrières, l'amour de la patrie, l'union et la force nécessaires pour résister aux ennemis, purent faire admettre cette méfiance à l'égard des nations voisines, mais cette exclusion systématique de tous les étrangers, quels qu'ils fussent, élément indispensable pour la prospérité d'un peuple, dut amener fatalement la chute de Sparte.

On voit dans les orateurs antiques que chaque Athénien fait partie de quatre sociétés distinctes; il devient successivement membre de la famille, de la phratrie, de la tribu, de la cité [2]. L'enfant est d'abord admis dans la famille par la cérémonie religieuse qui a lieu dix jours après sa naissance; quelques années après, il entre dans la phratrie; mais nous voyons qu'au temps de Démosthènes, pour être reçu il faut être né d'un mariage légitime dans une des familles qui composent l'association, car la religion de la phratrie, comme celle de la famille, ne se transmet que par le sang. Le jeune Athénien était

---

1. Aristote, *Politique* II, 6-21; II, 7.
2. Fustel de Coulanges, *De la cité antique, passim.*

présenté à la phratrie par son père qui jurait qu'il était son fils ; l'admission avait lieu sous une forme religieuse : on immolait une victime et on en faisait cuire la chair sur l'autel en présence de tous les membres ; si on refusait d'admettre le nouvel arrivant, parce qu'on doutait de la légitimité de sa naissance, on devait enlever la chair de dessus l'autel ; si on ne le faisait pas, et qu'on partageât avec le nouveau venu les chairs de la victime, le jeune homme était admis et devenait irrévocablement membre de l'association [1]. Vers l'âge de 16 ou 18 ans, il se présente pour être admis dans la cité et prêter le serment solennel en présence d'un autel et devant les chairs fumantes d'une victime ; à partir de ce jour-là seulement il est initié au culte public et devient citoyen [2].

A Athènes, celui qui ne prenait pas part à la fête des dieux nationaux et qui ne se faisait pas inscrire sur les registres du cens perdait le droit de cité. L'Athénien était aussi libre de changer de patrie, nous en trouvons la preuve dans ce passage de Platon *(in Critone)* où Socrate dit : « Nous t'avons permis, pour le cas où notre administration politique ne te conviendrait pas, de te retirer et de t'établir où tu le jugerais plus avantageux. Les portes d'Athènes sont ouvertes à quiconque ne s'y plaît pas ; mais y rester avec une parfaite connaissance, c'est consentir tacitement à se soumettre à tout ce que nous pouvons ordonner. » Ces cas de désertion étaient rares, l'amour de la patrie était très-grand chez les anciens ; aussi on ne connaissait pas de plus grand châtiment que l'exil : l'exilé, dit Xénophon, perd foyer, liberté, patrie, femme,

---

1. Démost., *in Eubul*; *in Macart*. Isée, VIII, 18.
2. Dém., *in Eubul*. Isée, VII, IX. Lycurgue, I, 76. Schol., *in Demost.*, p. 438. Pollux, VIII, 105. Stobée, *De Repub.*

enfants; c'est un étranger[1]. L'exil ne semblait pas un supplice moins grand que la mort, il n'est donc pas surprenant que les Républiques anciennes aient presque toujours permis au coupable d'échapper à la mort par la fuite.

Quant à la naturalisation, elle n'était accordée que difficilement et Hapocration et Suidas nous apprennent qu'on appliqua longtemps à Athènes les lois du plus rigoureux exclusivisme. Solon, législateur d'Athènes, comprit l'importance de cette source de force et de richesses, et sans donner un accès facile dans la cité, il admit cependant le principe de la naturalisation et de la protection de l'étranger. Le *Xénos* qui a bien mérité de la patrie peut obtenir la qualité de citoyen, mais la concession est entourée de formes nombreuses. D'où vient qu'on opposait tant d'obstacles à l'étranger qui voulait être citoyen? Démosthènes nous indique le vrai motif et la pensée des Athéniens : « C'est qu'il faut conserver aux sacrifices leur pureté » ; admettre un étranger parmi les citoyens, c'est « lui donner part à la religion et aux sacrifices[2]. » De plus, dans cette cité, le titre de citoyen constituait une fonction publique et lui donnait part au gouvernement; ainsi, le peuple seul pouvait accorder à l'étranger la qualité de citoyen et l'exercice des droits en dépendant. Les historiens nous ont transmis les formalités que devait remplir l'étranger avant d'arriver à être assimilé. Il devait, en premier lieu, faire sa demande, elle était déférée au peuple qui, par un vote au scrutin secret, admettait ou rejetait la candidature; neuf jours après, un second vote, fait dans

1. Thucydide, I, 138. Hérodote, VII, 231. Cic., pro *Domo*, 20. Tit.-Liv., 25, 4. Ulp., X, § 3.
2. Dém., in *Neæram*, 89, 91, 92, 113, 111.

les mêmes conditions, devait valider la présentation, et on exigeait qu'il y eût au moins six mille suffrages favorables, chiffre qui paraît énorme si l'on songe qu'il était fort rare qu'une assemblée athénienne réunît ce nombre de citoyens. Mais on ne s'en tenait pas encore à cela, car ces deux décisions du peuple déférées au Sénat, tribunal supérieur, pouvaient être rejetées; enfin le premier venu parmi les citoyens pouvait opposer une sorte de *veto* et attaquer le décret comme contraire aux vieilles lois. Pour obtenir la naturalisation, l'étranger doit satisfaire à l'une des deux conditions suivantes : ou avoir été banni à tout jamais de sa patrie, ou s'être établi à Athènes définitivement et avoir un intérêt à y demeurer : nul en effet ne peut être membre de deux cités, il ne peut devenir citoyen d'Athènes qu'en perdant sa première nationalité[1]. Ces deux conditions étaient rigoureusement exigées et sur ce point on se montra si sévère qu'on n'en accorda pas l'exemption aux soldats étrangers qui avaient combattu à Marathon. La décision du peuple ne suffisait pas à elle seule pour assimiler complétement l'étranger; il devait en quelque sorte acquérir sa qualité par une résidence dont la durée était déterminée par la loi : jusqu'à ce moment il ne jouissait pas de l'exercice de certains droits politiques. Et même la méfiance qu'inspirait son ancienne qualité d'étranger était si grande, qu'on lui refusait certains honneurs qui auraient pu lui permettre de prendre une part trop influente à la direction des affaires de l'État : ainsi on n'accordait les titres de grand-prêtre et de magistrat aux citoyens descendants d'étrangers naturalisés, qu'après trois générations au moins.

---

1. PLUTARQUE, *Solon*, 24. Cic., *pro Cecina*, 31.

A côté de cette première catégorie d'individus pouvant obtenir, en vertu de services importants, la capacité pleine et entière des droits civils et même politiques, comme les autres nationaux, il existait d'autres classes de *Xénoi* jouissant de certains droits et, d'une façon plus ou moins large, plus favorisés que les étrangers proprement dits. Les Isotèles peuvent ester en justice devant les tribunaux athéniens sans l'assistance d'un citoyen ; les Métèques obtiennent les droits nécessaires pour la garantie de leur commerce et peuvent même être admis à établir leur domicile dans le pays après enquête de l'Aréopage, mais dans ce cas ils ne pouvaient habiter qu'un quartier à part dans la cité, leurs enfants étaient séparés de ceux des Athéniens et, comme nous l'apprend Bacquet[1] : « Hors les murailles d'Athènes il y avait un certain lieu appelé « *Cynosarges*, » qui estoit un parc destiné pour jouer et exercer les enfants mestifs, c'est-à-dire ceux qui n'estoient pas naîs de père et mère naturels citoiens d'Athènes. » D'autres étrangers obtinrent même quelquefois l'autorisation d'habiter dans le quartier des citoyens, et plus tard on leur permit de se choisir un patron et, par conséquent, de jouir de tous les droits civils et politiques. Enfin, à côté de ces personnes favorisées, l'étranger ordinaire était sauvegardé dans ses droits en se mettant sous la protection d'un citoyen athénien appelé proxène.

A tous les points de vue donc, Athènes a donné un grand exemple dans l'antiquité, et il nous faudra parcourir encore des siècles pour retrouver l'esprit sage, généreux et désintéressé de la grande République.

---

1. *Droit d'aubaine*, 1ʳᵉ p., ch. II, § 22.

DROIT ROMAIN

Les personnes libres se divisent en *cives romani* et *non cives romani*. La nationalité romaine s'acquiert par la naissance ou par un fait postérieur : on naît citoyen romain ou on le devient.

CHAPITRE PREMIER.

Qui naît citoyen romain.

Le droit romain, pour déterminer la nationalité d'une personne, admettait le principe que le législateur français a fini lui aussi par adopter. Sans se préoccuper du lieu de la naissance, *jus soli*, il établissait la nationalité d'après la filiation, *jus sanguinis*, c'est-à-dire en se fondant exclusivement sur la qualité des père et mère de l'enfant. « Recte Romanum interpretamur Roma oriendum, qua appellatione, et in jure nostro semper notatur origo paterna, non origo propria et natale solum[1]. » La loi romaine va même plus loin que notre Code, elle refuse tout effet à l'accouchement sur le territoire ou dans une ville qui a le *jus civitatis*, pour obtenir la naturalisation. On peut attribuer cette rigueur aux idées de cette époque primitive, et la législation prétorienne,

---

1. CUJAS, *Observation* 33.

malgré les adoucissements qu'elle apporta dans les mœurs, n'osa pas déroger sur ce point au droit civil pur. Le citoyen romain se considérait comme au-dessus de tous, il était jaloux et orgueilleux de ce titre qui lui donnait de nombreuses prérogatives, et ne voulait pas, peut-être avec raison, contrairement à nos usages modernes, le prodiguer à tout hasard à des indignes ou à des indifférents.

Pour naître citoyen romain, il faut d'abord et avant tout naître libre, par conséquent les circonstances qui vous font naître esclave vous privent *a fortiori* de la qualité de citoyen. Mais il ne suffit pas de naître libre, il faut encore, suivant des distinctions, consulter la condition du père ou de la mère de l'enfant. S'ils sont tous deux citoyens romains, point de difficulté, l'enfant naîtra nécessairement avec cette qualité, qu'il y ait eu entre ceux dont il est issu *justes noces, concubinat* ou *contubernium*. La solution est plus délicate lorsqu'un seul des deux parents possède cette qualité.

Pour décider si un enfant naît libre et citoyen, il faut s'en référer à deux principes fondamentaux qui régissent toute la matière.

1re *Règle* : « Connubio interveniente, liberi semper patrem sequuntur ; non interveniente, matris conditioni accedunt... [1] » L'enfant conçu *ex justis nuptiis* suit la condition de son père ; l'enfant *vulgo quæsitus*, celle de sa mère [2].

Et d'abord pour qu'il y ait possibilité de contracter de *justes noces*, il faut une capacité absolue qui consiste dans la puberté pour les hommes et la nubilité pour les

---

1. Frag. d'ULP., V, 8.
2. CELSUS, L. XIX, *De statu hominum*, D., I, 5.

femmes; il faut le consentement des parties contractantes, le consentement de leurs ascendants paternels si elles sont *alieni juris;* enfin il faut une capacité relative, le connubium.

Quand y a-t-il connubium? Le connubium, *uxoris jure ducendæ facultas,* est l'élément constitutif des justes noces; il n'existait en principe qu'entre les citoyens romains[1], et même il était défendu aux sénateurs et ingénus d'épouser certaines femmes avant les lois Julia et Papia Poppæa; les Latins et les pérégrins ne l'avaient qu'en vertu d'une disposition toute exceptionnelle et particulière due à la faveur impériale[2]. Il pouvait arriver cependant que parfois ceux-ci profitassent indirectement d'une faveur accordée à d'autres personnes; c'est ce qui avait lieu notamment lorsque l'empereur concédait le connubium à un vétéran avec la première Latine ou la première pérégrine qu'il épouserait après son congé. Dans cette hypothèse, la faveur impériale ne s'adresse qu'au vétéran, mais par voie de conséquence elle profite à la femme qu'il épouse et aux enfants qui pourront naître de leur union.

Même entre citoyens romains, le connubium n'existe pas toujours. Sans entrer dans les détails de cette matière, constatons qu'il pouvait faire défaut dans le droit de Justinien, comme dans l'ancien droit, par suite de la parenté, de l'alliance à certains degrés[3], de l'adoption, de la tutelle, de la curatelle[4], de l'existence d'un précédent mariage. Ces empéchements reposent en général sur une morale naturelle et ils ont peu varié dans le

---

1. *Inst.,* pr. *De Nuptiis,* I, 10.
2. *Ulp.,* V. § 4 et 5. *Gaius,* c. I, § 56 et 57.
3. *Inst.,* § 1 à 10, *De Nuptiis,* I, 10.
4. L. 36 et 37; L. 61,§ 1 ; L. 66 et 67, § 3, *De ritu nupt.,* D., 23, 2. *De interd. matrim. inter pupil.,* etc., Cod. 5, 6.

cours de la législation romaine; d'autres prohibitions, dictées par des considérations politiques ou d'ordre public, subirent des changements à différentes époques. Ainsi l'absence du connubium résultait anciennement de l'inégalité des conditions, cette cause est devenue plutôt historique que pratique du temps de Justinien : d'après la loi des Douze Tables, les justes noces n'étaient pas possibles entre patriciens et plébéiens; cet empêchement fut aboli en 309 de la fondation de Rome par la loi Canuleia [1]; jusqu'aux lois Julia et Papia Poppæa [2], le mariage légal était interdit entre ingénus et affranchis; même après ces lois, les sénateurs ou les personnes de leur famille ne peuvent épouser des comédiennes, des prostituées, des femmes faisant le commerce de prostitution ou condamnées sur une accusation publique ou surprises en adultère [3]; le sénateur et son fils ne peuvent même pas se marier avec une affranchie. Ces prohibitions furent étendues sous Constantin [4], mais on ne comprenait pas dans l'énumération les femmes auxquelles on ne pouvait reprocher que leur pauvreté. Une constitution de 454, des empereurs Valentinien et Marcien, donne aussi la liste des personnes réputées viles et abjectes que ne pouvaient épouser les sénateurs ni les grands dignitaires; cette liste comprend notamment les affranchies et les comédiennes [5], les femmes d'auberge, revendeuses, etc. Justinien, épris de Théodora, fille d'un cocher de cirque, comédienne elle-même, obtint de son oncle Justin qui régnait encore, une constitution insérée

---

1. Cic., *De Republ.*, II, 37. Trr.-Liv., IV, n⁰⁵ 1 et suiv.

2. Trr.-Liv., 39, 19. D., L. 23, *De ritu nupt.*, 23, 2.

3. Ulp., *R. tit.*, 13. D., L, 41 et suiv., *De ritu nupt.*

4. Cod., L. 1, *De nat. lib.*, etc., 5, 27.

5. Cod., L. 7, *De incest. et inut. nupt.*, 5, 5.

au code, qui établit que lorsqu'une comédienne a abandonné sa profession, au même moment cesse le déshonneur qui l'avait frappée et elle devient capable de s'unir aux personnes même les plus élevées [1]. Justinien alla plus loin encore et permit, dans sa Novelle 117, ch. VI, de quelque dignité que l'on fût revêtu, d'épouser les femmes que la Constitution de Constantin désignait comme *humiles abjectæve*.

Le gouverneur d'une province ne peut s'y marier avec une personne originaire de cette province ou y ayant son domicile; son fils est frappé de la même incapacité. Cette décision est toute politique, et avait pour but d'empêcher que le gouverneur n'acquit une trop grande puissance en entrant dans des familles influentes du pays, il aurait pu en abuser pour se révolter [2]. Dans le cas où on aurait passé outre, les justes noces n'existaient qu'après la destitution du fonctionnaire, et s'il y avait accord de volonté des parties contractantes. Les empereurs chrétiens établirent encore quelques dispositions restrictives dictées par des motifs de moralité et d'ordre public. Ainsi ils défendirent le mariage entre le ravisseur et la femme par lui ravie [3]; des Constitutions de Constance de 339, de Valentinien, Théodose et Arcadius, le prohibent entre juifs et chrétiens [4]; il est déclaré illicite entre la femme adultère et son complice [5].

Après la Constitution de Caracalla, qui accorda la *civitas* à tous les sujets de l'empire, le connubium existe

---

1. Cod., L. 23, *De nuptiis*, 5, 4.
2. L. 38 et 57, *De ritu nupt.*, 23, 2.
3. Cod., L. 1, § 2, *De rapt. virg.*, 9, 13.
4. L. 6, Cod., *De Judæis*, 1, 9.
5. *Nov.* 134, ch. XII.

entre citoyens et provinciaux, mais l'incapacité qui frappait les simples pérégrins s'étendait à bien plus forte raison aux barbares. Valentinien et Valens, en 365, allèrent jusqu'à prononcer la peine de mort contre tout Romain qui épouserait une femme barbare. Cette Constitution n'a pas été insérée dans la compilation justinienne, il est donc logique d'en conclure que cette pénalité exorbitante a été supprimée, mais le texte des *Institules* prouve que si le mariage est valable entre Romains et provinciaux, les *justæ nuptiæ* sont encore inaccessibles aux barbares. Notre règle a donc encore son intérêt.

Nous ne trouvons pas, à proprement parler, en droit romain les règles du mariage putatif du droit français ; cependant, il y avait quelque chose d'analogue, et parfois un mariage nul *a priori* produisit ses effets civils, tant à l'égard de l'époux qui l'avait contracté de bonne foi qu'à l'égard des enfants qui en étaient issus. Ainsi le jurisconsulte Marcien rapporte un rescrit des empereurs Marc-Aurèle et Vérus, adressé à une femme qui avait épousé son oncle maternel : « Nous sommes touchés, disent les empereurs, du temps pendant lequel, ignorant le droit, vous êtes restée unie à votre oncle, de la circonstance que vous avez été mariée par votre aïeule, enfin du nombre de vos enfants. Eu égard à tout cela, nous confirmons l'état de vos enfants, issus d'une union contractée il y a quarante ans, et nous voulons qu'ils soient traités comme s'ils avaient été légitimement conçus [1]. » Théodore et Arcadius établirent le principe d'une façon générale [2]. Il nous a semblé utile d'établir quand il y avait ou non connubium, puisque c'est

---

1. L. 57, § 1, *De rit. nupt.*, 23, 2.
2. L. 4, *in fine* Cod., *De incest. et inut. nupt.*, 5, 5.

la base de notre première règle; voyons maintenant les applications du principe et ses exceptions.

I. — Celui qui a été conçu en légitime mariage d'un père citoyen romain, que la mère fût romaine ou latine, ou pérégrine, mais pourvu que dans ce dernier cas le *jus connubii* lui ait été accordé [1], naît citoyen romain.

Nous trouvons une exception extensive de la règle visée par la loi 24, Dig., *De stat. hom.*, I, 5, et qui résulte de la loi 1, § 2, Dig., *Ad municip. et de incolis*, 50, 1. L'enfant issu d'un légitime mariage suit, disions-nous, la nationalité de son père, *nisi*, dit la loi précitée, *forte privilegio aliquo materna origo censeatur*. Cette exception se réfère au cas de justes noces entre personnes de municipes différents.

Le texte nous cite ensuite des exemples dans lesquels on peut invoquer avantageusement cette loi : « Utputa Iliensibus concessum est, ut qui matre iliensi est, sit eorum municeps », et plus loin nous voyons que Pompée-le-Grand avait concédé aussi ce privilége aux citoyens du Pont : « Qui pontica matre nascitur, Ponticus est. » Ce bénéfice ne concernait nullement les enfants *vulgo quæsiti*, comme certains auteurs auraient voulu le soutenir, ce qu'il eût été inutile de dire, puisqu'ils suivent toujours la condition de leur mère, mais il avait été concédé, dit Ulpien s'appuyant sur le sentiment de Celsus, aux enfants nés de légitimes mariages, qui sans cela auraient suivi la nationalité de leur père, moins favorisée par la loi romaine.

II. — Naît aussi citoyen romain l'enfant issu, hors mariage, d'une mère citoyenne au moment de la naissance de cet enfant [2]. Ainsi l'enfant né d'un esclave et

---

1. G., c. I, § 56.
2. Inst., *De ing. pr.*, I, 1.

d'une citoyenne, cas auquel il ne peut y avoir mariage entre eux, naît libre et citoyen parce que telle est la condition de sa mère; c'est l'application pure et simple de la règle suivant laquelle là où il n'y a pas mariage, l'enfant suit la condition de sa mère, sans qu'il y ait à distinguer si le père est libre ou esclave, s'il est connu ou inconnu [1]. Cette seconde proposition n'était pas admise cependant d'une façon absolue, et il y fut dérogé dans bien des cas. Une Constitution de Constantin déclare que l'enfant issu d'un *servus fiscalis* et d'une femme libre naît libre, mais il lui inflige la qualité d'affranchi [2]; cette restriction fut abrogée par Justinien.

Lorsqu'un maître donnait son consentement aux relations de son esclave avec une *civis romana*, il pouvait, d'après le sénatus-consulte Claudien, y mettre pour condition que les enfants naîtraient esclaves et lui appartiendraient. Il y avait là, outre une inconséquence, une violation de la règle que l'état des personnes ne saurait faire l'objet d'une convention privée [3]; aussi Adrien, revenant à la règle générale, voulut qu'en toute hypothèse l'enfant naquît libre et citoyen romain comme sa mère [4].

En vertu d'une loi, dont le nom est inconnu, si une femme libre et citoyenne avait commerce avec un *servus alienus* dont elle connaissait la condition, l'enfant naissait esclave [5]. Cette règle n'était pas encore abrogée du temps de Gaius; mais comment se fait-il qu'elle soit encore en vigueur après la décision d'Adrien que nous avons rap-

---

1. Cod., L. 11, pr. *De operis libert.*, 6, 3.
2. Cod. Th., L. 3, *ad senatusconsul. Claud.*
3. L. 37, D., *De lib. causa*, 50, 12.
4. G., c. I, § 84.
5. G., c. I, § 86.

portée? N'y a-t-il pas contradiction entre les paragraphes 84 et 86 du jurisconsulte? Nous sommes disposé à admettre l'interprétation donnée par M. Demangeat [1] : « Il est probable, dit-il, d'une part que le sénatus-consulte Claudien s'appliquait seulement au cas d'une femme *civis romana* ou *latina* [2], et, d'autre part, que la loi mentionnée par Gaius était une loi locale, à laquelle étaient soumis seulement certains *provinciales*. Ceci ressort de la manière dont s'exprime Gaius lui-même, § 86, *in fine : Apud quos talis lex non est, qui nascitur, jure gentium, matris conditionem sequitur, et ob id liber est.* Chez les peuples qui n'ont point une loi de ce genre, l'enfant qui vient au monde suit, conformément au droit des gens, la condition de sa mère, et par conséquent il est libre. Cela étant, toute contradiction disparaît : la disposition du sénatus-consulte Claudien, abrogée par Adrien, suppose des enfants qui naissent d'un esclave et d'une ingénue *civis romana* ou *latina;* la disposition de la loi locale, à laquelle Adrien ne touche en aucune façon, suppose des enfants qui naissent d'un esclave et d'une *peregrina.* »

En sens inverse, cette même loi, dont le nom est illisible dans le manuscrit, avait décidé que l'enfant né des relations d'une *ancilla aliena* et d'un homme libre qui la croyait libre, n'était esclave qu'autant qu'il appartenait au sexe féminin, sinon suivait la condition de son père. Il y avait là une dérogation, *juris inelegantia;* Vespasien rétablit l'application du principe posé, d'après lequel l'enfant mâle doit aussi naître esclave comme sa mère [3].

---

1. Dém., t. I, p. 181.
2. *Sent.* de Paul, II, XXI, A.
3. G., c. I, § 85.

Enfin supposons un enfant, fruit de l'union de personnes n'ayant pas entre elles le *jus connubii*, si le père est étranger, l'enfant quoique né d'une citoyenne naît étranger, ainsi le veut la loi Mensia portée sous Auguste. Cette décision est encore contraire à la règle que l'enfant né hors mariage suit la condition que sa mère avait au temps de sa naissance. Cette dérogation est établie par Gaius, *Com.* 1er, § 78, et par les *Fragments* d'Ulpien, V, § 8, *in fine* : *Ex peregrino et cive romana, peregrinus nascitur, quoniam lex Mensia ex alterutro peregrino natum deterioris parentis conditionem sequi jubet.* L'exception est formelle et se justifie, suivant M. Etienne, par cette considération que l'absence de connubium ne devait pas procurer à l'enfant un plus grand avantage que s'il y avait eu connubium entre son père et sa mère. Quelle étendue doit-on donner à l'exception qui résulte de la loi Mensia? Elle s'applique sans conteste aux pérégrins, mais concerne-t-elle les Latins? L'enfant conçu en mariage d'un Latin et d'une citoyenne romaine suit la condition de sa mère, nous dit Gaius, *Com.* 1er, § 80, mais le jurisconsulte semblait cependant déclarer dans le § 79 que la loi Mensia avait été appliquée non-seulement aux étrangers (*peregrini*), mais encore aux Latins; une distinction est nécessaire pour concilier les deux paragraphes, et cette question qui était, avant la découverte de Gaius, fort controversée par les savants, ne nous semble plus discutable aujourd'hui. Gaius, dans le § 79, s'occupe de plusieurs classes de Latins et compare leur position respective au point de vue de la loi Mensia lorsqu'il dit : ... *Sed ad alios Latinos pertinet, qui proprios populos, propriasque urbes habitant et erant peregrinorum numero.* Il y a évidemment antithèse avec une première partie d'un texte qui ne nous est pas parvenu. Or, ce que nous possédons semble bien désigner les *Latini veteres* qui luttèrent longtemps contre Rome avant d'être subjugués, et il n'est pas étonnant que la loi Mensia les traite comme les pérégrins, puisqu'ils étaient *peregrinorum numero*. Pour les *Latini colonarii* qui fondaient des colonies au milieu des peuples vaincus, afin de les romaniser plus vite, souvent ils étaient traités plus avantageusement que les *Latini veteres* et il est probable que la première partie de la phrase les concernait et que la loi Mensia ne leur était pas applicable. Quant aux Latins Juniens, la loi leur est aussi étrangère [1] : l'enfant né d'une Romaine et d'un Latin est Romain conformément aux principes généraux et au § 80 de Gaius, mais contrairement à l'esprit sinon peut-être au texte de la loi Mensia. Bien plus, un sénatus-consulte proposé par Adrien vint poser en leur faveur une dérogation extensive de la règle générale. Dans les cas où un affranchi ne devient que Latin Junien en vertu des lois Ælia Sentia et Junia Norbana, si on suppose qu'il épouse une citoyenne romaine suivant les formes prescrites et si on admet que le connubium existe entre les parties en vertu de ces mêmes lois, on devait en conclure que l'enfant suivait la condition de son père et naissait Latin; le sénatus-consulte décida que l'enfant aurait toujours la qualité de citoyen romain : *meliorem conditionem sequetur.*

Il nous semble nécessaire, pour compléter cet exposé, de dire dès à présent quelques mots des colons et de voir si, quant à eux, le principe que nous avons posé était suivi ou violé. A l'origine il fallait distinguer deux catégories de colons, le colon esclave et le colon libre. Pour

---

1. G., c. I, § 30 et 80.

le *servus terræ* proprement dit, il est assimilé à peu près à l'esclave et on doit suivre pour ses enfants la règle : *partus sequitur ventrem*, sauf à la combiner avec cette autre : *nasciturus pro nato habetur*. Au contraire le colon qui reste libre et ingénu peut contracter un véritable mariage[1], et de là surgissent des questions qui rentrent dans notre sujet. Si le père et la mère sont tous deux colons, pas de difficulté, l'enfant aura la même condition que son père. Mais que décider si le père et la mère sont de conditions différentes, si l'un est colon et l'autre libre et citoyen, quel sera l'état de l'enfant? La législation varia sur ce point, dit M. Guizot dans son *Histoire de la civilisation en France*[2]; l'enfant suivit tantôt la condition du père, tantôt celle de la mère; mais on tendait généralement à lui attribuer la pire des deux.

Justinien tranche la question dans les lois 21 et 24, Code, *De agricolis*. L'enfant dont le père est libre, dit-il, et la mère *adscriptitiæ conditionis* suit toujours la condition de sa mère : « Is maternæ conditionis maculam, et « non paternam sequitur libertatem[3]. » Quant aux enfants nés *ex patre adscriptitio et matre libera*, avant Justinien ils suivaient la condition du père; l'empereur[4] posa bien le principe qu'ils naîtraient libres et ingénus comme leur mère, et cependant il déclara ensuite[5] qu'ils devaient rester attachés à la glèbe et cultiver le fonds où se trouvait leur père, sans perdre pour cela le titre d'hommes libres. Ces différentes solutions ne nous paraissent pas logiques et conformes au principe

---

1. *Novelles* de Valentinien, III, tit. XXX, L. 1, § 2 et 3.
2. T. IV, p. 245, Troplong, préface, p. 31, *Du louage*.
3. L. 21, Cod. *De agricol.*, 11, 47.
4. L. 24, *it.*
5. *Novelle* 162, ch. II.

général qui veut que l'enfant, en cas de mariage, suive la condition de son père ; on doit attribuer cette dérogation à la nécessité de protéger l'agriculture.

Si, dans l'intervalle de la conception à la naissance, la condition des parents a changé, à quelle époque faut-il se placer pour déterminer la nationalité de l'enfant: au moment de la conception ou au moment de la naissance?

2ᵐᵉ Règle. — (Ulpien V, 10) : « In his qui juro contracto matrimonio nascuntur, conceptionis tempus spectatur; in his autem qui non legitime concipiuntur, editionis. »

Lorsque l'enfant suit la condition du père, cette condition est toujours considérée au moment de la conception, parce que dès lors l'œuvre du père a été terminée; s'il doit prendre la nationalité de sa mère, on se place au moment de l'accouchement, parce que jusque-là la vie de l'enfant dépend de la vie de la mère.

Ces principes du reste s'appliquent toutes les fois qu'il s'agit de fixer la condition originaire d'un individu [1].

Applications. — 1°. Pourvu que le père ait été citoyen lors de la conception, l'enfant issu d'un légitime mariage sera *civis romanus*, bien que, depuis, l'auteur de ses jours ait perdu cette qualité.

2°. Si on doit au contraire s'attacher à la condition de la mère pour déterminer celle de l'enfant, il faut se placer au moment de la naissance. Pendant toute la durée de la gestation, l'enfant est lié au sort de sa mère et subit les changements arrivés dans sa position. Est-elle citoyenne romaine au moment de l'accouchement, son

---

1. L. 7, § 1, Dig., *De senator.*, 1, 9.

enfant naît citoyen, bien qu'elle n'ait acquis cette qualité qu'après la conception ; à l'inverse, si elle est pérégrine au moment de la naissance, l'enfant sera pérégrin, bien que sa mère ait été *civis romana* à l'époque de la conception.

M. Demangeat critique en ces termes la loi romaine[1] : « Cette décision ne me paraît pas philosophique : je voudrais que la condition de la mère, comme celle du père, fût prise au moment de la conception. En effet, si l'existence physiologique de l'enfant n'est pas complète, si elle tient à celle de la mère jusqu'à l'accouchement, il n'en est pas ainsi de son existence juridique : en droit, l'enfant simplement conçu a déjà une existence indépendante. Le principe devrait donc être que sa condition ne changera point par contre-coup des changements qui peuvent venir affecter la condition de la mère. »

M. Ortolan[2] au contraire approuve cette distinction : « Si l'enfant dit-il, reçoit sa condition de son père, il la reçoit au moment de la conception ; car une fois conçu, il est indépendant du père, celui-ci peut être malade, même mourir, l'enfant continue à se développer et à vivre ; de même le père est-il fait esclave, perd-il les droits de citoyen, l'enfant ne naîtra pas moins libre et citoyen. Au contraire, si l'enfant doit prendre la condition de la mère, c'est au moment de la naissance. Pendant toute la gestation, il suit tous les changements de la mère, dont il n'est qu'une partie ; souffre-t-elle, il souffre ; meurt-elle, il meurt le plus souvent ; devient-elle esclave, perd-elle ses droits de cité, il naît esclave, il naît *peregrinus*. »

M. Accarias, sans discuter la valeur et la logique de

---

1. DEMANGEAT, t. Ier, p. 175.
2. ORTOLAN, t. II, p. 43.

la décision romaine, la justifie par les mêmes motifs[1].

Cette règle était admise par tous les jurisconsultes; nous croyons cependant, malgré les nombreuses et imposantes autorités qui sont venues la justifier, que sur ce point le législateur romain s'est écarté de sa logique ordinairement si rigoureuse, et n'a pas suivi jusqu'au bout les principes qu'il avait émis sur la position juridique de l'*infans conceptus*. Est-il bien vrai de dire que jusqu'à la naissance la mère et l'enfant ne font qu'un? Sans doute, au point de vue physiologique, on peut faire valoir avec une certaine force, et c'est le seul argument de nos adversaires, que pendant tout le temps de la gestation, l'enfant n'a pas une vie indépendante de celle de sa mère, qu'il est étroitement lié à son sort. Mais peut-on soutenir cette connexité au point de vue juridique? Nous ne le pensons pas; le législateur romain lui-même l'a bien reconnu en permettant à l'*infans conceptus* de recueillir la succession qui lui est dévolue; en punissant l'avortement, on le considère bien aussi comme ayant une existence distincte de celle de sa mère; enfin dans les lois 7 et 26, Dig., *De statu hom.*, on lui applique la maxime de droit : *Infans conceptus pro nato habetur quoties de commodis ejus agitur*. Si on avait été logique, on aurait dû, conformément au principe : *nasciturus pro nato habetur*, lui accorder la position la plus avantageuse de la mère, à partir de la conception jusqu'à la naissance. Aussi plusieurs interprètes corrigeant la législation romaine ont enseigné que si on avait décidé que l'enfant issu d'une esclave naîtrait libre, pourvu que sa mère l'ait été à un moment quelconque de la grossesse, ce n'était pas seulement par humanité, mais en vertu de la fiction

---

1. ACCARIAS, t. Ier, p. 71.

de droit d'après laquelle l'enfant conçu est réputé né, lorsqu'il s'agit de son intérêt. M. Ducaurroy [1] pense avec raison, selon nous, que cette fiction est inutile pour expliquer une modification uniquement motivée par la faveur de la liberté [2], et qu'elle n'était point admise en cette matière. En effet, d'une part, le texte n'en parle point ici [3]; de l'autre, cette fiction, si elle existait, devrait s'appliquer non-seulement à la question de savoir si l'enfant naîtra libre ou esclave, mais encore à celle de savoir s'il naîtra citoyen ou étranger; et cependant, sur ce dernier point, on examine uniquement l'époque de la naissance [4].

Quoi qu'il en soit, à l'origine cette règle rigoureuse était appliquée. Gaius nous cite des exemples que nous allons parcourir.

Une femme esclave a conçu, puis elle a été affranchie et lorsqu'elle accouche elle est devenue libre et citoyenne, elle met au monde un *civis romanus* [5].

Une *civis romana* est enceinte; pendant la grossesse, elle est condamnée à la peine de l'interdiction de l'eau et du feu, de sorte qu'au moment de la naissance elle est *peregrina*, quel sera le sort de l'enfant? S'il a été conçu hors mariage, il suit la condition de sa mère au moment de l'accouchement et par conséquent naît pérégrin. Il en eût été autrement s'il avait été issu *ex justis nuptiis*, car alors suivant la condition de son père au moment de la conception, celle de sa mère au moment de la naissance est indifférente. Bien plus, supposons le père citoyen

---

1. N°s 66 et suiv.
2. PAUL, *Sent.*, II, § 2 et 3.
3. Inst, *De ingen. pr*, I, 4.
4. L. 18, *De stat. hom.*, I, 5. G., c. I, § 90. ULP., V, § 10.
5. G., c. I, § 88.

lors de la conception, puis il perd le droit de cité, sa femme éprouve la même déchéance; l'un et l'autre sont pérégrins lors de l'accouchement, l'enfant naîtra cependant citoyen romain, car il doit suivre la condition du père au moment de la conception, étant le fruit de justes noces [1].

De même si une *ciris romana* enceinte est devenue esclave, par application du sénatus-consulte Claudien, il faut distinguer : l'enfant a-t-il été conçu *ex justis nuptiis*, il naît citoyen romain; est-il *vulgo conceptus*, il naît esclave [2].

En sens inverse, une pérégrine ayant conçu un enfant hors mariage, si plus tard elle devient citoyenne romaine et jouit de cette qualité au moment de l'accouchement, on doit décider que son enfant naît *ciris romanus*. N'oublions pas toutefois que, contrairement à la règle, la loi Mensia avait déclaré que celui qui compterait parmi ses deux auteurs un pérégrin, suivrait la condition pire. Un sénatus-consulte d'Adrien décide de même que la pérégrine mariée à un pérégrin, *secundum leges moresque peregrinorum*, bien que devenue *ciris romana* à l'époque de la naissance, met au monde un pérégrin si le mari n'a pas lui aussi à cette époque obtenu le droit de cité [3]. C'est sur la proposition d'Adrien que le Sénat, dérogeant à la loi Mensia et faisant retour au droit commun, décis que l'enfant naîtrait Romain lorsque ses deux auteurs pérégrins tous les deux, ou l'un ou l'autre au jour de la conception, seraient tous les deux Romains au jour de l'accouchement.

---

1. G., c. I, § 89 et 90.
2. G., c. I, § 91.
3. G., c. I, § 92.

D'après ce que nous venons d'exposer, la logique conduirait aussi à décider que la femme qui a conçu non mariée mais libre et citoyenne, et qui accouche étant esclave, de même celle qui a conçu et accouche esclave, mais qui a joui de la liberté pendant une partie du temps intermédiaire, donnent l'une et l'autre le jour à un esclave. Cette décision fut abandonnée en faveur de la liberté. Cette dérogation favorable n'était point admise par Gaius, car, après avoir nettement posé la règle, il nous en donne l'application et nous dit que c'était une opinion communément admise. Ulpien s'en tient également au principe sans mentionner d'exception ; mais Paul, qui écrivait à la même époque, indique une dérogation au principe général admise en faveur de la liberté. Marcien, presque contemporain d'Ulpien, donne la même décision ; enfin les Institutes attribuent cette réforme à Marcellus qui vivait sous Marc-Aurèle, au temps même de Gaius. Mais déjà à une époque antérieure, l'empereur Adrien, répudiant le premier cette logique inhumaine dans une espèce où il s'agissait d'une femme condamnée pendant sa grossesse à une peine emportant servitude [1], avait décidé dans un rescrit que dans ce cas l'enfant naîtrait libre. Nous trouvons une décision analogue d'Antonin Caracalla [2]. Ces dérogations généralisées par les jurisconsultes [3] aboutirent à la doctrine définitive que posent les Institutes [4] : si la femme a été libre à un moment quelconque de la gestation, l'enfant naît libre et il prend à tous les points de vue la condi-

---

1. L. 18, Dig., *De stat. hom.*, I, 5.
2. L. 4, Cod., *De Pœnis*, 9, 47.
3. L. 5, § 2 et 3, Dig., *De stat. hom.*; *Sent.* de PAUL, L. 2, tit. XXIV, § 2 et 3. MARCIANUS, L. 1, *Institut.*, 5, 5, § 2 et 3.
4. Inst. pr., *De ingen.*, 1, 4.

tion que sa mère avait à sa dernière minute de liberté.
Il pourra donc, grâce à cette modification législative
plus conforme à la règle *infans conceptus*, naître citoyen
romain si sa mère jouissait de cette qualité au moment
où elle a été frappée dans sa liberté pendant la grossesse.
Remarquons que l'état d'un enfant, déterminé d'abord
par la condition de ses parents au moment de sa conception ou de sa naissance, peut se trouver modifié par suite
des règles sur le postliminium. Ainsi, supposons que le
mari et la femme soient faits prisonniers par l'ennemi, et
que la cohabitation restant possible entre eux, la femme
devienne enceinte et mette au monde un enfant. *A priori,*
il naît esclave. Mais si le père, la mère, l'enfant reviennent à Rome, celui-ci sera tenu pour légitime et
citoyen; si la mère revient seule avec l'enfant, il sera
encore *ciris*, mais *quasi sine marito natus, spurius habe-
bitur* [1]. La logique nous conduit au contraire à décider
que si l'enfant revient et que sa mère reste esclave, il
gardera sa condition servile.

Une dernière question nous paraît mériter un examen
particulier. Il peut arriver qu'un enfant protégé par la
maxime *pater is est quem justæ nuptiæ demonstrant*, soit
désavoué par le mari de sa mère, ce qui était toujours
admis en droit romain. Le mari établit qu'il n'est pas
le père de l'enfant dont sa femme est accouchée, comment déterminer la nationalité de cet enfant? Prendra-
t-il celle du mari de sa mère au moment de la conception
ou celle de la mère lors de la naissance, ce qu'il est
important de décider dans le cas où la condition de la
mère a éprouvé un changement entre ces deux époques,
si, par exemple, elle est devenue pérégrine depuis la con-

---

1. L. 25, Dig., *De capt. et post.*, 49, 15.

ception ? Nous sommes d'avis que l'enfant désavoué ne peut se prévaloir de la qualité de son prétendu père et qu'il suivra la nationalité de sa mère à l'époque de l'accouchement. En effet, si l'enfant est réputé être citoyen dès sa conception, c'est parce qu'il est présumé le fils du mari de sa mère; mais le désaveu admis infirmant cette présomption, ce qui en était la conséquence doit nécessairement tomber avec elle. Il n'existe plus entre le mari et l'enfant aucun rapport juridique, l'admission du désaveu les a rendus complétement étrangers l'un à l'autre. On ne peut plus dire que cet enfant soit issu d'un légitime mariage, il doit, comme celui qui est *vulgo conceptus*, suivre la condition de sa mère à l'époque de la naissance. Si l'application des principes est rigoureuse, ce n'est pas en tous cas en faveur d'un enfant adultérin que l'on doit chercher un moyen de les éluder.

CHAPITRE II.

Comment peut s'acquérir le droit de cité.

Les conditions exigées pour acquérir la qualité de citoyen romain par un fait postérieur à la naissance diffèrent suivant qu'il s'agit des esclaves ou des hommes libres; elles ont aussi varié avec les législations qui se sont succédées à Rome. Pour plus de clarté dans notre exposition, nous diviserons ce chapitre en trois sections: 1° Des affranchissements en général; 2° Des Latins et des modes spéciaux qui leur permettent d'obtenir le titre de citoyen; 3° Concession de la *civitas romana* aux pérégrins.

SECTION I.

Des affranchissements.

Celui qui est esclave par la naissance ou qui l'est devenu ne peut acquérir la liberté et la cité que par l'affranchissement. Sauf quelques cas exceptionnels, que nous examinerons plus loin, dans lesquels la liberté est acquise sans manumission, en règle générale la qualité d'affranchi ne peut résulter que de l'accomplissement de certaines formes solennelles. En dehors des modes légaux d'affranchissement, on pourra bien trouver le *servus in libertate,* jouissant d'une liberté de fait protégée par le préteur, mais il importe de ne pas le confondre avec le *libertinus,* celui qui est sorti légalement *ex justa servitute,* qui seul est véritablement en droit un affranchi, pouvant invoquer les conséquences de la manumission quant à son état et quant aux biens acquis par lui.

L'esclave devenu libre tient de son maître la vie civile, il est pour ainsi dire son œuvre; aussi il prend le nom, l'*origo* et le domicile de son patron, et, ce qui est à remarquer, le *manumissus* emprunte la nationalité du *manumissor*[1]. Il en résulte que l'affranchi d'un Latin sera Latin, l'affranchi d'un pérégrin sera pérégrin : « Est enim, nous dit Pline, peregrinæ conditionis manumissus a peregrino[2]; » et en conséquence, pour que l'affranchi devienne citoyen romain, il faut avant tout

---

1. Inst., *De libert.*, § 3.
2. Pline, lib. X, *Ep.* 4. Dosit., *Disput. de manum.*, § 12.

supposer, et c'est ce que nous ferons dorénavant, que son maître avait cette qualité.

Dans le très-ancien Droit *una erat libertas*, nous dit Dosithée[1], l'esclave qui était affranchi par un maître romain acquérait à la fois la liberté et le droit de cité. Les affranchis citoyens jouissaient de tous les droits civils, sauf quelques différences résultant de ce qu'ils n'étaient pas ingénus, et ils se trouvaient à l'origine dans une certaine infériorité par rapport aux droits politiques et de famille. Peu à peu ces inégalités tendirent à s'effacer : on les admit dans les légions romaines à partir de la guerre sociale; la loi Julia rendue sous Auguste leur accorda le connubium avec les personnes ingénues en général, sauf les sénateurs et leurs enfants; sous l'empire, on les considéra comme faisant partie de la tribu de leur patron[2], on les releva enfin d'une manière plus ou moins complète des incapacités attachées à leur qualité en leur accordant le *jus aureorum annulorum et regenerationis* et la *restitutio natalium*[3]. Enfin Justinien rendit même inutile la concession individuelle des bénéfices dont il s'agit; tout affranchissement impliqua désormais par lui-même, au profit de l'affranchi, sauf les droits du patron s'il n'en avait pas fait remise, les avantages qui, auparavant, étaient procurés par la faveur du prince[4]. Un affranchissement, pour être valable, doit émaner librement d'un propriétaire capable : ainsi, la femme en tutelle ne pouvait faire la manumission qu'avec l'assistance de son tuteur[5]; de plus, le maître

------

1. Dos., *Disput. de manum.*, § 5.
2. Tert., *De resurrect. carnis*, 57.
3. *De jur. aureor. annul.*; *De natal. restit.*
4. Novel'e, 78.
5. Dosit., *it.*, § 17.

doit avoir sur l'esclave le droit le plus entier. Cette première condition subsista sous toutes les législations, sauf quelques modifications que nous verrons plus loin. On exige ensuite comme seconde condition l'emploi de formes solennelles que le temps rendit moins rigoureux.

On n'admettait à l'origine que trois formes d'affranchissement constituant la *manumissio legitima*[1] : la *vindicta*, le cens et le testament[2]. En dehors de ces modes la volonté du maître se manifestait vainement et l'esclave n'obtenait pas la liberté[3]; le *dominus* pouvait bien le laisser *in libertate*, mais cet état n'était que précaire et cessait avec le désir du maître; le préteur intervint dans la suite pour garantir cette liberté de fait produite par des affranchissements irréguliers, mais il ne donnait pas à celui qui en était l'objet des droits aussi étendus que ceux résultant d'un affranchissement légal. Cette intervention du préteur apparaît dès Cicéron et fit produire un premier effet aux manumissions *inter amicos, per epistolam, per adoptionem, per mensam, inter epulas*.

Remarquons que, quel que soit le moyen employé conformément à la loi, il y a toujours une intervention plus ou moins directe du peuple que viennent représenter les magistrats, le censeur. Ceci s'explique, si on réfléchit que l'affranchissement touche à un intérêt de l'ordre le plus élevé, et à l'importance que les Romains attachaient à recevoir un membre de plus dans la cité.

La *Vindicta* consiste dans un procès fictif; un citoyen romain revendique la liberté pour un esclave qui est présent, en affirmant devant le magistrat compétent

---

1. ULP., I, § 6.
2. G., c. I, § 17. PLINE, *Ep.* X, 4.
3. CIC., *Topic.*, 2.

qu'il est libre; le maître ne contredisant pas le demandeur, le magistrat autorisé par cet acquiescement tacite
déclare que l'esclave est libre. On employa longtemps
des formes solennelles et des paroles sacramentelles auxquelles sous peine de nullité on ne pouvait rien changer[1]; peu à peu on devint moins rigoriste, on tendit
à faciliter l'affranchissement *vindicta* et, suivant Hermo-
génien, on en arriva même à ne plus exiger *verba solem-
nia*. Sous Justinien, la vindicte n'est plus qu'une simple
déclaration du maître devant le magistrat dont celui-ci
vous donne acte. Comme ce n'est point un acte de juridiction contentieuse, mais simplement de juridiction
gracieuse du magistrat, on admit qu'on pouvait se présenter à lui en tous lieux sur son passage, en dehors de
son tribunal[2]; qu'on pouvait le faire même un jour
férié; on reconnut enfin comme valable l'affranchissement fait par le magistrat lui-même de ses propres esclaves. Javolenus et Julien, deux grands jurisconsultes,
donnèrent cet exemple digne d'éloges[3]. Au surplus,
Paul remarque qu'en vertu d'une loi d'Auguste, l'empereur étant au-dessus des lois, put toujours affranchir
son esclave sans recourir à la vindicte; il manifestait
sa volonté, et c'était assez pour rendre l'esclave libre[4].
L'affranchissement *censu* [5] consistait dans l'inscription
de l'esclave par lui-même et sur l'ordre du maître sur les
registres du cens, à titre de citoyen romain[6]. On ne
sait comment s'opérait l'affranchissement avant l'insti-

---

1. G., c. IV, § 16; L. 23, *De manum. vind.* Ulp., L. 8, ir., D., 40, 2.
2. Inst. *De libert.*, § 2, L. I, tit. V; L. 7, Dig., *De manum. vind.*,
40, 2; G., c. I, § 20, *in fine*.
3. L. 5, *De manum. vind.* Cic., *pro Balbo*, 9.
4. L. 14, § 1, *De manum.*, 40, 1.
5. Cic., *pro Cæcina*, n° 34.
6. Ulp., I, § 8.

tution du cens; Denys d'Halicarnasse attribua à Servius l'admission des affranchis aux droits de cité et leur inscription dans les tribus urbaines. Quoi qu'il en soit, dès l'époque de Cicéron [1] (cette question faisait encore doute au troisième siècle [2]) on discutait sur le point de savoir si l'esclave acquérait la liberté dès l'inscription effectuée ou seulement après la clôture du lustre [3]. L'opération du cens ne s'effectuait que tous les cinq ans et encore n'était pas en usage dans les provinces; à Rome même, il tomba en désuétude sous l'empire ; l'avant-dernier recensement eut lieu en 73, sous Vespasien, et quoique le dernier date seulement de 250, sous Décius, on peut dire qu'avant cette époque on n'en faisait plus usage. Ulpien en parle comme d'un mode d'affranchissement qui n'est plus en vigueur. Cet affranchissement par le cens fut remplacé, en 316 après J.-C., sous Constantin, par un autre mode solennel, *in sacrosanctis ecclesiis ;* devant l'évêque, en présence de tous les fidèles assemblés, on dressait acte de ce qui avait été fait [4]. Déjà avant ce prince, des chrétiens avaient manifesté solennellement devant l'Église leur volonté d'affranchir des esclaves, mais le résultat obtenu n'était que bien restreint : l'esclave obtenait la liberté de fait, il était *in libertate*, sans pour cela acquérir la liberté légale et la cité. Constantin assimila ce mode à ceux reconnus par le Droit ancien [5], mais il est probable que les chrétiens catholiques purent seuls en user.

---

1. Cic., *De orat.*, I, 40.
2. Dosrr., *Disp. de manum.*, § 17.
3. *Lustrum*, délai de 5 ans, suivant les uns; cérémonies qui terminaient les opérations du cens, suivant les autres. Trr.-Liv., I, 44.
4. Inst., I, 5, § 1.
5. L. 1 et 2, Cod., *De his qui in eccles.*, I, 13.

On pouvait enfin affranchir par la voionté manifestée dans un testament régulier[1], ou un fidéicommis confirmé par testament, ou même apposer à cet affranchissement un terme ou une condition, *ex die* ou *sub conditione*; s'il a été fait *ad diem*, jusqu'à un certain jour, ou *ad conditionem*, le legs de la liberté est valable et réputé pur et simple[2], l'esclave ainsi affranchi l'est pour toujours; la raison en est simple : la qualité d'homme libre et de citoyen ne peut s'acquérir pour un moment et se perdre sans motif postérieur. On exécutait même parfois les dations de liberté, par faveur toute spéciale, bien que le testament lui-même restât sans effet[3]. Il était permis aussi de donner la liberté à son esclave et à l'esclave d'autrui par fidéicommis[4]; mais alors ils ne reçoivent plus la *libertas directa* de leur maître, ils n'acquièrent que la *libertas fideicommissaria*, le droit d'être affranchis, et ils ne deviennent libres et citoyens que lorsque l'héritier, leur futur patron, les a rendus tels par la vindicte ou le cens. Si le fidéicommis a été imposé en faveur de l'esclave d'autrui, l'héritier doit faire toutes les démarches pour l'acquérir du propriétaire et ensuite l'affranchir; dans le cas où il ne réussissait pas dans ses offres, le fidéicommis était éteint, non avenu[5]. Justinien plus humain se borne à en reculer l'effet au jour où l'héritier trouvera une occasion favorable pour acheter l'esclave. Il admet bien encore que la liberté peut être léguée directement ou imposée à l'héritier, mais

---

1. ULP., I, § 9.
2. L. 33 et 34, *De manum. test.*, 40, 4.
3. L. 8, § 17; L. 9, *De inoff. test.*, 5, 2; L. 3, *De his quæ detentur*, 28, 5.
4. ULP., II, § 10.
5. G., II, § 265.

ayant établi la fusion des legs et des fidéicommis, il permet aussi de faire l'affranchissement *directo*, même dans un codicille non confirmé et ne se rattachant à aucun testament[1]; seulement, en vertu d'une constitution de Théodose-le-Jeune, insérée au code de Justinien, pour la régularité de l'acte, il faut la présence de cinq témoins[2].

Ces principes, longtemps appliqués d'une manière absolue, subirent des dérogations en deux sens opposés. D'une part, de nombreuses décisions en faveur de la liberté et la loi Junia Norbana facilitant les affranchissements; d'autre part, des entraves apportées à l'entière liberté d'affranchir et les lois restrictives Ælia Sentia et Fusia Caninia; enfin la législation Justinienne qui apporta tant de réformes sages et humanitaires aux décisions rigoureuses et compliquées de l'ancien Droit: telles sont les différentes modifications qu'il nous reste à parcourir pour compléter cet exposé sommaire des affranchissements en droit romain.

Mesures facilitant l'acquisition de la liberté. — Les empereurs païens, mais surtout les empereurs chrétiens, apportèrent de nombreux adoucissements à la condition de l'esclave; ils restreignirent peu à peu ce droit de vie et de mort dont on usa souvent avec tant de cruauté et qui n'était que la justification du maître barbare et féroce: *Expedit enim reipublicæ*, a dit Antonin, *ne quis re sua male utatur.* Sans donner toujours l'exemple des vertus, ces princes prirent des mesures pour arrêter la corruption si grande à cette époque, que l'esclave de l'un ou de l'autre sexe n'avait plus le droit de conserver des

---

1. Inst., § 2, *de sing. reb. per fid.*, II, 24.
2. L. 8, § 3, Cod., *de codicillis.*

mœurs honnêtes en présence du caprice du maître; ils allèrent même parfois, afin de frapper pécuniairement ceux que l'honneur et la pudeur n'arrêtaient plus; jusqu'à donner la liberté de plein droit, sans manumission, aux victimes trop fréquentes de ces exactions coupables.

Claude décide que l'esclave abandonné pendant une maladie, pour ne pas avoir à le soigner, devient libre[1] et Latin.

Un rescrit de Marc-Aurèle porte que lorsqu'un esclave a été vendu sous la condition que l'acheteur l'affranchirait dans un certain délai, l'esclave devient libre à l'échéance de ce délai, quand même l'acheteur n'aurait pas opéré l'affranchissement, pourvu cependant, si le vendeur est encore vivant, qu'il n'ait pas manifesté une volonté contraire à celle qu'il avait exprimée lors de la vente[2].

L'esclave, incapable d'être propriétaire, ne pouvait racheter sa liberté en en payant le prix à son maître; on admit un moyen détourné pour arriver à ce résultat : il n'a qu'à s'entendre avec un tiers qui consente à l'acheter et à l'affranchir, lorsqu'il lui aura remboursé intégralement le prix d'achat. Un rescrit des empereurs Vérus et Marc-Aurèle décide qu'alors cet esclave *in eam conditionem redigitur ut libertatem adipiscatur*[3]. Si l'affranchissement a eu lieu avant que le prix de rachat fût entièrement soldé, l'affranchi devient bien libre en droit, mais il est *in causa pignoris*, jusqu'à ce que l'acheteur ait été désintéressé par lui ou par un tiers. C'est ce qui arrive notamment à l'égard du captif qu'un Romain

---

1. Suétone, *Claud.*, 25; L. 2, *Qui sine manum.*, 40, 8; L. unic. Cod., § 3, *de lat. lib. toll.*, 7, 6.

2. L. 3, 8, 9, *Qui sine manum.*, 40, 8.

3. L. 4, 5, 6, D., *de manum.*, 40, 1; L. 19, *it.*

ou un sujet de Rome aurait libéré à prix d'argent, le bénéfice du *postliminium* est suspendu pour lui jusqu'au complet paiement du *redemptor*. Si l'esclave a racheté sa liberté *suis summis*, en en faisant la preuve, *exinde liber erit*[1].

On faisait libre et citoyen l'esclave qui dénonçait le meurtre de son maître[2].

De même la femme esclave, vendue sous la condition qu'elle ne serait pas prostituée, quand on manquait à cette promesse, devenait Latine[3]. Théodose et Valentinien déclarent en ce sens dans une Constitution, que la femme esclave que son maître a prostituée malgré elle, a droit à la liberté[4].

Elle est accordée à l'esclave qui, au su de son maître, entre dans l'armée ou dans les ordres sacrés; d'après les Novelles de Justinien, celui qui entre dans les ordres ecclésiastiques à l'insu de son maître devient libre aussi, s'il n'est pas revendiqué dans l'année. S'il entre dans la .ie monastique, il ne devient libre qu'après trois ans; jusque-là le maître peut le revendiquer en prouvant qu'il a voulu ainsi échapper à la peine de quelque délit ou de quelque vice[5].

Est libre et citoyen celui qui dénonce de faux-monnayeurs[6].

D'après une Constitution de Constantin, l'esclave chrétien obtient la liberté lorsqu'il est acquis par un juif, et l'esclave de toute autre religion y aurait droit

---

1. L. 67, *de Judic.*, 5, 1.
2. L. 5, *Qui sine manum.*, 40, 8; L. 1, Cod., *pro quib. causis,* 7, 13.
3. L. 6, § 1, *Qui sine manum.*, 40, 8.
4. L. 6, Cod., *de spect. et scen.*, 11, 41.
5. Nov., 123, ch. XVII, et Nov., 5, ch. II.
6. L. 2, Cod., *pro quib. causis*, 7, 13.

si le juif acquéreur le soumettait à la circoncision[1]. Sous Justinien, la liberté est accordée de plein droit à tout esclave chrétien acquis par une personne non orthodoxe[2].

Constantin, pour donner plus d'efficacité à sa prohibition d'exposer les enfants esclaves ou non, les attribuait à celui qui les avait recueillis; Justinien les déclare libres et ingénus[3].

Avant ces décisions impériales, une loi, Junia Norbana, que l'on pense remonter à l'an 671 de Rome, favorable aux esclaves quoique moins libérale que la proposition de Clodius[4], avait facilité les affranchissements et admis l'acquisition de la liberté, indépendamment des formes jusque-là exigées; mais elle les laissa subsister pour l'acquisition du droit de cité, et sans elles on n'obtenait que la *latinitas*, situation que nous retrouverons dans notre 2me section. Même après cette loi, qui crée une catégorie de personnes dans une position intermédiaire, pour être affranchi citoyen romain, pour avoir la *major et justa libertas*, il faut avoir acquis la liberté conformément aux principes de l'ancien Droit. Justinien détruira en partie cette dernière entrave[5].

Restrictions apportées à la faculté d'affranchir. — Nous venons de parcourir les progrès faits jusqu'à Justinien en faveur de la liberté; en sens inverse, il nous faut examiner les limites apportées au droit d'affranchir, soit afin de sauvegarder le droit des tiers, soit dans le but d'empêcher que, par une générosité irréfléchie et dange-

---

1. L. 1, Cod., *Ne christ. mancip.*, 10, 11.
2. L. 2, *it.*
3. L. 3, Cod., *de inf. expos.*, 8, 52.
4. Cic., *pro Milone*, 12.
5. Inst., *de libert.*, § 3, I, V.

reuse, un maître pût encombrer Rome de citoyens indignes de ce titre.

Un esclave appartient par indivis à plusieurs maîtres, si l'un d'eux l'affranchit sans le concours de l'autre, quelle sera sa condition?

En principe, l'affranchissement était regardé comme sans effet à l'égard de l'esclave, et non-seulement le droit du copropriétaire était respecté, mais ce dernier acquérait la propriété entière de l'esclave, le *manumissor* étant censé avoir voulu renoncer à sa part[1]. Cette législation fut modifiée, dès le commencement du troisième siècle, pour le cas d'un affranchissement par testament et fait par un militaire copropriétaire. Septime-Sévère décida que l'héritier devrait acheter la part du *socius* et ensuite affranchir. Dans une autre Constitution, ce même prince et son fils Caracalla exigèrent que le préteur intervint au besoin pour forcer le copropriétaire à céder sa part et pour fixer le prix à payer. Justinien généralisa cette idée, et sans distinguer le mode employé pour affranchir, ni par qui il en est fait usage, décida que dans tous les cas l'esclave deviendrait libre, sauf à désintéresser le copropriétaire dépossédé malgré lui[2].

Un esclave est grevé d'un droit d'usufruit ou d'usage, l'affranchissement fait seulement soit par le nu-propriétaire, soit par l'usufruitier, était considéré par le *manumissor* comme une abdication de son droit[3]. Justinien décida, conformément à l'équité, que si l'esclave est affranchi par le nu propriétaire seul, il devient libre en droit, mais qu'en fait il reste *in servitute* jusqu'à la mort de l'usufruitier; si c'est l'usufruitier qui a fait l'affran-

---

1. ULP., 1, § 18. PAUL, IV, 12, § 1.
2. L. 1, Pr., § 1, 5, 7, Cod., *de com. serv. manum.*, 7, 7.
3. ULP., I, § 19.

chissement, la condition du *servus* n'est pas changée, seulement il jouit d'une liberté de fait jusqu'à l'extinction du droit de l'usufruitier [1].

Un esclave est grevé d'un droit de gage ou d'hypothèque, on ne peut faire perdre au créancier, sans son adhésion, la sûreté qui sans doute l'a déterminé à contracter, aussi l'affranchissement fait sans son consentement est nul. Une exception est admise lorsque le créancier a une hypothèque générale, probablement parce que dans ce cas la garantie n'étant que diminuée, non éteinte, il eût été dur et inhumain de mettre une prohibition absolue à tout affranchissement, sans nécessité ni profit pour personne [2].

Si un esclave a été légué conditionnellement, jusqu'à l'arrivée de la condition suspensive, il appartient à l'héritier, c'est du moins l'opinion qui a prévalu; celui-ci ne peut cependant pas en l'affranchissant porter atteinte s droit possible du légataire. On doit décider que si le legs produit son effet, l'affranchissement est complétement nul *a principio;* mais si la condition ne se réalise pas et que le legs soit caduc, l'affranchissement doit valoir à partir du jour où il a été certain qu'il ne s'accomplirait pas [3]; en effet, l'affranchissement a été fait sous une condition tacite, sous la condition que le legs s'évanouirait. On peut invoquer en ce sens la décision donnée pour le cas où l'esclave, légué purement et simplement, est affranchi par l'héritier avant que le légataire ait

---

1. L. 1, Cod., *de com. serv. manum.*, 7, 7.

2. L. 3, *de manum.*, 40, 1; L. 2 à 4, Cod., *de serv. pign. dat.*, 7, 8.

3. L. 11, *de manum.*, 40, 1; L. 29, *Qui et a quibus*, 40, 10; L. 14, *de opt. leg.*, 33, 5; G., c. II, § 193 et 200.

pris parti, quand celui-ci finit par répudier le legs[1].

A côté de ces limitations naturelles à la faculté d'affranchir, afin de sauvegarder le droit d'autrui, nous trouvons de nombreuses prohibitions légales fondées sur des motifs différents, mais où domine presque toujours cette pensée de ne pas laisser introduire à la légère des indignes parmi les citoyens.

L'affranchie redevenue esclave, en vertu du sénatus-consulte Claudien, ne peut plus être affranchie[2].

L'esclave ne peut plus être valablement affranchi lorsqu'il a été vendu avec la clause *ne manumittatur;* s'il a été dit dans le testament de son maître qu'il ne pouvait pas être affranchi; lorsqu'à la suite de quelque délit commis par lui, le préfet ou le président de la province a décidé qu'il ne pourrait pas devenir libre[3].

Un esclave est coupable de séquestration ou du recel d'une personne et son maître a dû supporter la peine pécuniaire de la loi Fabia[4], on ne peut l'affranchir dans les dix ans, sous peine de nullité[5].

Sous Justinien, l'esclave coupable de *plagium* est puni de mort[6].

Toutes les fois qu'un esclave a été condamné par le magistrat *in temporalia vincula,* la *manumissio* qui aurait eu lieu avant la complète exécution de la peine était frappée de nullité[7]; si elle est perpétuelle, il ne peut jamais devenir libre.

---

1. L. 2, *de manum.;* L. 3, *de manum. vind.,* 40, 2.
2. Paul, II, 21, § 7.
3. L. 9, *de manum.,* 40, 1; L. 9, § 2, *Qui et a quib.,* 40, 9.
4. Cic., *pro Rabirio,* 3; *de lege Fabia de plag.,* D., 48, 15; Cod., 9, 20.
5. L. 12, *de manum.;* L. 17, § 2, *Qui et a quib.,* 40, 9.
6. L. 7 et 16, Cod., *Ad leg. Fab. de plag.,* 9, 20.
7. L. 33, *de pœnis,* 48, 19; L. 1, Cod., *Qui non poss. ad lib. perv.,* 7, 12.

La faculté d'affranchir ses esclaves est retirée au maître, lorsqu'il est sous le coup d'une accusation capitale, jusqu'au prononcé de l'acquittement, sans doute afin d'assurer à l'État le bénéfice de la confiscation attachée régulièrement à toute condamnation capitale[1].

La femme divorcée sans qu'il y ait eu consentement mutuel, aux termes de la loi Julia *De adulteriis*, ne peut, pendant les soixante jours qui suivent le divorce, affranchir valablement ses esclaves; la femme accusée d'adultère ne peut pas dans le testament qu'elle ferait, même avant la sentence, affranchir son esclave impliqué dans la même accusation : ainsi en ont décidé Sévère et Antonin[2], et il en est en général de même dans tous les cas où les esclaves sont accusés d'un crime pour lequel on pourrait les mettre à la torture[3].

Enfin il nous reste à étudier certaines dispositions de deux lois, à peu près contemporaines, qui restreignirent la liberté dont on jouissait jusque-là d'affranchir à son gré : ce sont les lois Ælia Sentia et Fusia Caninia.

La loi Ælia Sentia, rendue sous Auguste en 757[4], eut plusieurs buts : d'une part, elle créa avec la loi Junia Norbana deux nouvelles classes inférieures d'affranchis, les Latins Juniens et les déditices dont nous parlerons plus loin; d'autre part, elle prohiba certains affranchissements en les déclarant nuls.

1° Elle frappe de nullité l'affranchissement fait *in fraudem patroni*. Un patron, d'après les règles sur les successions, a droit au moins à une partie du patrimoine laissé par son affranchi; si celui-ci en diminue l'actif, il

---

1. L. 8, § 1, *de manum.*, 40, 1.
2. L. 18, § 2, *de hered. inst.*, 48, 5; Inst., *Pr. de hered. inst.*, 2, 14.
3. L. 12 et 14, *Qui et a quib.*, 40, 9.
4. SUÉTONE, *Auguste*, § 40.

réduit d'autant la part proportionnelle qui revient au patron, aussi l'édit prétorien avait déclaré annulables les actes faits en fraude des droits du patron[1]. Il est probable que le préteur n'avait pas osé aller jusqu'à annuler les affranchissements, la loi Ælia Sentia vint achever son œuvre et déclara nulle la *munumissio.* Justinien n'ayant pas reproduit cette disposition, il est probable qu'ayant remanié la législation quant aux droits successifs du patron, il a entendu l'abroger[2].

2° La loi Ælia Sentia déclare nul l'affranchissement fait *in fraudem creditorum.* C'est affranchir en fraude des créanciers lorsqu'on affranchit un esclave vendu ou promis, ou bien qui a été donné en gage pour sûreté d'une dette. Ici encore le préteur n'avait pas osé pousser ses innovations jusqu'à déclarer nuls les affranchissements faits en fraude des créanciers comme les autres actes faits par un débiteur en fraude de leurs droits[3]; la loi Ælia Sentia introduisit cette réforme, elle déclara, dans l'intérêt des créanciers, la nullité des affranchissements frauduleux. Pour qu'il y ait fraude, il faut le *consilium* et l'*eventus :* insolvabilité créée ou augmentée, préjudice causé en connaissance de cause; c'est du moins, comme l'établissent les textes, la solution définitivement adoptée et consacrée par les Institutes après controverse des jurisconsultes[4]. Le maître ne peut jamais argumenter de sa propre fraude pour faire annuler lui-même l'affranchissement[5], le créancier lésé a seul le droit

---

1. L. 1, *Pr. si quid in fraud. patr.*, 38, 5.
2. Inst., *Pr. qui quib. ex caus.*, I, VI.
3. L. 15 et 16, *Quæ in fraud.*, 42, 7; *Qui et a quib.*, 16, § 2, 40, 9.
4. Inst., § 3, *Qui manumit. non poss.*, 1, 6; D., 50, 17, 1. 79; L. 10, *Qui et a quib.*; L. 57, *de manum. test.*, 40, 4.
5. Cod., 7, 8, L. 5, *de serv. pignori dato.*

d'invoquer la nullité[1], et, dans les affranchissements testamentaires, il peut s'en prévaloir malgré la solvabilité de l'héritier, mais, de son côté, celui-ci peut invoquer la nullité contre les créanciers en refusant de les payer *de suo* dans la mesure de la valeur de l'esclave; si la dette est conditionnelle, l'état des esclaves affranchis est lui-même en suspens. Dans l'hypothèse d'un affranchissement testamentaire, on calcule le *damnum* suivant la fortune au jour de l'addition[2]; s'il y a eu plusieurs affranchissements dont quelques-uns puissent être conservés sans attaquer la solvabilité du *de cujus*, on tient les premiers inscrits pour valables[3], la nullité ne commence qu'à ceux qui ont rendu le débiteur insolvable; cependant cette règle n'est pas absolue en matière de testament et elle pouvait parfois fléchir.

L'affranchissement fait *in fraudem creditorum* ne produisait aucun effet et l'esclave ne devenait pas libre[4]. En effet, il était de principe chez les Romains que la liberté une fois donnée ne pouvait plus être retirée[5]; la loi Ælia Sentia, pour ne pas violer ce principe, devait donc empêcher que la liberté fût acquise. Il ne faut pas croire, cependant, que la nullité eût lieu de plein droit et que l'esclave après la manumission continuât à rester en servitude, il commençait souvent à vivre de fait en liberté, mais les créanciers pouvaient attaquer l'affranchissement, prouver la fraude et faire déclarer en conséquence que l'esclave n'avait pas cessé de l'être. Il pouvait arriver qu'ils perdissent leur action et que l'esclave

---

1. L. 25, *Qui et a quib.*, 40, 9.
2. L. 18, *Qui et a quib.*, 40, 9.
3. L. 24, *Qui et a quib.*, 40, 9.
4. D., 40, 9, L. 5, *Pr., qui et a quib.*
5. Inst., 3, 11, § 3.

devint réellement libre, par exemple si, postérieurement, ils avaient été payés, ou si quelqu'un, pour conserver les affranchissements, s'engageait à acquitter toutes les dettes, parce qu'alors les créanciers n'avaient plus d'intérêt [1]. Ariston, dont l'avis est consacré au Digeste, pensait que si on avait laissé ces esclaves en liberté pendant dix ans, on ne pouvait pas revenir sur ce qui avait été fait [2]. Nous croyons cette décision erronée ; celui qui a affranchi n'a rien fait et on ne peut admettre qu'une proscription vienne confirmer le néant ; s'il avait réellement donné la liberté à l'esclave, on ne pourrait plus le faire rentrer en servitude, *semel concessa libertas non revocatur*. Le fisc, il est vrai, devait faire valoir son action en nullité dans les dix ans à compter du jour où l'esclave avait été *in libertate*, mais nous ne pensons pas qu'on puisse généraliser cette prescription ; ou bien on n'a qu'une année utile, comme pour attaquer tout acte frauduleux [3], ou bien, ce qui est notre opinion, l'affranchissement étant nul de droit *a principio*, il n'est pas susceptible d'être confirmé par un laps de temps quelconque. Il n'est pas inutile de remarquer que, d'après un sénatus-consulte d'Adrien, cette disposition de la loi Ælia Sentia s'appliquait aussi aux débiteurs pérégrins [4]. Une seule dérogation avait été admise à cette règle en faveur du maître insolvable, lorsqu'il avait pour but en affranchissant de se donner un héritier nécessaire ; il fallait que ce dernier devînt libre et citoyen, sans quoi il n'aurait pu revêtir la qualité d'héritier [5]. Il était très-

---

1. *It.*, § 6.
2. L. 16, § 3, *Qui et a quib.*
3. L. 1, *Pr. Quæ in fraud. cred.*, 42, 7.
4. O., c. I, § 47.
5. ULP., I, § 14 ; L. 27, *de manum. test.*, 40, 4.

important à Rome de ne pas mourir intestat, en cas d'insolvabilité, pour échapper à l'infamie résultant de la vente en masse des biens, et pour les créanciers d'avoir un héritier à poursuivre : aussi les Romains avaient imaginé d'affranchir un esclave et de l'instituer héritier nécessaire, de sorte que l'expropriation était poursuivie contre lui, que la vente se faisait en son nom et qu'enfin c'était lui qui était noté d'infamie[1]. Pour faciliter ce résultat, toutes les règles restrictives de la loi Ælia Sentia fléchissent[2] et notamment celle que nous examinons, la *manumissio in fraudem creditorum*. Mais si la dérogation est admise, ce n'est que dans la mesure du strict nécessaire : le maître insolvable n'a le droit d'affranchir et d'instituer qu'un seul esclave, et, malgré son désir, le premier nommé seul arrive à la liberté[3]; de plus, l'esclave ne deviendra libre qu'autant qu'aucune autre personne instituée ne recueillera l'hérédité[4]. Suivant la remarque de Paul, si deux esclaves sont affranchis et institués par une seule et même phrase, de telle sorte qu'aucun d'eux ne soit *prior scriptus*, ces deux esclaves s'excluent réciproquement, l'institution sera sans aucun effet[5]. Dans l'ancien Droit, un testateur avait besoin d'affranchir d'abord expressément son esclave pour pouvoir l'instituer héritier; sous Justinien, l'institution même implique le don de la liberté[6].

3° Enfin la loi Ælia Sentia déclare nuls en principe les affranchissements faits par un maître qui est mineur

---

1. G., c. II, § 153, 154, 155.

2. L. 83, *Pr. de hered. inst.*, 28, 5.

3. L. 40, *de hered. inst.*, 28, 5.

4. Inst., § 1, *Qui manum. non poss.*, 1, 6.

5. L. 43, D., *de hered. inst.*, 28, 5.

6. L. 6, Cod., *de nec. serv. hered.*; Inst., § 2, *Qui man. non poss.*, 1, 6.

de vingt ans; on veut protéger un enfant contre sa propre faiblesse, l'empêcher de céder trop facilement aux instances d'esclaves chargés de son éducation et ayant de l'empire sur lui; on veut éviter que par caprice ou sentiment il puisse se dépouiller inconsidérément et sans motifs [1]. Le mineur est réputé âgé de vingt ans la veille du vingtième anniversaire de sa naissance [2]. On ne lui permet pas de faire indirectement ce qui lui est défendu de faire directement [3], et il ne peut même pas seul donner à ses esclaves la liberté latine. Il lui est seulement loisible de renoncer au droit d'usufruit, de gage ou d'hypothèque qu'il avait sur un esclave, afin de rendre possible l'affranchissement du propriétaire [4]. La disposition de la loi ne saurait concerner les affranchissements obligatoires résultant d'un fidéicommis de liberté ou de toute autre obligation légale d'affranchir; peu importe, dans ces hypothèses, l'âge du maître, il est contraint dans tous les cas d'exécuter son obligation [5]. Enfin la prohibition légale tombe s'il y a eu de justes motifs d'affranchissement, reconnus tels par un conseil. Nous trouvons énumérés aux Institutes et au Digeste des *justæ causæ manumissionis*, mais cette énumération n'est pas limitative, c'est au conseil qu'il appartient d'apprécier et de peser si elles peuvent par intérêt ou affection motiver la dation de la liberté [6]. Antonin-le-Pieux décide que la décision du conseil une fois rendue est irrévocable, quand même pour l'obtenir on aurait trompé

---

1. TACITE, *de clar. orat.*, 29.
2. L. 1, *de manum.*, 40, 1.
3. G., c. 1, § 11; L. 7, § 1, *Qui et a quib.*, 40, 9; L. 66, *de verb. oblig.*, 45, 1.
4. L. 2; L. 4, § 2, *de manum. vind.*, 40, 2.
5. L. 27, *de manum. test.*, 40, 4.
6. L. 13, 14, 19, *de manum. vind.*, 40, 2.

les arbitres [1]. Le texte semble exiger que l'affranchissement ait lieu *vindicta;* c'est en effet, une fois la *justa causa* reconnue, le seul mode possible si on veut obtenir de suite l'affranchissement ; le cens n'avait lieu que tous les cinq ans et le testament ne produit son effet qu'au décès du *de cujus.* Des controverses se sont élevées sur le texte de Gaius, le jurisconsulte s'exprime ainsi : « Minori xx annorum domino non aliter manumittere « permittitur, quam si vindicta apud consilium justa « causa manumissionis adprobata fuerit. » Le mot *vindicta* ainsi placé n'a aucun sens, aussi quelques auteurs le suppriment et n'exigent pour la validité de l'affranchissement fait par le mineur que l'approbation par le conseil d'une juste cause de manumission. D'autres interprètes, et M. Niebuhr est du nombre, transposent le mot *vindicta* ainsi : *Non aliter vindicta manumittere permittitur, quam si..., etc.*, et concluent que le mineur ne peut affranchir par la vindicte qu'avec approbation. Ces deux opinions sont toutes deux en contradiction avec les Institutes et nous semblent devoir être rejetées; nous serions plus disposés à suivre M. Ortolan [2] dans son interprétation : « La loi Ælia Sentia, dit-il, voulait borner les affranchissements en exigeant, dans certains cas, l'approbation du Conseil, il était dans son esprit de fixer ainsi un seul mode déterminé de manumission qui fût sous la surveillance de l'autorité; or on ne pouvait pas en adopter d'autre que la vindicte. — Il est certain que pour l'affranchissement d'un esclave mineur de trente ans, on exigeait ce mode spécial et l'approbation du Conseil [3]. L'analogie seule suffirait pour faire con-

---

1. L. 9, § 1, *de manum. vind.*; Inst., L. I, tit. VI, § 6.
2. ORTOLAN, t. II, p. 63, note 1.
3. G., c. I, § 18; ULP., R, I, § 12.

clure qu'il en était de même pour la manumission faite par le maître mineur de vingt ans, mais les Instituts le disent formellement, Gaius le dit aussi. Il est vrai que sa phrase est un peu altérée, mais au lieu d'y supprimer le mot *vindicta*, au lieu de faire la transposition de M. Niebuhr ou d'autres qui ont été proposées, j'en ferai une bien plus simple que voici : *Non aliter manumittere permittitur quam vindicta, si apud consilium, etc.*, et ceci est confirmé complétement par ce que dit plus bas Gaius [1] : « Un mode spécial de manumission ayant été établi pour les maitres mineurs de vingt ans, il suit de là qu'ils ne peuvent affranchir par testament. » Quant au § 41, dans lequel Gaius dit que le mineur, bien qu'il ne veuille faire qu'un affranchi latin, est encore obligé de demander l'approbation, et qu'il peut alors affranchir *inter amicos*, je ne vois là aucune contradiction à ce que nous avons dit plus haut. Pour affranchir réellement son esclave et le rendre citoyen, il ne peut employer que la vindicte; mais pour le mettre en liberté sans la qualité de citoyen, il pouvait affranchir entre amis. De même pour rendre libre et citoyen un esclave mineur de trente ans, il fallait la vindicte et l'approbation; mais par testament on pouvait le mettre de fait en liberté, sans le droit de cité [2]. Il ne resterait plus qu'une seule considération trop peu concluante pour détruire celles que nous venons d'exposer : c'est que Théophile, Ulpien et l'ancien jurisconsulte, dont on a un fragment sur les manumissions, en traitant cette matière, ne parlent nullement de la vindicte [3]. Justinien a conservé ce mode spécial d'affran-

---

1. G., c. I, § 40.
2. Ulp., R., I, § 12.
3. Ulp., R., I, § 13.

chir, peut-être pour qu'il y eût plus de régularité et que ce moyen unique fût plus facilement sous la surveillance de l'autorité[1], ou bien il a reproduit inconsidérément l'ancien texte[2]; il n'y avait plus guère pour lui de raison d'exiger l'emploi de la vindicte, puisqu'il a mis, quant aux résultats, l'affranchissement *inter amicos* sur le pied de l'égalité avec elle.

Cet empereur a conservé identiquement la prohibition de la loi Sentia pour les affranchissements entre vifs, il a innové pour les affranchissements par testament. Trouvant une inconséquence là où Gaius avait signalé un contraste[3], en ce que le mineur de vingt ans peut transmettre par testament la propriété de son esclave, tandis qu'on lui interdit de l'affranchir, Justinien, sans entrevoir le but politique de cette anomalie, décida d'abord que l'on pût faire des affranchissements testamentaires à dix-sept ans[4], âge auquel dans l'ancien Droit il était permis de *postulare*, figurer en justice; puis pour effacer toute espèce d'inconséquence résultant, selon lui, de l'ancienne législation, il admit que le mineur de vingt ans pourrait valablement affranchir par testament à l'âge où il lui est permis de tester, c'est-à-dire lorsqu'il est *puber*. On comprend qu'à cette époque de décadence de la grandeur romaine le nouveau législateur n'ait pas été préoccupé de la pensée de voir l'introduction dans la cité de personnes indignes d'en faire partie; le titre de citoyen n'est plus un objet d'envie, il est loin d'être recherché comme aux temps de la splendeur de Rome, aussi on en est prodigue maintenant. Et pourquoi y atta-

---

1. G., c. I, § 38.
2. Inst., L. I, t. VI, § 4.
3. G., c. I, § 40.
4. Inst., I, VI, § 7.

cherait-on encore quelque valeur? Il n'y a plus, à proprement parler, des citoyens, mais seulement des sujets courbés sous le despotisme impérial.

Enfin une loi Fusia Caninia, rendue en 761, quatre ans après celle dont nous venons de parler, limitait les affranchissements testamentaires faits soit *directo*, soit par fidéicommis[1], et établissait dans quelle proportion et jusqu'à concurrence de quel chiffre, sans pouvoir jamais dépasser le nombre de cent, un maître pouvait affranchir. Si le chiffre légal a été dépassé, ceux-là seuls sont libres qui sont les premiers nommés dans le testament, et on s'arrête dès que le nombre fixé est atteint. Plusieurs citoyens, pour éluder la loi, pensant que dans le doute on prononcerait en faveur de la liberté, écrivirent les noms en cercle, de façon à ce qu'aucune priorité ne fût indiquée; on décida, pour réprimer cette fraude, que si le chiffre fixé par la loi Fusia Canina avait été dépassé, dans ce cas toutes les libertés seraient annulées[2]. Les affranchissements testamentaires, pour être valables, doivent encore être faits nominativement[3]. Cette loi restrictive ne s'appliquait pas aux affranchissements entre vifs que l'on ne fait guère en général sans réflexion, ni motifs, puisqu'on en supporte soi-même les conséquences; elle eut seulement pour but d'empêcher des manumissions au détriment des héritiers, uniquement inspirées par l'orgueil, afin de se donner un renom de générosité, ou faites par ostentation pour que le convoi mortuaire fût suivi par un grand nombre de serviteurs portant le bonnet de la liberté.

Justinien, qui ne comprend plus la nécessité de limiter

---

1. G., c. I, § 42 à 45; Ulp., R., I, § 24; S. de Paul, l. IV, t. 14, § 4
2. G., c. I, § 46.
3. Ulp., R., I, § 25.

le nombre des citoyens, abroge formellement la loi Fusia
Caninia, et c'est ainsi que la dégradation politique de
l'empire préparait elle-même, sans s'en douter, en facil-
litant la disparition de l'esclavage, les progrès futurs de
la civilisation [1].

Outre les nombreuses réformes souvent libérales de
l'empereur Justinien que nous avons déjà constatées en
exposant la législation des affranchissements, nous verrons dans la section suivante qu'il a supprimé les différentes classes d'affranchis créées par les lois Ælia Sentia
et Junia Norbana, pour ne reconnaître comme dans le
Droit primitif qu'une seule liberté, celle qui entraînait
avec elle le droit de cité. Signalons en terminant cette
section une des grandes réformes de ce prince, qui en
est résultée : c'est la pleine efficacité des affranchissements en dehors des formes solennelles primitivement
exigées. Désormais un esclave peut par l'acte particulier
du maître, sans l'intervention du magistrat représentant
la cité, devenir citoyen ; mais, nous ne pouvons trop le
répéter, quelle différence entre la valeur de ce titre sous
Justinien et le prix qu'il avait jadis à Rome ! Ce n'est
pas cependant que l'empereur consacre comme valable
toute volonté d'affranchir, mais il facilite et multiplie
les modes autorisés jusque-là et efface les conséquences
souvent rigoureuses du Droit civil strictement appliqué.
Il laisse subsister les affranchissements *vindicta*, *in sacrosanctis ecclesiis et testamento*[2], dont les formes sont
déjà simplifiées, puis il déclare valable toute volonté
d'affranchir dans les conditions suivantes :

1° *Per epistolam*, quand on envoyait à l'esclave une

---

1. Inst., Liv. I, tit. 7 ; L. unic., Cod., *de Lege Fus. Can.*, 7, 3.
2. Inst., I, VI, § 1.

lettre signée de cinq témoins dans laquelle on le reconnait comme libre [1]. Les maîtres, dit Théophile, écrivaient quelquefois à un esclave qui se trouvait loin d'eux qu'ils lui permettaient de vivre en liberté; c'est là l'origine de l'affranchissement *per epistolam*, mais avant Justinien cet affranchi n'avait que la liberté de fait.

2° *Inter amicos*, lorsqu'on exprimait sa volonté en présence de cinq témoins; on en dressait acte [2].

3° La liberté est accordée aux esclaves qui, conformément à la volonté du maître défunt, ou par ordre de son héritier, ont suivi ses funérailles la tête coiffée du bonnet de la liberté, ou qui ont éventé le cadavre [3].

4° A celui auquel on a donné le titre de fils dans un acte public ou qu'on déclare adopter [4]. Il suffisait même déjà aussi pour donner la liberté que le maître eût fait asseoir son esclave à sa table, mais Justinien n'ayant pas parlé de ce cas dans son énumération, on doit en conclure qu'il ne l'a pas sanctionné.

5° Est libre la femme esclave qu'on a mariée à un homme libre et qu'on dote par acte écrit [5].

6° Celui à qui on abandonne devant cinq témoins les titres qui constatent sa condition [6].

7° Celui qui s'enrôle dans l'armée ou reçoit une dignité du consentement de son maître [7], ou qui entre dans les ordres ecclésiastiques [8].

---

1. L. unic., Cod., *de lat. lib. tol.*, § 1, 7, 6.
2. *It.*, § 2.
3. *It.*, § 5.
4. *It.*, § 10.
5. *It.*, § 9.
6. L. unic., Cod., *de lat. lib. tol.*, § 11, 7, 6.
7. L. 6 et 7, Cod., *Qui milit. poss.*, 12, 33.
8. Nov. 123, ch. XVII.

8° Les esclaves issus du *contubernium* du maître avec son *ancilla* deviennent libres de plein droit par le mariage de leur père avec leur mère affranchie [1].

Justinien a introduit les cas prévus sous les deux derniers numéros, les autres jusqu'à lui ne conféraient que la *latinitas*. En dehors des espèces ci-dessus énumérées et des conditions exigées, la volonté seule du maître est encore impuissante.

SECTION II.

Du jus latinitatis et des modes spéciaux qui permettent aux Latins d'acquérir la cité.

On entendait d'une façon générale par *non cives romani* tous ceux qui ne jouissaient pas de la qualité de citoyen romain, bien que leur condition vis-à-vis de Rome fût souvent bien différente.

L'opposé du *civis*, c'est le *peregrinus* ou *hostis*, à l'origine étranger ou ennemi, car pour Rome républicaine, jusqu'à ce qu'elle ait achevé la conquête du monde connu, ces deux mots sont synonymes [2]. *Barbarus, peregrinus, hostis*, sous le rapport du droit civil, c'est toujours la même chose : ce sont des étrangers ; aucun d'eux n'est admis à participer aux avantages du droit civil, quoique chaque mot implique cependant l'idée d'une relation différente avec Rome.

Aussi, en Droit, l'expression de *peregrinus* suffit-elle pour exprimer l'opposé du *civis*, et on comprit bientôt sous cette dénomination tous les étrangers soumis à la

1. Nov., 78, ch. IV.
2. L. des Douze Tables, VI, § 5.

domination romaine sans être investis du droit de cité, les *provinciales*. Dans le droit primitif, on est citoyen ou étranger sans intermédiaire, *civis* ou *peregrinus*. Les Romains, avares et jaloux du titre de citoyen, ne le concédèrent d'abord que rarement aux nations vaincues. Plus tard, des concessions particulières, soit bénévoles, moyen politique de s'attacher les populations et de se les assimiler, soit arrachées par les armes et par les traités, furent faites aux habitants de certains territoires. Les avantages de ce *jus Quiritium* ou *civitatis* se divisent, se distribuent plus ou moins largement par la cité souveraine, et, avec le temps, par les seuls empereurs, aux peuples, ou même individuellement, aux hommes, aux rois qui les sollicitent. On les admet à la participation plus ou moins large du *jus Quiritium*, tantôt dans l'ordre politique et dans l'ordre privé à la fois, avec admissibilité aux charges de la République et droit de suffrage, tantôt dans l'ordre privé seulement. Ces démembrements des avantages de la cité créent des positions intermédiaires entre le citoyen et l'étranger, qui varient suivant l'acte de concession. Nous n'avons pas encore à rechercher qu'elle était l'importance de ces diverses concessions et leur variété, nous avons d'abord à nous occuper spécialement de l'une d'elles, du *jus latinitatis*. Nous trouvons une nouvelle classe de personnes appelées *Latini*, dans une condition intermédiaire, qui, sans jouir de tous les avantages réservés aux citoyens romains, sont cependant beaucoup plus favorisées que les simples pérégrins. Nous n'avons pas l'intention de rechercher les droits qui leur furent accordés, ce serait sortir des limites de ce travail, mais comme on facilita beaucoup, pour les Latins, l'obtention du droit de cité, nous devrons déterminer qu'elles étaient les personnes ayant le *jus Latii* et indiquer ensuite les facilités spéciales qui leur furent octroyées pour l'acquisition de la qualité de citoyen romain.

Le *jus latinitatis* appartient aux *Latini veteres* et aux peuples assimilés à eux, c'est-à-dire les *Latini coloniarii* et les *Latini Iuniani*.

Les *Latini veteres* sont les peuples de l'ancien Latium. A l'origine, le Latium était une association de cités, douze colonies, dont Albe était la capitale. Rome ayant vaincu cette rivale, voulut se substituer à elle dans sa domination et ses prérogatives sur le Latium : de là des luttes sanglantes qui durèrent fort longtemps. Soumises par les Romains, sous Tarquin-le-Superbe, ces populations se déclarèrent de nouveau indépendantes et essayèrent de secouer le joug à la chute de la République. Cette deuxième guerre aboutit à la bataille du lac Régille [1] et à un traité, en 261, par lequel Latins et Romains étaient considérés comme citoyens d'un seul et même État; mais si on rétablit entre eux l'égalité civile, on leur refusa l'égalité politique, et les citoyens romains seuls pouvaient entrer au Sénat ou être nommés consuls. Les Latins mécontents luttèrent de nouveau au v° siècle pour obtenir l'égalité complète; cette troisième guerre aboutit à une nouvelle soumission, en 416. A cette date, beaucoup de cités latines furent gratifiées du *jus civitatis*, les autres continuèrent d'être désignées par l'expression *nomen latinum* et on leur fit une situation moins avantageuse. C'est l'ensemble des droits concédés aux Latins à cette époque, qui constitue à proprement parler le *jus Latii*, et ce qui les distingue particulièrement, c'est qu'ils pouvaient acquérir de diverses manières, réglées par les lois, la plénitude des

---

1. Tit.-Liv., II, 33.

droits de cité romaine. Vers le milieu du viie siècle de Rome, les lois Julia (663) et Plautia (665) accordèrent la cité à ces anciens Latins et à presque tous les peuples de l'Italie [1]. Les dernières villes latines disparurent donc entièrement à cette époque, mais leur condition a servi de type pour les *Latini coloniarii*, assimilés aux yeux de la loi romaine. Dans le principe, les Romains ne fondèrent que des colonies composées de leurs citoyens, *coloniæ togatæ* [2]; on y envoyait d'abord les Romains qui le désiraient, on y admit même des Latins sans pour cela leur concéder le droit de cité, enfin, à défaut d'un nombre suffisant d'hommes de bonne volonté, le consul tirait au sort parmi les citoyens les plus aptes au service militaire. Ce fut ensuite un moyen d'assurer l'existence des plus pauvres du peuple, qui, en fixant leur domicile au milieu des vaincus, recevaient une partie du territoire conquis. On éloignait ainsi de Rome les prolétaires, les gens sans fortune, la population gênante [3], tout en étendant l'influence romaine par la propagation de ses mœurs et de son droit: ces colonies servent à garder le territoire en même temps qu'elles offrent à Rome le moyen d'étendre ses conquêtes. Les *cives romani*, quoiqu'établis loin de Rome et sans esprit de retour, conservaient néanmoins leur qualité de citoyen, ce qui leur donnait une supériorité absolue sur ceux qui ne l'avaient pas; toutefois nous croyons que s'ils participaient au droit de cité romaine dans l'ordre privé, il n'en était plus de même dans l'ordre politique, c'est du moins l'opinion à laquelle nous nous arrêtons, quoique la question soit discutée. Une loi ou un

---

1. Cic., *pro Balbo*, ch. XII; *pro Archia*, 4; *pro Sylla*, 7, 8. Appian., *Bell. Civ.*, I, 49.

2. Aulu-Gelle, XVI, 13.

3. Tit.-Liv., X, 6.

sénatus-consulte donnait à la colonie le titre et les priviléges de colonies romaines et réglait la répartition des
terres. Ces colonies, sous les rois, sont encore peu nombreuses et leur gouvernement peu connu, mais elles se
multiplient et s'organisent sous la République.

Au moment de la conquête du Latium, les Latins
avaient déjà l'habitude d'envoyer de leurs concitoyens
fonder des colonies; Rome encouragea cet usage, con-
courut à ces fondations, et c'est de cette époque que
datent les colonies latines ; elles eurent le même but
que les précédentes, mais elles étaient loin de jouir des
mêmes prérogatives. Un décret du Sénat n'est pas
nécessaire pour la fondation de pareils établissements;
les généraux, les consuls peuvent les créer selon les
besoins, l'utilité ou les succès de la guerre qu'ils condui-
sent. Ces colons n'avaient que le *jus Latii;* leur position
était à peu près celle des *Latini veteres,* du moins il
semble hors de doute qu'on leur appliqua les mêmes
modes d'acquisition de la cité romaine. Ces colonies se
composaient principalement de Latins et d'autres habitants que les armes et la politique romaine établissaient
sur un territoire conquis; de plus, d'après le témoignage
de Cicéron [1], elles se recrutaient de volontaires qui
renonçaient à leur patrie, de personnes condamnées à
une amende et qui en évitaient ainsi le paiement, enfin
des fils de famille désignés par le père. Mais, contrairement à ce qui existait dans les *coloniæ togatæ,* le citoyen
romain qui entrait dans une colonie latine, perdait immédiatement son droit de cité et ne participait plus
qu'aux droits de la colonie. La condition de Latin colo-
niaire se transmit par la naissance d'après les mêmes

---

1. *Pro Cecina,* 33; *pro domo,* 30. C., c. I, § 131, et c. III, § 56.

règles que la nationalité romaine, puis plus tard le *jus latinitatis* s'acquit soit par l'émigration dans une colonie déjà existante, soit par concession du prince faite à des individus ou à des cités, sans déplacement de population. Ces colonies latines étaient constituées en autant de petits États indépendants, faisant partie du *nomen latinum* et alliés de Rome ; nouveau moyen d'assimilation des peuples sujets, souvent employé pendant la période impériale. En 584 (*ab. U. c.*), nous voyons établir en Espagne une colonie latine à Carteia [1]. Pompeius Strabo accorde, en 665, le *jus Latii* à de nombreuses villes de la Gaule transpadane ; Vespasien le donne en bloc à tous les habitants de l'Espagne [2].

A partir de la conquête du Latium, il y eut donc deux sortes de colonies qu'il importe de ne pas confondre au point de vue de leurs droits. Il est difficile de distinguer au bout d'un certain temps si une colonie est latine ou romaine : c'est une question de fait, qui se résoudra généralement d'après l'organisation politique de cet établissement. Voyons comment les habitants des colonies latines pouvaient parvenir à la cité.

On avait facilité aux *Latini veteres* l'entrée de la *civitas romana*, ces modes d'assimilation sont également applicables aux *Latini coloniarii*. Ils obtiennent le titre de citoyen romain : 1° lorsqu'ils ont exercé dans leur pays une magistrature, mais il semble certain que celui-là seul qui a rempli la charge obtient droit de cité, et non sa femme et ses enfants [3]; 2° par application de la loi Servilia Glaucia, le Latin qui avait accusé et fait condamner un magistrat romain comme concussionnaire devenait *civis*

---

1. Trr.-Liv., 43, 3.
2. Pline, *Nat. hist.*, III, 4.
3. G., c. I, § 96.

romanus[1]; 3° enfin devenait citoyen romain le Latin qui venait se fixer à Rome, lorsqu'il laissait, en quittant son pays, un ou plusieurs enfants « *Stirpem ex se* »[2] pour y perpétuer sa race. Quelques interprètes pensent que cette loi s'appliquait non-seulement aux Latins, mais à tous les *Socii.*

Enfin il y avait une autre classe de Latins, certains affranchis appelés Latins Juniens. On les a ainsi nommés parce que c'est la loi Junia Norbana qui les a introduits et qu'elle a déclaré les assimiler à ceux qui possédaient le *jus Latii.* Examinons dans quel cas on est Latin Junien.

L'affranchissement fait sans employer l'un des trois modes solennels était légalement nul ; seulement le préteur intervint souvent pour faire maintenir l'esclave *in libertate* et faire respecter l'espèce d'engagement sur lequel il avait dû compter[3]. Mais, dans tous les cas, le préteur ne protégeait que la personne et non les biens de l'esclave ; on ne pouvait pas encore le compter parmi les affranchis, et il n'acquérait jamais le *jus civitatis.* La loi Junia, la première, rendue sous Tibère en 772, s'occupa de ces individus maintenus *in libertate* par le préteur ; elle décida que de pareils affranchissements pouvaient faire obtenir une véritable liberté. On a de tout temps discuté la question d'antériorité pour les lois Ælia Sentia et Junia Norbana ; plusieurs raisons et entre autres quelques phrases de Gaius et d'Ulpien pourraient faire penser que la condition des affranchis latins était déjà spécifiée lorsque vint la loi Ælia Sentia ; cependant, tel n'est pas notre avis, et nous persistons à placer la

---

1. Cic., *pro Balbo,* 23 et 24.
2. Tit.-Liv., XLI, 8.
3. *Disp. de manum.,* § 5, *in fine;* G., c. III, § 56.

loi Ælia Sentia en 757 et la loi Junia postérieurement en 772. Les textes de Gaius et d'Ulpien peuvent du reste s'expliquer : il n'est pas étonnant qu'ils réunissent quelquefois les conséquences de ces deux lois, puisqu'ils écrivent à une époque où elles sont rendues toutes deux et où leurs dispositions sont simultanément en vigueur et se complètent pour ainsi dire[1]. D'autre part, les termes même de la loi Ælia Sentia viennent confirmer nos dires; en effet, cette loi introduit quelques prohibitions nouvelles aux affranchissements, elle empêche dans certains cas que l'esclave affranchi ne devienne citoyen romain et l'assimile à celui qui vivait en liberté d'après la volonté de son maître et la protection du préteur : *Perinde haberi jubet, atque si domini voluntate in libertate esset.* Ce n'est que la loi Junia qui le déclare Latin : *ideoque fit Latinus* ; or, si cette loi était antérieure, la loi Ælia Sentia l'eût certainement visée, elle s'y serait référée.

Quoi qu'il en soit, en vertu de cette innovation législative, les affranchissements, irréguliers autrefois, subsistent : les affranchis, il est vrai, ne deviennent pas citoyens romains *de plano*, mais leur état juridique est celui des Latins coloniaires, et encore plus facilement qu'eux ils pourront parvenir à la cité[2].

D'autres modes solennels de manumission s'introduisirent[3], mais sans conférer la *civitas*, ils produisaient la *latinitas*. On a soulevé, à ce sujet, la question de savoir quel effet produisait l'*adoptio servi*. Il est certain qu'elle ne peut pas faire acquérir le droit de cité à l'esclave, résultat produit exclusivement par les modes

---

1. G., c. I, § 22.
2. Dosit., § 6, 7, 12. Ulp., I, § 10. G., c. III, § 56.
3. L. 1, pr., Cod., de lat. lib. tol., 7, 6.

légaux, mais nous pensons que, dans un pareil acte, la volonté du maître se montre expressément et que l'esclave, par suite, doit devenir libre et Latin. Du reste, ce résultat se présentera aussi bien dans le cas où une personne adopterait son propre esclave, que dans le cas où elle adopterait l'esclave d'autrui; car, dans la *datio in adoptionem*, la volonté d'affranchir s'exprime tout aussi clairement. Justinien nous apprend que cela s'accorde entièrement avec l'opinion de Caton et des anciens jurisconsultes [1]. Dans l'ancien droit, il pouvait arriver, par exemple en cas de vente et de tradition, sans employer les formes solennelles de la *mancipatio* ou de l'*in jure cessio*, qu'une personne, l'acheteur, eût un esclave *in bonis*, tandis qu'une autre, le vendeur, conservait sur lui le *nudum jus Quiritium* [2]; ce dernier ayant perdu la puissance dominicale, n'a jamais pu affranchir l'esclave valablement, mais on refusait aussi tout effet à l'affranchissement fait par le propriétaire bonitaire, quoiqu'ayant acquis la *potestas* [3], sous prétexte qu'il n'avait pas un droit complet sur l'esclave. Le préteur était déjà intervenu en faveur de la liberté; la loi Junia décide que l'esclave devient libre en droit, seulement il n'acquiert que la *latinitas*, il ne sera pas citoyen romain : *Si ancilla,* nous dit Gaius, § 167, *ex jure Quiritium tua sit, in bonis mea, a me quidem solo, non etiam a te manumissa, Latina fieri potest... nam ita lege Junia cavetur* [4].

La loi Ælia Sentia, que nous avons déjà vue apporter des entraves à la liberté d'affranchir, introduisit une nouvelle cause de latinité. Avant elle, l'esclave régulière-

---

1. Inst., I, tit. XI, § 12.
2. G., c. II, § 40 et 41.
3. G., c. I, § 54.
4. Ulp., I, § 16.

ment affranchi, si jeune qu'il fût, devenait toujours citoyen; aux termes de cette loi, si l'affranchi a moins de trente ans, il ne deviendra pas *ciris romanus* et, d'après la loi Junia, il sera Latin [1]. Pour obtenir la *civitas* avant cet âge, il faut ou qu'il ait été héritier nécessaire d'un maître insolvable [2], ou nommé tuteur par le testament [3], ou enfin que l'affranchissement ait eu lieu *vindicta*, après avoir été reconnu juste par le conseil. On doit se reporter, pour ce dernier cas, aux développements donnés plus haut pour les affranchissements faits par un mineur de vingt ans [4].

Indépendamment des espèces que nous venons d'examiner, les empereurs ajoutèrent quelques circonstances nouvelles ne produisant que la latinité. Dans l'hypothèse prévue par l'édit de Claude, lorsqu'un maître a chassé de sa maison et abandonné son esclave malade pour ne pas le soigner, celui-ci devient Latin [5].

Si le propriétaire d'une esclave la vendait sous la condition qu'elle ne serait pas prostituée, et que cette condition fût violée par l'acheteur ou par un tiers possesseur, celle-ci devenait libre de plein droit. L'empereur Adrien déclara que l'esclave serait encore libre si le vendeur s'était réservé le droit de la reprendre en cas de prostitution, l'avait prostituée lui-même ou avait pris part à cet acte, parce qu'il ne devait plus jouir du droit qu'il s'était réservé [6]. Dans ces deux cas, l'esclave ne

---

1. ULP., I, § 12.
2. G., c. I, § 21.
3. L. 3?, § 2, *de test. tut.*, 26, 2.
4. G., c. I, § 17 à 20. ULP., I, § 13.
5. L. 2, *Qui sine manum.*, 10,8; L. uni., § 3, Cod., *de lat. lib. tol.*, 7,6. SUÉTONE, *in Claud.*, ch. XLV.
6. L. 10, § 1, *de in jus voc.*, 2, 4. L. 31, pr., *de edict.*, 21, 2. L. 2, Cod., *Si mancip. ita.*, 4, 56.

devient pas citoyenne romaine, mais seulement Latine ; ce fut Justinien qui, le premier, lui accorda le droit de cité [1].

L'affranchie qui se marie contre la volonté de son patron avec un esclave, redevient esclave de son ancien maître, et si, dans l'avenir, elle est de nouveau affranchie, elle ne peut plus devenir que Latine [2]. Constantin ordonna que l'esclave qui dénoncerait l'enlèvement d'une jeune fille deviendrait Latin dans tous les cas ; dans une autre Constitution, le même empereur décida que les enfants issus d'une femme ingénue et d'un *servus fiscalis*, seraient Latins de plein droit. Enfin Justinien, le premier encore, décida que le *statu liber*, qui serait affranchi par un héritier avant l'accomplissement de la condition, demeurerait Latin jusqu'à ce moment [3].

Rappelons, pour mémoire, que, par application du principe que l'affranchi emprunte à son patron sa condition sociale, il s'ensuit, bien qu'aucun témoignage précis ne vienne l'affirmer, que nous devons déclarer Latin l'esclave affranchi par un Latin.

Maintenant que nous avons énuméré les cas dans lesquels on était Latin Junien, ou du moins assimilé à eux, indiquons, en suivant l'ordre d'Ulpien, par quels moyens il leur était permis plus spécialement d'obtenir le *jus civitatis romanæ* [4].

Bien que la loi Junia assimile la condition des Latins Juniens à celle des Latins coloniaires, il ressort de textes nombreux que les *Latini Juniani* étaient, au point de vue des droits civils concédés, dans une situation

---

1. L. unic., § 4, Cod., *de lat. lib. toll.*, 7, 6.
2. *Sent.* de PAUL, L. II, L. 21, § 7, A.
3. L. un., Cod., *de lat. lib. tol.*, § 7, 7, 6.
4. ULP., III, § 1 et suiv.

moins favorable[1]. En revanche, on leur facilita beaucoup l'accès du droit de cité.

L'affranchi latin peut devenir citoyen romain :

I. *Beneficio principali.* — En vertu d'un rescrit impérial lui conférant le *jus Quiritium* qu'il a sollicité du prince. Il n'est pas étonnant que l'empereur, tout-puissant dans l'État romain, ait eu ce pouvoir, mais cette concession avait pour résultat de dépouiller le propriétaire quiritaire de son droit de propriété. Trajan, frappé de cette iniquité, voulut y remédier et fit promulguer une Constitution dans laquelle il déclarait que si le *beneficium principale* avait été accordé malgré la volonté du patron ou à son insu, celui-ci conservait tous ses droits dans la succession de l'affranchi[2]. Cette mesure garantissait bien les droits du patron, mais, d'un autre côté, elle lésait les intérêts de l'affranchi; en effet, bien qu'il fût assimilé toute sa vie à un citoyen romain, il était considéré, au moment de sa mort, comme retombé dans son ancienne condition. Pour faire cesser cette anomalie, un sénatus-consulte d'Adrien décida que les Latins qui auraient ainsi obtenu, malgré leur patron, le droit de cité de l'empereur, pourraient le rendre tout à fait efficace par la *causæ probatio* ou l'*erroris causæ probatio*[3].

II. *Liberis.* — L'affranchi latin qui a épousé une femme d'une condition plus élevée ou égale à la sienne et en a eu un enfant au moins, peut obtenir la cité pour lui, sa femme et ses enfants, s'ils ne l'ont pas déjà[4].

---

1. ULP., XVII, § 1; XX, § 14; XXII, § 3; XI, § 16; G., c. I, § 23; c. III, § 56 et 58.

2. G., c. III, § 72; Inst., § 4, *in fine, de succ.*, 3, 7; L. unic., Cod., *de lat. lib. tol.*, 7, 6.

3. G., c. III, § 73.

4. G., c. I, § 30 et 80.

Il se présente devant le préteur ou le gouverneur de la province, il doit faire la preuve que son mariage a été conclu devant sept témoins citoyens romains et pubères et dans la forme *quærendorum liberorum causa*, puis en outre établir qu'il est né de cette union un enfant âgé au moins d'un an. Ces faits étant constants, le magistrat le déclare citoyen [1]. Cette procédure était appelée la *causæ probatio ex lege* Ælia Sentia ou *anniculi probatio;* il ne faut pas la confondre avec la *causæ probatio ex senatus consulto* ou *erroris probatio.* Ces deux modes différents d'acquérir la *civitas* vont faire l'objet de notre étude.

Anniculi probatio. — Aujourd'hui, il n'y a plus de doute à cet égard, c'est la loi Ælia Sentia qui, la première, établit l'*anniculi probatio,* seulement ce moyen n'était admis qu'en faveur de celui qui avait été affranchi, quoique mineur de trente ans, et sans approbation du conseil. Sous Auguste, il se produisit dans l'Empire un grand penchant pour le célibat; pour combattre cette tendance fatale, surtout fréquente chez les affranchis, la loi Ælia Sentia déclara que ceux qui seraient affranchis avant trente ans ne pourraient plus obtenir le droit de cité à moins de l'avoir mérité par un mariage régulier et la naissance d'un enfant. C'est dans ces circonstances que plus tard intervint le sénatus-consulte Pégasien, rendu sous Vespasien, pour étendre l'usage de l'*anniculi probatio;* dès lors tout Latin, de quelque manière qu'il eût été affranchi et quelle que fût la cause de sa latinité, put ainsi acquérir le *jus civitatis* [2].

Pour être apte à faire la *causæ probatio,* il n'est pas

---

1. G., c. I, § 29. Ulp., III, § 3.
2. G., I, § 31. Ulp., III, § 4, *in fine.*

nécessaire que le Latin soit encore vivant, elle peut être faite après sa mort et, dans ce cas, sa femme Latine et son enfant deviennent citoyens romains [1].

Erroris probatio. — La *causæ erroris probatio* a une portée plus grande que l'*anniculi probatio;* celle-ci n'avait pour but que d'ouvrir une voie à l'acquisition de la cité pour les affranchis Latins; par l'*erroris probatio,* non-seulement les Latins, mais encore les pérégrins peuvent devenir citoyens romains. Il faut toujours supposer qu'un mariage se trouve nul, parce qu'à l'insu des parties ou de l'une d'elles, il n'y avait pas connubium; du moment qu'un enfant est né de cette union, dans certains cas la justification de la cause de l'erreur a pour effet de rendre citoyens romains ceux qui étaient Latins ou même pérégrins. Nous aurons encore à revenir sur cette question à propos des pérégrins dans notre section III, examinons seulement ici ce qui concerne les Latins. Gaius nous a donné des détails très-précis sur la matière, et leur découverte tardive a tranché bien des controverses; on doit s'en rapporter entièrement à son texte et ne pas s'arrêter au § 4, t. VII d'Ulpien, passage rempli d'interpolations. Ce moyen d'obtenir la *civitas* trouve son origine dans un sénatus-consulte que l'on s'accorde à placer après la loi Ælia Sentia et avant le règne d'Adrien [2]. Nous avons tout d'abord à résoudre une question importante : l'énumération donnée par Gaius est-elle limitative, ou bien n'a-t-il fait que donner, à titre d'exemples, des applications d'un principe général que l'on doit étendre à tous les cas où un mariage préjudiciable a été contracté par suite d'erreur sur la condition ? Il nous semble

---

1. G., I, § 32; c. II, § 142.
2. G., c. I, § 67 et suiv.; c. II, § 143.

que, puisque le sénatus-consulte a énuméré les divers cas pouvant faire admettre l'*erroris probatio*, il en a par cela même interdit l'extension par analogie ; s'il avait voulu rendre possible des assimilations, il lui était bien facile de le dire. Nous trouvons du reste un argument décisif, selon nous, dans le paragraphe 87 du *Com. 1er* de Gaius : *Superius retulimus*, dit-il, *quibusdam casibus per errorem non justo contracto matrimonio, senatum intervenire et emendare vitium matrimonii.* Il résulte bien de ce passage que l'*erroris probatio* ne devait pas être toujours admise, mais seulement dans les cas que le sénatus-consulte avait pris soin d'énumérer. Voyons quand il était permis aux Latins de l'invoquer.

Le droit à l'*erroris probatio* est accordé au citoyen romain qui a épousé par erreur une Latine la croyant citoyenne romaine, lorsqu'un enfant est issu de cette union [1]. En vertu du sénatus-consulte, par suite de cette preuve, le droit de cité est accordé à la femme et à l'enfant.

De même, si une citoyenne romaine s'est mariée avec un pérégrin qu'elle croyait Latin, on lui permet, si elle s'est conformée aux dispositions de la loi Ælia Sentia, de prouver son erreur : *nam et de hoc specialiter senatus-consulto cavetur.* Son mari et son enfant deviendront citoyens romains [2].

Il en est encore ainsi lorsqu'une Latine épouse un pérégrin pensant se marier avec un Latin, elle peut *ex senatus-consulto, filio nato, causam erroris probare, et ita omnes fiunt cives romani* [3].

---

1. G., c. I, § 67 et 72.
2. G., c. I, § 68.
3. Ir., § 69.

Le Latin qui a épousé *e lege Ælia Sentia* une pérégrine qu'il croyait Latine ou citoyenne romaine, peut également prouver son erreur [1].

Enfin le sénatus-consulte est encore applicable lorsqu'un citoyen romain qui se croyait Latin a épousé une Latine *tanquam si ex lege Sentia uxorem duxisset* [2].

III. *Iteratione.* — Ce moyen d'acquérir la cité est évidemment spécial aux affranchis Latins. Un affranchissement a été fait par celui qui était propriétaire *ex jure Quiritium*, mais sans employer un des modes solennels exigés, l'affranchi ne devient que Latin ; il en est de même si le *manumissor* avait seulement l'esclave *in bonis*. Supposons maintenant que dans le premier cas intervienne un nouvel acte passé en forme de manumission solennelle, et que dans le second l'affranchissement soit refait par le *nudus dominus ex jure Quiritium*, il y a *iteratio*, le vice inhérent à la première *manumissio* est couvert, effacé, le droit de latinité se convertit en droit de cité. Nous admettons que cette rectification par un nouvel affranchissement peut être faite, dans tous les cas, par celui qui a le *jus Quiritium* sur le Latin ; c'est ce qui nous semble résulter de la nature même de l'*iteratio* fondée sur le pouvoir quiritaire qui continue d'exister sur l'esclave : c'est, du reste, ce que dit très-bien Ulpien : *Iteratione fit civis romanus qui, post latinitatem quam acceperat major triginta annorum, iterum juste manumissus est ab eo cujus ex jure Quiritium servus fuit* [3]. Mais nous ne concluons pas de ce passage, comme l'ont fait certains auteurs, que l'*iteratio* est inapplicable à celui qui est Latin parce qu'il n'avait pas trente ans lors de

1. G., § 70.
2. Ib., § 71.
3. Ulp., III, § 4.

son affranchissement, il faut seulement supposer qu'au moment de l'*iteratio* il a atteint cet âge ou du moins que le nouvel affranchissement a lieu *vindicta* et en vertu d'une *justa causa* approuvée par le conseil.

Un sénatus-consulte étendit le bénéfice de l'*iteratio* quant à ses résultats, et voulut qu'elle profitât aussi en même temps aux enfants du Latin.

IV. *Militia.* — Le Latin qui avait servi à Rome pendant six ans parmi les gardes, *vigiles Romœ*, devenait citoyen romain aux termes d'une loi Visellia. Plus tard, un sénatus-consulte modifia cette disposition et réduisit à trois ans le temps exigé pour l'acquisition du droit de cité [1].

V. *Nave.* — L'empereur Claude, par un de ses édits, déclara que la qualité de *civis romanus* serait encore accordée au Latin qui, après avoir construit un navire pouvant contenir au moins dix mille boisseaux de froment, aurait pendant six ans transporté du blé à Rome [2].

VI. *Ædificio.* — Lorsqu'un Latin, suivant la loi Julia, dépensait au moins la moitié de son patrimoine pour construire une maison à Rome, il avait droit à la *civitas*. On ignore quelle était au juste la somme que l'on devait consacrer à l'édification. Ulpien ne fait que mentionner ce mode, et le passage où Gaius réglementait ce point est rempli de lacunes [3].

VII. *Pistrino.* — Le Latin pouvait encore revendiquer la cité quand il avait établi un moulin ou une boulangerie. Les détails sur ce cas font complétement défaut.

VIII. *Vulgo quæ sit ter enixa.* — Enfin un sénatus-

---

1. ULP., § 5.
2. *It.*, § 6. G., c. I, § 31. SUÉTONE, *in Claud.*, ch. XVIII et XIX.
3. ULP., III, § 1. G., c. I, § 33; L. 139, *de verb. signif.*, 50, 16.

consulte, qui ne nous est pas autrement connu, décidait que l'affranchie latine qui aurait mis au monde trois enfants illégitimes aurait droit à la cité romaine. Il est à remarquer que l'*anniculi probatio* dont nous avons parlé plus haut n'était accordée qu'aux Latins mâles et que la femme latine ne pouvait pas s'en prévaloir : ce qui prouve l'exactitude de cette assertion, c'est que Gaius et Ulpien, dans leurs commentaires sur l'*anniculi probatio*, ne parlent jamais que du Latin et n'appliquent pas à la Latine les principes posés par eux en cette matière comme lorsqu'ils s'occupent de l'*erroris probatio*.

Le *triplex enixus* remplace, pour la femme latine, la *causæ probatio;* c'est ce que font remarquer avec raison MM. Demangeat et Vangerow.

APPENDICE.

Nous avons vu dans quels cas on était Latin, comment ensuite on pouvait parvenir à la cité; pour être complet, il est indispensable de dire ici quelques mots des *dédilices.* C'étaient primitivement les peuples qui ayant combattu contre les Romains avaient été forcés de se rendre à discrétion : par exemple le peuple de Collatin sous L. Tarquin[1]. La loi Ælia Sentia, dont nous avons étudié plusieurs réformes en matière d'affranchissements, attribua à une nouvelle classe d'affranchis le nom et la condition de ces *peregrini*[2]. Anciennement le plus vil esclave pouvait devenir citoyen par un affranchissement régulier; en vertu de cette loi, désormais le droit de cité

---

1. Tit.-Liv., VII, 31. G., c. I, § 14. Tit.-Liv., I, 38.
2. G., c. I, § 15.

est inaccessible à tous ceux qui, à un moment quelconque de leur esclavage, se sont trouvés dans une position infamante, ils sont incapables à tout jamais de devenir citoyens romains, l'affranchissement ne leur confère même pas la latinité, ils partagent le sort fort dur des déditices, ils ne jouissent que de la liberté et des droits naturels autrefois accordés à ceux à qui ils sont assimilés.

Cette déchéance était encourue par l'esclave qui avait été mis aux fers ou marqué d'un fer rouge, lorsqu'il avait subi la torture pour un délit dont il était resté convaincu, lorsqu'il avait été livré pour combattre comme gladiateur ou contre les bêtes féroces, enfin s'il faisait partie d'une troupe d'esclaves jetés en prison ou amenés dans l'amphithéâtre pour l'amusement du peuple[1]. Ces rigueurs, du reste, ne produisaient leur effet qu'autant qu'elles étaient infligées par l'autorité compétente[2].

Sans examiner en détail quelle était la situation très-inférieure faite à ces individus, constatons, au point de vue qui nous occupe, qu'ils n'appartenaient à aucune cité déterminée[3], ils n'avaient pas de *patria* ou *origo*, semblables en cela aux Romains devenus pérégrins à la suite d'une condamnation criminelle; ils n'avaient enfin aucun espoir d'obtenir la qualité de citoyen : « Nec ulla lege aut senatus-consulto aut constitutione principali, aditus illis ad civitatem romanam datur[4]. »

Aussi c'est à juste titre que Gaius les place au dernier degré des hommes libres : « Pessima libertas eorum est, qui dedititiorum numero sunt. » Ce principe était appliqué avec beaucoup de rigueur; nous en citerons un

1. G., c. I, § 13. Ulp., I, § 11.
2. Paul, IV, XII, § 3 à 8.
3. Ulp., XX, § 14.
4. G., c. I, § 26.

exemple : si un citoyen romain épouse une déditice, la croyant citoyenne, un sénatus-consulte lui permet bien de *causam erroris probare,* et par suite son enfant acquiert le droit de cité, mais son épouse reste déditice. De même la citoyenne romaine mariée à un déditice qu'elle croyait Romain ou Latin peut prouver son erreur et obtenir pour son enfant le droit de cité, mais non pour son mari[1].

Nous n'avons trouvé qu'une exception à la règle; dans un seul cas, celui qui était *in causa dedititii* pouvait cependant acquérir la *civitas :* les dispositions de la loi Ælia Sentia fléchissent en faveur de l'institution d'un héritier nécessaire. Pour sauver la mémoire du maître et l'empêcher mourant insolvable et intestat, d'encourir l'infamie résultant de la *venditio bonorum,* on accorde la liberté et la cité à son esclave institué en qualité d'*heres necessarius*[2]. Les autres prohibitions d'affranchir ne dérivant pas de la loi Sentia ne céderaient pas malgré l'insolvabilité du testateur[3].

La condition du déditice n'était pas héréditaire, ses enfants étaient des pérégrins ordinaires et pouvaient devenir citoyens[4].

Outre les nombreuses réformes de l'empereur Justinien que nous avons déjà constatées en exposant la législation des affranchissements, ce prince décida qu'à l'avenir, comme dans le Droit primitif, la manumission faite par un Romain ou serait nulle, ou conférerait avec la liberté le Droit de cité : « Nullo nec ætatis manumissi, nec dominii manumittentes, nec in modo manumissionis discrimine habito. » C'est la suppression des deux

---

1. G., c. I, § 67 et 68
2. ULP., I, § 11.
3. L. 83, *Pr., de hered. inst.,* 28, 5.
4. G., c. I, § 68.

classes inférieures d'affranchis[1]. Du reste, cette mesure législative, suggérée par Tribonien, ne fut guère que la consécration de faits accomplis. Il n'y avait plus que peu de Latins par suite de la disparition du *dominium, jus Quiritium* et de la *bonitas*[2]; quant à la condition du déditice, elle était depuis longtemps tombée en désuétude; remarquons toutefois que la constitution ne concerne pas les quelques Latins qui existent encore; par exemple pour irrégularité dans les formes de la manumission, la réforme n'a pas d'effet rétroactif et ne s'applique qu'aux affranchissements futurs[3]. Dans tous les cas, désormais l'affranchi acquerra la condition de l'affranchissant[4], et pour couronner ces réformes, Justinien efface l'infériorité sociale des affranchis, ils sont mis sur le pied de l'égalité avec les ingénus citoyens romains; en effet, le *jus aureorum annulorum* est à l'avenir inhérent à tout affranchissement, et la *restitutio natalium* ne nécessite plus comme autrefois une concession spéciale du prince[5].

SECTION III.

Concessions de la civitas romana *aux pérégrins.*

Rome n'était dans son origine qu'une municipalité, une commune n'ayant, d'après Montesquieu[6], d'autres relations avec les peuples voisins que celles qui naissent d'une guerre continuelle et d'un pillage réciproque.

---

1. L. unic., Cod., de ded. lib., 7, 5.
2. L. unic., Cod., de nud. jus Quirit., 7, 25.
3. De lat. lib. tol., L. unic., Cod., 7, 6, § 13.
4. Inst., L. I, tit.V, § 3.
5. Nov., 78. ch. I et II.
6. Grand. et décad. des Romains, ch. I.

Peu nombreux, les premiers fondateurs de l'État avaient besoin de conquérir des citoyens plutôt que des esclaves. Aussi les voit-on alors, après une victoire, détruire la ville soumise, transporter les habitants parmi eux, leur donner les droits de cité. Ce fut ainsi que les premiers peuples vaincus, les Sabins, les habitants d'Albe et même après la prise de Rome par les Gaulois, les Véiens, les Falisques et quelques autres[1] furent assimilés aux Quirites, absorbés par Rome naissante, et que cette ville compta bientôt plus de cinquante mille citoyens. Dans les tout premiers temps on est prodigue du titre de *civis romanus*, l'accordant à tous ceux qui voulaient faire partie de la nation, dans le but politique d'accroître la population; par contre, à cette époque, les patriciens seuls étaient *cives optimo jure* et ce ne fut qu'après des révolutions sanglantes que l'égalité fut à peu près complète entre les deux ordres. Cet état de choses dut se prolonger un certain temps, jusqu'à ce que Rome se fût agrandie, mais alors la législation romaine devint fort exclusive pour les étrangers, le titre de *civis* devint précieux, parce qu'il était rarement concédé, et que ceux-là seuls qui étaient Romains jouissaient, à l'exclusion de tous autres, de nombreux privilèges. On en fit une véritable dignité entourée d'un grand prestige, et désormais dans les guerres contre les habitants plus éloignés de l'Italie, les soldats ennemis furent en partie emmenés comme esclaves. La cité! Ce mot nous rappelle le *civis sum romanus* qui, à lui seul, signifiait tant de choses et qui autorise saint Paul à dire au centenier qui le liait : « Vous est-il permis de fouetter un citoyen romain[2]? » Nulle part en effet on ne trouve

---

1. Tit.-Liv., L. I, n⁰ 29 et 33; L. VI, n⁰ 4.
2. *Actes des Apôtres*, ch. XXVII, v. 25.

l'idée de cité aussi vigoureuse que dans le droit primitif des Romains, nulle part une conception aussi énergique de ce que c'est véritablement que le droit civil, expression dégénérée de nos jours : c'est-à-dire le droit des citoyens, le droit exclusivement propre à ceux qui font partie de la cité. *Jus Quiritium, optimum jus civium Romanorum, jus civitatis, jus civile*, voilà les dénominations de ce droit exclusivement propre à la cité pour le territoire, et aux citoyens pour les personnes. Cette idée avait imprimé partout dans les institutions romaines un caractère de force et de rudesse qui ne tient compte ni de la voix de la nature, ni des liens du sang, ni de l'opinion ou de l'équité communes, et longtemps l'étranger aspira vainement à obtenir la qualité de citoyen ou même quelques-uns de ses avantages. Titre indélébile dans le droit pur des Romains une fois qu'il avait été acquis, car le jugement du peuple pouvait bien priver un citoyen de la vie, jamais de la cité malgré lui [1]; il rend la personne qui le possède inviolable. Cicéron nous apprend en effet que le citoyen peut arrêter l'exécution des ordres des magistrats, et en appeler au jugement du peuple [2]; il ne pouvait non plus être battu de verges. En un mot, toute la capacité du droit civil, dans l'ordre privé comme dans l'ordre public, dépendait de ce titre ; sans lui, on n'avait pas d'état, pas de tête.

Sous la royauté, tout individu n'ayant pas la *civitas* est un étranger, confondu avec l'ennemi sous la désignation commune de *hostis*, et frappé d'un ostracisme absolu. On ne connaît alors qu'une seule classe d'étrangers : *Hostis enim apud majores nostros is dicebatur,*

---

1. Cic., *pro domo*, ch. XXIX et XXX.
2. Cic., *in Verrem*, nᵒˢ 56 et 57.

quem nunc peregrinum dicimus [1]. Ce n'est pas que le mot *hostis* ainsi employé renferme une idée d'hostilité : il désigne un peuple étranger dont les Romains reconnaissent vis-à-vis d'eux la position indépendante, sauf réciprocité dans leurs rapports qui n'existent guère que sur le champ de bataille.

Cette exclusion de l'étranger et son état d'infériorité subirent avec le temps de nombreuses et heureuses modifications à mesure que les institutions, suivant les progrès de la civilisation, se dépouillèrent de leur caractère étroit et égoïste pour s'empreindre d'un esprit plus libéral et plus fraternel, ou plutôt lorsque Rome, tête d'un corps formé de tous les peuples du monde, selon l'expression de Montesquieu, se vit obligée de céder à des nécessités politiques et de se montrer moins avare.

Jusqu'au vii° siècle, *ab Urbe condita*, le droit de cité ne fut plus qu'exceptionnellement accordé à l'étranger ; cependant, dès 258 de l'ère romaine, la situation des pérégrins éprouva des améliorations graduelles, et bien qu'on ne puisse enregistrer que peu de concessions du *jus civitatis* avant l'année 416, on peut constater déjà avant cette époque un progrès immense : beaucoup de peuples, de cités, d'individus ont été admis à une participation au moins partielle aux droits de la cité [2].

Non moins habiles politiques que guerriers redoutables, les Romains, en entourant d'immenses priviléges la qualité de citoyen, avaient su faire de ce titre un objet d'envie et d'émulation pour les étrangers. Le droit de cité romaine était donc pour les particuliers comme pour les nations la plus belle récompense des grands services

1. Cic., *de officiis*, L. I, ch. XII.
2. Giraud, *Hist. du droit romain*, p. 90.

rendus à la République. Pour que rien ne manquât à cette heureuse combinaison politique, les Romains, proportionnant la récompense aux services, n'accordaient le plus souvent qu'une fraction plus ou moins grande du droit de cité. De sorte que, comme on l'a souvent fait observer, il existait entre les Romains, qui jouissaient pleinement du droit de cité, et les étrangers proprement dits, une foule de degrés intermédiaires[1]; ainsi on pouvait n'être point considéré comme Romain par rapport à un Romain proprement dit et cependant être regardé comme citoyen, *civis*, dans l'acception générale du mot, à l'égard d'autres étrangers.

Le peuple romain fut amené à faire des concessions plus ou moins étendues de ses droits civils et politiques par ses nombreuses conquêtes, car les victoires de la République avaient amené à Rome une masse énorme d'individus de toutes nations et avaient, en augmentant les relations, rapproché les Romains des peuples subjugués; d'autre part, des peuples voisins, effrayés de la puissance de Rome, recherchent son alliance, mais en se plaçant sous sa protection ils perdent leur indépendance; enfin, du contact de Rome avec des peuples dont la civilisation était plus avancée que la sienne, naquirent des progrès exigés par son intérêt même; ainsi la philosophie grecque, si humaine, eut dans ces changements la plus heureuse influence : vaincue et soumise, la Grèce fit accepter à ses vainqueurs ses lumières et sa civilisation. C'est ainsi que, par ces causes diverses, peu à peu la position des pérégrins fut améliorée : ils obtiennent des droits sur la personne et sur les biens,

---

1. ULP., 19, § 1; L. 32, *de jure fisci*, 49 14; CIC., *pro Rabirio*, ch. IV. SUÉTONE, *Claud.*, ch. XV.

on crée un *prætor peregrinus* pour juger leurs différends, il se fonde un droit applicable à tous ; le véritable droit civil subit de nombreuses modifications et tend à se rapprocher progressivement du droit des gens, enfin on donne plus facilement accès dans la cité aux étrangers, l'assimilation avec le citoyen tend à devenir complète. C'est alors qu'apparaissent les concessions en masse du *jus civitatis:* l'Italie d'abord se trouve absorbée dans la République romaine ; sous l'Empire, la centralisation s'étend encore ; on accorde fréquemment le droit de cité à des provinces, à des villes, à des particuliers, jusqu'à ce que l'empereur Caracalla le donne en bloc à toute la population du monde romain et accomplisse pour les provinces ce que la République avait fait pour l'Italie.

Tel est l'ensemble des transformations successives qui s'opérèrent dans la législation romaine pour donner accès à l'étranger dans la cité ; disons quelques mots des différentes espèces de citoyens à l'origine, des principales situations intermédiaires faites par les concessions partielles aux peuples vaincus ou alliés, et nous examinerons ensuite l'historique des concessions individuelles et générales du *jus Quiritium* lui-même.

Le *jus civitatis* proprement dit comprenait une double capacité : une capacité politique et une capacité civile. La première embrassait le *jus suffragii*, le *jus honorum* et *magistratuum*, le *jus militiæ*, etc. La seconde attribuait principalement le *jus commercii* et le *jus connubii*, le *jus patriæ potestatis*, la *factio testamenti*. Le citoyen qui réunissait sur sa tête la capacité des droits politiques et des droits civils était dit citoyen *optimo jure ;* à un degré inférieur se trouvait le citoyen *non optimo jure* qui n'avait alors que la jouissance des droits civils. Les plébéiens avaient bien le titre de citoyen romain, mais à cette époque, où pour augmenter la population de la ville on avait accueilli les étrangers, des captifs, des esclaves fugitifs et même des criminels, ils étaient compris seulement dans la seconde classe des citoyens *non optimo jure*. Dans le principe, le patricien était seul citoyen *optimo jure*. La loi *Canuleia* accorda d'abord aux plébéiens le connubium; sous Tarquin ils obtinrent le *jus suffragii*, puis après, le *jus honorum*, enfin l'égalité civile et politique fut entièrement conquise par eux à la fin de la République et toute distinction entre ces deux classes de citoyens disparut complétement.

L'affranchi, lui aussi, longtemps citoyen dans une situation inférieure, obtint, nous l'avons déjà dit, les avantages des autres *cives*, d'abord au moyen de concessions individuelles, puis de droit sous Justinien, et à cette époque il n'y a plus qu'une seule classe de citoyens.

Nous trouvons plus de variétés encore dans les concessions de droits faites aux pérégrins, aux peuples alliés ou vaincus, ce qui crée des situations différentes; les éléments principaux du *jus civitatis*, soit dans l'ordre politique, soit dans l'ordre privé, sont fractionnés et distribués séparément ou réunis suivant les cas : tout dépend des conditions plus ou moins avantageuses du traité de soumission ou d'alliance, ou du plébiscite, de l'acte qui règle l'avenir de chaque ville ou province.

On peut cependant grouper les différents peuples en plusieurs catégories, et nous allons indiquer, en admettant des nuances de détails suivant l'acte de concession, les principaux traits qui les caractérisent dans leurs relations avec Rome et qui peuvent influer sur l'acquisition de la cité.

Populi fundi. — Parmi les villes soit du Latium, soit de l'Italie, soit même plus tard hors de l'Italie, on appelle *civitates fundanæ* ou *populi fundi* celles qui ont adopté spontanément pour leur usage le Droit romain, ce qui ne veut pas dire pour cela qu'elles jouissent de ce Droit dans leurs rapports avec Rome et que leurs habitants deviennent citoyens romains, mais c'est incontestablement un titre pour obtenir plus facilement de Rome une participation plus large à son droit de cité. Il paraitrait que Rome n'accordait la *civitas* qu'aux villes qui consentaient à adopter ses lois, et peut-être même, pour être l'objet d'une concession individuelle, fallait-il faire partie d'un de ces peuples. Cicéron, en effet, nous dit positivement[1] que la loi Julia en accordant le droit de cité aux *Socii* et aux *Latini*, y avait mis pour condition qu'ils deviendraient *populi fundi*; il ajoute que de violentes discussions éclatèrent à Héraclée et à Naples, beaucoup d'habitants ne voulant pas se soumettre à cette loi asservissante et préférant conserver leur indépendance plutôt que de profiter de la loi Julia. Dans l'affaire de Balbus, on soutenait que même un étranger ne pouvait obtenir individuellement le *jus civitatis* qu'autant qu'il appartenait à un *populus fundus factus*. M. Giraud semble être de cet avis lorsqu'il s'exprime ainsi : « La capacité pouvait appartenir au *fundus*, pour un autre motif, mais jamais par son titre seul et isolé de *fundus*; Rome en faisait seulement la condition préalable de la collation de l'isopolitie[2]. »

Populi socii. — Les peuples alliés étaient ceux qui avaient conclu avec Rome un traité par lequel ils perdaient leur indépendance pour accepter plus ou moins la domination romaine; ils acquéraient en retour cer-

---

1. Cic., *pro Balbo*, ch. VIII.
2. *Recherches sur le droit de propriété* p. 308.

tains droits civils ou politiques dont l'étendue était déterminée par les *recuperatores* chargés d'appliquer ces traités : c'est ainsi qu'un pacte fédératif unit d'abord à Rome les principaux peuples du *Latium*. Ces traités d'alliance interviennent pour régler la situation des peuples soumis ou qui se sont rendus à discrétion.

Jus Latii. — Nous connaissons déjà l'origine et l'histoire du *jus latinitatis*. Accordé pour la première fois à certains peuples de l'ancien *Latium*, après leur soumission définitive (*Latini veteres*), il est donné ensuite aux *Latini coloniarii* auxquels on assimile les *Latini Juniani*. Les Romains prirent l'habitude de concéder ce droit à certaines villes de l'Italie, plus tard même avec prodigalité hors de l'Italie aux peuples vaincus et soumis. Ici encore les concessions varient quant à leur importance : parfois c'est le *jus Latii* complet : on est alors assimilé aux Latins, mais souvent on n'obtient que des droits plus restreints et on n'a la jouissance que de ceux qui ont été expressément accordés.

D'autres villes de l'Italie, à la fin de la période des luttes, des guerres et de la soumission totale opérée dans les dernières années du v⁰ siècle, sont, en définitive et en vertu des traités, restées villes libres et alliées de Rome. *Civitates liberæ fœderatæ.* Elles conservent, il est vrai, leur indépendance locale, mais leurs habitants ne peuvent pas arriver à la plénitude des droits de citoyen romain par les mêmes causes qui suffisent pour conférer ces titres à un Latin.

Municipia. — L'institution des municipes n'est plus fondée sur une considération d'origine ou de géographie, mais cette distinction repose sur la constitution de la cité à laquelle on applique ce titre, quelque part qu'elle soit située. Ainsi, dans le Latium, dans l'Italie, des villes

sont érigées en municipes, et, à mesure que l'indivi-
dualité politique des cités autrefois alliées et fédérées
s'efface pour se confondre avec Rome souveraine, ils
augmentent et s'étendent hors de l'Italie, dans les provinces. C'est une manière de s'assimiler politiquement
les villes étrangères dans les pays conquis, de faire de
leurs habitants des quasi-Romains sans en faire des colonies et tout en leur laissant leur liberté de législation
et d'administration intérieure. Ces villes, et c'est ce qui
les caractérise, conservent d'une part leur autonomie et
participent d'autre part en tout ou en partie aux droits
de la cité romaine [1].

Comme Paul Diacre l'a parfaitement établi [2], il y eut
plusieurs espèces de municipes. A l'origine de sa puissance, Rome s'attacha des villes voisines par des traités
d'alliance ; on appelait alors *municipia* les cités dont les
habitants étaient en tout ou en partie soumis aux mêmes
charges et admis aux mêmes droits que les citoyens
romains (*munerum participes*), tout en jouissant d'une
indépendance locale assez étendue : telle était la condition de la plupart des villes du Latium ; en 416, lorsque
la révolte de ces villes fut comprimée, elles perdirent
leur autonomie et devinrent partie intégrante du peuple
romain ; elles reçurent de Rome des constitutions différentes [3] et gardèrent leur nom de *municipia* ; enfin plus
tard, et surtout à la suite de la guerre sociale, beaucoup
de villes reçurent la cité romaine tout en conservant des
libertés locales, ces villes s'appelèrent encore des municipes. On s'explique ainsi les définitions différentes que

---

1. *Pro Milone*, 10 ; Tit.-Liv., I, 23. Aulu-Gelle, *Nuits attiques*,
XVI, 13, § 6.

2. V. *Municipium*, p. 127. Demangeat, p. 169 et 170, t. I.

3. Tit.-Liv., L. VIII, § 14 et 15.

l'on trouve du mot municipe[1]. Tantôt les habitants ne joüissaient du *jus civitatis* que lorsqu'ils venaient à Rome, ce qu'on a appelé quelquefois l'isopolitie ; tantôt ce droit leur était accordé *cum vel sine suffragio* ; enfin, il y eut des *municipia Latina*, tels que Salpenza et Malaga, à côté des *municipia civium romanorum*[2]. Nous ne serons pas sur ce point aussi absolu que Servilius qui considère tous les municipes comme ayant la cité romaine[3]. On distinguait aussi dans les villes les habitants *municipes* et les *incolæ*[4]. Les *municipes* appartiennent à la cité par filiation, affranchissement ou adoption[5] ; les *incolæ* sont des étrangers qui sont venus y fixer leur domicile. Le plébiscite qui reconnait à une ville le titre de municipe, détermine la part plus ou moins large qui est accordée à ses citoyens dans la jouissance du droit de cité romaine ; elle peut obtenir le droit le plus large (*municeps optimo jure*), mais souvent elle n'aura que les droits privés ou même quelques-uns de leurs démembrements, la latinité. Les habitants d'un municipe ont en quelque sorte, comme l'a dit Cicéron, une double patrie[6] : la patrie municipale, et Rome, la patrie politique. On n'hésite pas à leur donner la qualification de Romains, quoiqu'on sache leur rappeler au besoin qu'ils ne sont que les originaires d'un municipe.

Cœres est le premier municipe fondé (365, *U. c.*) et la ville qui fut l'objet des premières concessions de Rome[7] pour la récompenser d'avoir conservé aux Romains

---

1. AULU-GELLE ; L. 1, § 1, D., ad *Municip.*, 50, 1.
2. *Table de Salpenza*, 28, 29, *in fine* ; *T. de Malaga*, 54, *in fine.*
3. FESTUS, v. *Municeps.*
4. *Table de Malaga*, ch. LIII et LV.
5. L. 1, Pr., ad *Municip.*, 51, 1 ; L. 239, § 2, de *verb. signif.*, 50, 16.
6. CIC., *de legibus*, L. II, ch. II.
7. AULU-GELLE, *Nuits attiques*, L. XVI, ch. XIII.

leurs choses sacrées dans la guerre contre les Gaulois.
A l'issue de la guerre sociale, les lois Julia et Plautia
Papiria conférèrent la *civitas optimo jure* à toutes les
villes de l'Italie, et si l'on y distingue encore les cités en
coloniæ, municipia, præfecturæ, on peut dire que ces différents mots désignent une même chose : les habitants des
villes du Latium et de l'Italie, alliés, colons, citoyens
de municipes, jouissent à Rome des droits de cité, même
dans l'ordre politique, et se confondent chaque jour avec
les Romains. C'est dans les provinces que se transporte
l'intérêt de ces diverses distinctions dans la condition
des personnes ; le régime municipal y apparaît à la fin
de la République et s'étend sous l'empire jusqu'à l'ex-
trémité du monde romain. Au temps de Pline, il y avait
dix-huit municipes en Espagne [1] ; Tacite parle de Varu-
lamium, ville de Bretagne, municipe en l'année 61 ; les
empereurs s'en servirent souvent comme d'un moyen de
récompense pour les pays assujettis hors de l'Italie. A
part les villes ou localités ayant obtenu des concessions
plus ou moins étendues, ces pays sont organisés en provinces, gouvernés par un magistrat romain suivant la
lex provinciæ, et pour la condition du sol et celle des
habitants, complétement en dehors du Droit civil romain.
Le régime municipal, sans qu'il ait varié quant aux
concessions faites dans les provinces, fut probablement
assujetti à des règles fixes et communes, à un système
général dont Salpenza et Malaga nous donnent le mo-
dèle [2]. La table d'Héraclée contenait un ensemble de
dispositions spéciales pour les municipes, colonies, préfectures, etc., de même la *lex Galliæ Cisalpinæ,* enfin ces

---

1. NATUR., *Hist.,* L. 3.
2. Cic., *de legibus,* L. 3, § 16.

règles générales décrétées par J. César dans la *lex Julia municipalis* de 709, du moins pour l'Italie, sont attestées par Cicéron dans une de ses lettres [1]. On trouve encore des détails sur l'organisation municipale dans deux curieux documents découverts en 1851, les tables de Salpenza et de Malaga ; on y voit notamment les conséquences du passage des magistrats municipaux à la qualité de citoyen romain.

Præfecturæ. — La préfecture est une ville d'Italie à qui on enlève le droit de s'administrer elle-même, que l'on prive de son indépendance locale et dont on confie l'administration municipale à un préfet envoyé de Rome. Le premier exemple que nous en ayons remonte à 431, et il se produit à la demande même des habitants qui, travaillés par des dissensions intestines, sollicitèrent de Rome, pour y mettre un terme, l'envoi d'un préfet [2]. Généralement on se servit de cette organisation politique pour châtier et surveiller des villes révoltées ou ayant trahi la cause du peuple romain. Ainsi Capoue en 543, à la suite de sa trahison dans la guerre d'Annibal, fut dépouillée d'abord du *jus civitatis et in formam præfecturæ redacta* [3] ; un assez grand nombre de villes insoumises furent traitées avec la même rigueur et punies de la même manière. Mais à côté de cette catégorie de préfectures, villes complétement privées de leur indépendance municipale, nous devons en signaler dans une situation moins rigoureuse et qui est loin d'être identique : ce sont des villes municipes ou colonies, dans lesquelles Rome, tout en laissant la liberté d'administration intérieure, envoyait un préfet pour l'exercice de

1. Cic , *Ad familiares*, L. 6, *ép.*, 18.
2. Tit.-Liv., L. 9, § 20. Festus, au mot *præfectura*.
3. Vell. Paterc., II, 44.

la juridiction ; parfois même leur organisation diffère si peu de celle du municipe que Cicéron a pu traiter indifféremment Arpinum de préfecture ou de municipe [1].

Les préfectures, du reste, disparurent de bonne heure ; elles furent changées en colonies militaires ou en municipes.

Jus italicum. — A une époque qu'on ne peut au juste préciser, plusieurs villes, qui, suivant toute apparence, ne furent pas nombreuses, obtinrent le *jus italicum*. On a cru longtemps, avec le savant italien Sigonius, que c'était un droit accordé à certaines personnes, les plaçant dans une condition intermédiaire entre les Latins et les pérégrins. Aujourd'hui, et M. de Savigny y a puissamment contribué, on a généralement abandonné cette manière de voir ; il ressort de l'examen des textes que c'était une prérogative accordée à des villes, mais n'ayant aucune influence par rapport au *status* des personnes [2]. Il ne rentre donc pas dans notre cadre de nous en occuper. Ce *jus italicum* est complétement indépendant du *jus civitatis*, c'est ce qui nous explique qu'il ait encore été concédé après la Constitution de Caracalla, afin d'assurer à certaines villes une position privilégiée, surtout au point de vue de l'impôt.

Concessions du jus civitatis. — Si, sous la royauté, on avait d'abord accueilli facilement les étrangers pour accroître la population de Rome naissante, la République se montra longtemps avare du droit de cité : de là l'usage de ces concessions partielles des droits privés ou politiques que nous avons passées en revue [3]. Pendant longtemps même, la naturalisation individuelle ne fut

---

1. Festus, V. *Præfectura.*
2. L. 7 et 8, § 7, *de causibus,* 50, 15.
3. Ulp., V, § 4; XIX, § 5.

pas appliquée, les naturalisations en masse étaient seules consacrées par la législation ainsi que cela résulte du texte de Cicéron : « Vetant Duodecim Tabulæ leges pri- « vis hominibus irrogare. » Ce fut Marius qui, le premier, dérogea à cette coutume en accordant la naturalisation à quelques habitants de tribus qu'il avait fondées[1]. La naturalisation en masse fut elle-même rarement octroyée au début ; Rome ne faisait que s'incorporer les peuples vaincus sans étendre ses frontières.

Le droit de conférer le titre de citoyen romain appartient d'abord aux rois, puis au peuple[2]. Il est probable que depuis la loi Hortensia les plébiscites suffirent pour investir un étranger du droit de cité[3], un sénatus-consulte put aussi produire cet effet[4], mais en général il ne conférait que le *jus Latii*. Vers la fin de la République, de simples généraux même conférèrent le titre de *civis*, tantôt en vertu d'une loi précédente[5], tantôt sauf ratification d'une loi à venir[6]. Marius avait déjà par exception obtenu ce droit ; cette coutume se généralisa et, bientôt après, Pompée fut investi par la loi Gellia Cornelia du pouvoir de naturaliser en Espagne les étrangers qui avaient pris parti pour Rome dans la guerre de Sertorius. Ce fut sur cette loi que Cicéron se fonda pour faire obtenir à Balbus le titre de citoyen romain[7]. César se fit aussi accorder le droit de naturaliser par le pouvoir législatif et accorda le droit de cité à un grand nombre de peuples alliés. Enfin, sous l'empire, les droits du peuple

---

1. Cic., *pro Balbo*, ch. XXI.
2. Tit.-Liv., IV, 4 ; VIII, 17, 21.
3. G., c. I, § 3.
4. *It.*, § 26.
5. Cic., *pro Balbo*, 8, 14 ; *pro Archia*, 10.
6. Dion Cassius, L. 38 et 41. Cic., *Philip.*, I, 7 et suiv.; V, 4.
7. Cic., *pro Balbo*, ch. XIV.

et de ses délégués passent aux mains des empereurs et ceux-ci jouissent seuls à la fin de l'importante prérogative de faire des citoyens. Pour arriver à la cité romaine, l'étranger n'avait *a priori* aucune condition à remplir, les pouvoirs qui furent successivement investis du droit de naturaliser n'auraient pu supporter aucune entrave dans l'expression de leur volonté, rien ne pouvait arrêter l'effet de leurs décisions. Toutefois, dans la première période, alors que l'État était gouverné par le peuple assemblé en comices, il était nécessaire que l'étranger qui ne pouvait s'y rendre se fît représenter par un citoyen désigné sous le nom de *civitatis assertor*; on exigeait aussi au début, pour que l'acquisition du titre de citoyen fût complète, qu'on eût été inscrit sur les registres du cens, formalité souvent difficile à remplir, car les censeurs, pris en général dans les familles patriciennes, étaient opposés à l'assimilation d'étrangers et leur refusaient l'inscription [1]. Mais sous la période impériale on ne retrouve plus trace de ces formalités.

Enfin on exige de tous les peuples, avant leur incorporation dans l'État romain, qu'ils renoncent à leurs dieux pour adorer ceux de la cité [2] et souvent seulement, si *fundi fieri vellent* [3].

Malgré cette facilité dans les conditions exigées, au début les concessions de la cité sont très-rares. Les *Latini veteres* avaient obtenu la *civitas* en 416, après la soumission du Latium [4], mais au commencement du vii° siècle, les alliés du Latium, presque tous les peuples de l'Italie,

---

1. Tit.-Liv., L. 38, § 36; L. 39, § 39.
2. Giraud, *Histoire du droit français au moyen âge*, t. I, p. 55.
3. Giraud, *Recherches sur le droit de propriété*, p. 307. Cic., pro Balbo, 8.
4. Tit.-Liv., VIII, 14.

qui avaient fait la puissance de Rome, placés sous sa domination, écrasés d'impôts, lui fournissant des troupes,
ne jouissaient cependant pas encore des avantages attachés à la qualité de *civis romanus*, le titre et les droits
publics de citoyen leur étaient refusés! Des provinces essayèrent de profiter des troubles civils pour usurper cette
qualité, mais on leur répondit en promulguant la fameuse
loi Licinia Mucia (659) qui punissait de mort toute personne
usurpant le titre de citoyen[1]. Malgré les tentatives des
Gracques et de Lucius Drusus, après de nombreuses réclamations restées inutiles, un formidable soulèvement se
produisit contre la République romaine, et une guerre
sanglante, connue sous le nom de guerre sociale, en fut
le résultat. Au début de la guerre, une loi Julia, rendue en 661 de Rome, offrit le droit de cité aux peuples
qui n'avaient pas encore pris part à la lutte, notamment aux villes comprises sous le *nomen latinum*; l'année
suivante, au fur et à mesure des soumissions, on l'accorda
successivement aux autres peuples et aux Lucaniens et
Samnites qui résistèrent les derniers. La loi Plautia
Papiria étendit même le bénéfice de la *civitas* aux étrangers ou pérégrins qui, sans être citoyens d'une ville ita-
lique, résidaient en Italie[2]. Ainsi, dans l'espace de deux
ans, furent acquis à presque toute l'Italie les droits de
cité, même politiques (*suffragii*), sous la seule condition
pour les peuples de déclarer qu'ils adoptaient le droit
civil des Romains. Rome, épuisée quoique victorieuse,
voulait éviter de nouvelles révoltes et dès lors l'Italie
fut englobée et incorporée dans l'État romain avec Rome
pour capitale.

---

1. Cic., *pro Balbo*, nᵒˢ 21 et 24.
2. Cic., *pro Balbo*, 21; *pro Archia*, 4. App. *de Bell. Civ.*, Lib. I.

Nous allons voir la centralisation s'étendre de plus en plus et finir par absorber aussi les provinces. Dès les dernières années de la République, mettant en pratique les paroles de Cicéron : « Usu Urbis peregrinos prohi- « bere sano inhumanum est[1] », on suivit à leur égard le système appliqué d'abord en Italie avant qu'on lui eût accordé le droit de cité, c'est-à-dire que l'on commença par communiquer une plus ou moins grande partie des bénéfices du droit civil : on fonde des colonies dans les contrées nouvellement conquises comme l'Afrique, l'Asie, l'Espagne, les Gaules, avec la qualité de colonies ro- maines ou de colonies latines avec le *jus latinitatis ;* on concède le *jus Latii* à des villes, à des provinces en- tières, puis des lois et des sénatus-consultes donnèrent plus fréquemment le *jus civitatis* à des particuliers, mais au début de l'empire nulle province ne possédait encore le droit de cité.

Les empereurs continuèrent à marcher dans cette voie progressive et usèrent très-largement de la faculté d'ac- corder le *jus civitatis,* d'autant plus que c'était pour le prince une source de bénéfices. Rome comptait en 685 (*U. c.*) quatre cent cinquante mille citoyens, quatre millions après Auguste, sept millions après Claude, et ce chiffre n'alla qu'en augmentant; mais ces nouveaux venus, in- corporés en masse par la politique, étaient regardés avec dédain par le Romain, le vieux Quirite. Suétone nous parle de cet esprit d'aversion et de mépris pour ces demi- barbares admis au sénat[2]. Sénèque tourne en dérision l'empereur Claude : « A qui il n'a manqué que quelques jours de vie pour conférer le droit de cité au peu de gens

----

1. Cic., *de officiis,* L. III.
2. Suétone, *in Cæsarem,* 80.

qui ne l'avaient pas encore; Claude qui était résolu à
voir habillés de la toge tous les Grecs, Gaulois, Espagnols et Bretons ». Les concessions pendant cette dernière période peuvent émaner du sénat ou des empereurs; ceux-ci, malgré l'opposition faite à l'extension du
droit de cité, devenus les dispensateurs de la *civitas*, de
la latinité, de la liberté ou d'immunités pour les villes
ou pour les pays, fondateurs de colonies, créateurs de
municipes, répandirent leurs concessions au gré de leur
politique, de leurs affections ou de leurs faiblesses; on
compte de nombreux rescrits impériaux s'appliquant
tantôt à une seule personne ou à toute une famille, tantôt à des villes, à des provinces entières [1]. Velleius Pater-
culus, sous Auguste, consacre deux paragraphes à
l'énumération des colonies fondées par les Romains et de
quelques-unes des populations auxquelles les droits de
cité furent accordés [2]; cependant ce prince recommande
encore à son successeur de ne pas prodiguer le droit de
cité et de ne pas laisser les affranchissements se multiplier. Claude, qui était né à Lyon, fit rendre un sénatus-
consulte qui accordait la *civitas* à un grand nombre de
Gaulois [3]. Néron, couronné en Achaïe aux jeux olympiques
pour la course des chars, malgré sa chute et son abandon
de la carrière, fit don à toute cette province de la liberté et
à ses juges du droit de cité [4]. Trajan, originaire d'Italica
près de Séville, fut favorable à l'Espagne déjà bien traitée
dans les privilèges accordés par les empereurs précédents,
et Pline nous cite Cornélius Balbus, né à Cadix, comme

---

1. GAIUS, c. I, § 26, 92, 93.
2. VELL. PATERC., I, § 14 et 15.
3. TACITE, XI, 23 à 25. DION CASSIUS, LVI. M. DE CHAMPAGNY, *les
Césars*, I, p. 273.
4. SUÉTONE, *Néron*, § 24. PLINE, *Nat. hist.*, IV, § 10.

le premier étranger à qui aient été donnés à la fois le triomphe et les droits de cité. Des textes législatifs nous montrent que pour garantir la sûreté des ambassadeurs, on leur conférait la qualité de *civis* avec permission de s'en prévaloir [1]. Enfin Gaius nous a fait connaître un ancien sénatus-consulte, dont la date est inconnue, qui, par suite de l'*erroris probatio*, accorde le titre de *civis* à des pérégrins : ainsi, si un citoyen romain a épousé une pérégrine, la croyant citoyenne, et qu'un enfant soit né de cette union, en prouvant son erreur, le mari obtient la *civitas* pour sa femme et son enfant [2]; de même, si une citoyenne romaine s'est mariée par erreur à un pérégrin qu'elle croyait Romain, elle peut *causam erroris probare*, et son mari et son fils deviendront citoyens romains [3]. Le sénatus-consulte est encore applicable si une Latine a épousé un pérégrin pensant se marier avec un Latin [4]; si un Latin a épousé une pérégrine qu'il croyait Latine ou citoyenne [5]; enfin le même résultat est encore produit lorsqu'un citoyen romain, qui se croyait pérégrin, s'est marié avec une pérégrine [6] : dans tous ces cas, ils peuvent, *filio nato*, en établissant leur erreur, devenir tous citoyens romains [7]. L'effet de la preuve s'applique à toute la famille, quoiqu'en général la concession faite à un individu soit purement personnelle et ne s'étende ni à sa femme, ni à ses enfants, à moins d'avoir été expressément demandée et obtenue par eux [8].

---

1. L. 17, Dig., *de legationib.*, 50, 7.
2. G., c. I, § 67.
3. *It.*, § 68.
4. *It.*, § 69.
5. *It.*, § 70.
6. *It.*, § 71.
7. Ulp., VII, § 4.
8. G., c. I, § 94. Pline-le-Jeune, I, 8.

DE MARDIGNY.

1

Il résulte de récentes découvertes que dans le cas où l'empereur accordait la *civitas* à des militaires, on leur remettait un diplôme constatant cette faveur; ces diplômes ne s'accordaient en général qu'aux militaires, et parmi eux aux volontaires, car les soldats des légions étaient tous citoyens romains; cependant Suétone nous apprend qu'après une représentation, Néron offrit le brevet de citoyen à des danseurs de pyrrhique : « Diplomata « civitatis romanæ obtulit. » Le but ordinaire de ces concessions était surtout d'encourager les enrôlements, mais pour les obtenir il fallait compter vingt-deux ans de service; après ce délai, ils conféraient le titre de citoyen romain à l'étranger qui faisait partie des troupes auxiliaires. Dans le principe, ces concessions étaient personnelles; plus tard cela dégénéra et il existe des diplômes constatant que les empereurs donnaient quelquefois le droit de cité à des cohortes ou à des ailes de cavalerie entières. C'est ce qui est établi, par exemple, par un de ces brevets émané de Vespasien, de l'an 74 de notre ère : il fut délivré à douze cohortes et à six ailes de cavalerie. Ce diplôme a été reproduit par Henzen Cardinali et Cavedani. Ceux que l'on a retrouvés, et ils sont en assez grand nombre, sont tous très-explicites et on ne peut plus douter aujourd'hui de leur but : c'étaient de véritables monuments officiels émanés de la chancellerie impériale et délivrés sur la proposition du légat de l'empereur ou des généraux.

Sextus Aurélius Victor atteste que Marc-Aurèle prodigua la qualité de citoyen à tous ceux qui la demandaient et qui pouvaient payer une certaine somme : « Data cunctis promiscue civitas romana. » Telle est aussi la pensée de Spartien lorsqu'il dit que les ancêtres de Septime-Sévère étaient déjà chevaliers romains avant

que le droit de cité eût été l'objet de nombreuses concessions : « Ante civitatem omnibus datam. » Enfin une
Constitution de l'empereur Antonin Caracalla donna le
jus civitatis à tous les habitants libres de l'Empire : « In
« orbe romano qui sunt, ex constitutione imperatoris
« Antonini cives romani effecti sunt [1]. » Il est reconnu
que c'est à tort que Justinien [2] attribue cette Constitution à Antonin-le-Pieux, c'est une mauvaise interprétation du texte d'Ulpien qu'il est facile de réfuter par ce
texte même et les explications de Dion Cassius.

Caracalla introduisit un grand changement dans la condition des personnes : tous les sujets devenant citoyens,
il efface par cela même toutes les différences qui existaient quant aux droits de cité ou du vieux Latium ou du
Latium, dans les colonies, municipes, préfectures, etc.
Mais alors qu'étaient-ils ces droits de cité, qu'étaient
devenus les Romains? L'abaissement politique était bien
grand et l'introduction successive de tous les habitants
de l'Empire dans la cité romaine s'explique lorsque l'on
considère que le titre de citoyen avait perdu sa valeur
par la disparition des droits politiques sérieux qu'il donnait autrefois et que, pour l'obtenir, il fallait payer un
droit au fisc de l'empereur. C'est cette dernière considération qui nous permet notamment d'apprécier, comme
elle le mérite, la mesure généreuse au premier abord
d'Antonin Caracalla, mais qui au fond ne doit nullement
infirmer le jugement de l'histoire et n'est pas en contradiction avec la réputation méritée de ce prince. Le jour
se fait entièrement, l'étonnement cesse quand on connaît le mobile qui détermina cet empereur à faire cette

---

1. L. 17, *de statu hominum*, 1, 5.
2. Nov. 78, ch. V.

concession générale ; certes, ce n'est pas une pensée philanthropique, ni un sentiment humanitaire qui lui fit prendre cette mesure, c'est tout simplement une spéculation financière dont les résultats furent très-heureux pour le Trésor. Dès avant Caracalla, lorsqu'un citoyen mourait, un impôt du vingtième (*vicesima hereditatis*), avait été établi par Auguste sur les successions, donations à cause de mort et legs [1], pour subvenir à l'entretien de ses nombreuses armées et de ses campagnes lointaines. Suivant ce que rapporte Dion Cassius [2], Antonin Caracalla voulant augmenter les ressources de son trésor éleva l'impôt de 1/20 à 1/10 sur les successions, libéralités de dernière volonté et affranchissements ; puis, pour rendre cet impôt plus productif, comme il ne pesait que sur les citoyens romains, il accorda le *jus civitatis* à tous les habitants de l'Empire, et désormais les provinciaux furent frappés de l'impôt sur les successions et de celui sur les affranchissements qui était de la valeur d'un esclave. La communication du *jus civitatis* avait lieu en général à un double point de vue, pour le sol et pour les personnes. Nous n'avons à nous occuper que des personnes ; remarquons toutefois que la concession générale du *jus civitatis* faite par Caracalla ne s'applique qu'aux personnes et non aux immeubles, les fonds provinciaux restèrent soumis comme auparavant au paiement du *vectigal*; agir autrement eût été une inconséquence, puisque le fisc aurait perdu d'un côté les avantages qu'il se procurait de l'autre.

Déjà, dans une pensée démocratique, les deux Gracchus et le tribun Drusus avaient demandé cette unité,

---

1. Loi Julia, *de Vicesima.*
2. LXXVII, 9.

mais ils avaient péri victimes de leur idée; quand il s'agit de Caracalla, il ne faut pas essayer de trouver un but aussi grand, aucune générosité n'est venue inspirer son institution : c'est l'esprit de spéculation qui vient concourir, sans s'en douter, au développement de la civilisation ; du reste, la qualité de citoyen était déjà si commune en fait que l'empereur ne fit guère que la reconnaître en droit.

On ne peut nier cependant que cette Constitution eut des conséquences importantes au point de vue des éléments constituant le peuple romain ; nous avons à rechercher quelle a été l'étendue et la portée de cet édit. On n'est pas d'accord à ce sujet; la question est loin d'être bien connue, car, chose remarquable, les historiens du temps en ont fait peu de bruit, tandis qu'au contraire ceux de la République avaient grand soin d'énumérer les plus petits bourgs auxquels on accordait les droits de cité : tant le titre de citoyen, sous les empereurs, avait perdu de son prix ! Et d'abord à qui, dans l'Empire, s'applique la Constitution? Nous n'avons pas à parler des esclaves, il paraît certain qu'ils n'ont pas été visés par elle; il semble au contraire probable qu'elle a eu pour effet de supprimer les *Latini coloniarii*, bien qu'Ulpien fasse encore mention dans un texte de cette classe d'individus [1]; il est à supposer qu'il l'avait écrit antérieurement à la Constitution dont il s'agit. Doit-on appliquer le bénéfice de la concession aux Latins Juniens, aux déditices, à ceux qui ont perdu leur titre de citoyen par suite d'une condamnation? Nous ne le pensons pas. D'abord la matière de l'affranchissement est toute spéciale et il n'est pas vraisemblable que l'empereur y ait

---

1. ULP., XIX, § 4.

songé lorsqu'il a promulgué son édit célèbre ; ce qui est certain en tous cas, c'est que l. Constitution a laissé subsister pour l'avenir les Latins Juniens et les déditices, il est indubitable qu'après elle il a toujours fallu appliquer aux affranchissements les lois Ælia Sentia et Junia Norbana ; la suppression des différentes classes d'affranchis ne date que de Justinien [1]. Nous en dirons tout autant des condamnés à des peines emportant la moyenne diminution de tête ; à notre avis, pas plus au présent qu'au futur, ils n'ont été visés par la Constitution. Ces déportés ont perdu leur titre de citoyen par une peine et il est peu probable que Caracalla ait voulu les relever de la déchéance qu'elle leur avait fait encourir, par voie de *restitutio in integrum;* d'autre part, il est certain qu'après ce prince, ceux qui, par suite de condamnations, perdent la cité, deviennent *peregrini* comme auparavant. Ce qui nous semble le plus admissible, c'est que l'édit d'Antonin n'a pas entendu toucher à la législation des affranchissements, pas plus qu'aux lois pénales en vigueur [2].

Une question plus difficile et plus délicate s'élève sur le point de savoir si Antonin Caracalla entendait établir comme principe absolu que toutes les populations qui, plus tard, seraient réunies à l'Empire, obtiendraient par cela seul le *jus civitatis*, ou bien si la Constitution n'a eu qu'un effet restreint et actuel. Ainsi, par exemple, une nouvelle province est incorporée à l'Empire, après l'édit de Caracalla ; doit-on encore l'appliquer et reconnaître à ses habitants les droits de cité? Les interprètes sont loin de s'être accordés : de savants auteurs ont

---

1. CUJAS, *Observ.*, IV, 5; Inst., § 3, *de libert.*, 1, 5; Cod., 7, 5, *de dedit. lib.*, et 6, *de lat. lib.*; Nov., 78.

2. DEMANGEAT, p. 165. ORTOLAN, t. I, n° 382.

adopté l'opinion émise par M. de Haubold, en 1819, et selon eux, la concession fut limitée aux habitants actuels de l'Empire et à leur descendance.

La Constitution, disent-ils, n'était pas destinée dans l'esprit de l'empereur à produire un résultat autre qu'une série de concessions individuelles du *jus civitatis* qu'il aurait faites à tous les pérégrins et aux *Latini coloniarii* actuellement en état de devenir citoyens romains; elle ne pouvait pas avoir en vue des personnes dont la nation était peut-être dans ce moment en guerre avec le peuple romain; il serait de plus bizarre que ce prince ait eu la prétention d'enchaîner la liberté de ses successeurs en déterminant lui-même à l'avance la situation des nouvelles provinces qu'ils pourraient ajouter à l'Empire. Caracalla n'a eu en vue qu'une spéculation financière, il s'est préoccupé d'augmenter les revenus de son trésor, mais il ne faut pas aller plus loin et lui faire l'honneur d'avoir songé à l'avenir, ce qui lui importait peu; sa décision est une œuvre personnelle et dictée par l'égoïsme seul. De plus, quelques passages d'Ulpien mettent hors de doute qu'après Caracalla, même sous lui, on distinguait encore les citoyens des pérégrins [1]; cela n'est pas étonnant, dit-on, puisque Macrin, successeur de Caracalla, supprima les dispositions de ce dernier et rétablit les anciennes distinctions, suivant l'assertion même de Dion Cassius [2]. En résumé, les partisans de cette première opinion donnent à l'édit une portée bien moins grande que leurs adversaires et refusent la qualité de citoyen aux habitants annexés depuis à l'Empire.

Une autre opinion, celle des anciens auteurs et des

---

1. ULP., 17, § 1.
2. LXXVIII, § 12.

grands interprètes du Droit romain, à laquelle nous nous rattachons avec conviction, c'est que la pensée de Caracalla fut de ne plus séparer à l'avenir le droit de cité et la qualité de sujet de l'Empire; qu'il entendit donner pour toujours, à tous les sujets, le titre de citoyen; qu'en conséquence, depuis cette époque, il n'y eut plus aucune différence entre les habitants faisant partie de l'Empire, et que tous, sauf les barbares, jouirent des droits de cité. On peut répondre d'abord aux partisans du système précédent qu'en invoquant la mesure prise par Macrin, comme ayant supprimé la Constitution même de Caracalla, ils lui donnent une portée qu'elle n'a pas. Caracalla, comme nous l'avons expliqué, prit deux mesures simultanées qui se trouvent naturellement liées l'une à l'autre dans son édit : l'élévation de l'impôt, la généralisation du droit de cité; Macrin a ramené le chiffre de l'impôt à son taux primitif, il a supprimé seulement une des deux dispositions, et c'est à tort qu'on s'est cru autorisé à en déduire la suppression de l'autre. Nous croyons avec M. Ortolan à la généralité de la Constitution pour le présent et le futur : « En effet, dans la cour d'Orient on ne distingue plus entre les sujets et les citoyens : tout sujet de l'Empire a les droits de cité. D'où est venu ce changement, si ce n'est de la Contitution de Caracalla? Faut-il l'attribuer à la seule transposition du siége impérial de Rome à Byzance, ou à la seule désuétude, tandis qu'on a sur ce point une disposition législative précise? Quatre-vingts ans environ après la Constitution de Caracalla, Ælius Spartianus, écrivant la vie de Septime-Sévère, nous dit de lui qu'il était originaire d'Afrique, du municipe de Leptis (Tripoli), mais que ses ancêtres étaient chevaliers romains avant la concession générale du droit de cité à tous : et c'est à l'empereur Dioclétien que l'historien s'adresse en écrivant ainsi[1]. Justinien en disant que de même que Caracalla accorda à tous les sujets le droit de cité, de même que Théodose leur donna les droits réservés à ceux qui avaient des enfants, de même il veut donner à tous les affranchis le titre de citoyen. N'indique-t-il pas que la Constitution de Caracalla était définitive et générale ? L'eût-il comparée à celle de Théodose et à la sienne si elle eût été pour les habitants du territoire présent seulement, et non pour ceux des territoires à venir? Quant à la différence que l'on continue à faire toujours entre les citoyens et les *peregrini*, doit-on s'en étonner ? Sans compter même les affranchis et les gens frappés de condamnations emportant privation des droits de cité dont nous avons parlé, ne peut-on pas dire que cette différence n'a pas cessé un moment d'exister, que les individus seuls ont changé de position ? Les sujets de l'Empire qui étaient *peregrini* sont devenus *cives* et il n'est plus resté dans la classe des *peregrini* que les membres des peuples réellement étrangers : les barbares mercenaires attachés à la solde des empereurs, ceux qui sur les frontières reculées reçoivent des terres à défendre, ceux avec lesquels on est en guerre ou qui ne sont pas sujets de l'Empire. L'idée attachée par les Romains de jadis au mot de *peregrinus* s'altère une seconde fois et se transforme. Sidoine Apollinaire le dit en propres termes[2] : « Roma in qua « totius mundi civitate soli barbari et servi peregrinan- « tur. » Dès la Constitution de Caracalla, cette qualité de Romain, qui depuis longtemps n'était plus un nom de race, mais un nom d'État, devint commune à toutes les populations de l'Empire. »

---

1. SPART., *Vie de Sep.-Sév.*, § 1.
2. S. APOLLINAIRE, *Epit.*, I, 6.

Nous voici arrivés à la fin de ce second chapitre : nous avons vu Rome ne comptant d'abord que quelques citoyens; bientôt en dehors se formèrent ses colonies, ses alliés, ses municipes, ses sujets ; enfin, colons, alliés, sujets de l'Italie d'abord, puis des provinces, tous sont englobés, tous depuis la Constitution de Caracalla sont citoyens. Désormais pour avoir ce titre il suffit d'être né libre entre les bornes de l'État, et ces bornes sont presque celles du monde connu. Ce qui était frontière est devenu point central, et ce qui se rattachait à la position extérieure de la République se rapporte aujourd'hui à la situation intérieure de l'Empire. Cependant vers le nord, par delà cette ligne qu'on n'a point dépassée, dans ces terres qu'on n'a point explorées, se trouvent des peuples nombreux : c'est à eux qu'appartient maintenant le titre d'étranger ou plutôt de barbares. Ces barbares, d'abord inconnus, puis incommodes, bientôt redoutables, vont amener la chute de l'Empire.

CHAPITRE III.

Des causes qui font perdre la qualité de citoyen romain.

De même qu'un fait postérieur à la naissance peut faire acquérir à des étrangers la nationalité romaine, un Romain peut, dans certaines circonstances, perdre sa qualité de citoyen.

Cicéron constate en cette matière deux principes aussi anciens que la République. En vertu du premier, établi par les lois Valériennes en faveur des plébéiens, on ne peut être privé malgré soi du titre de citoyen; le second permet à chacun de changer de cité[1].

Sous la République, on conserva, au moyen de détours, une fidélité plus apparente que réelle à la première loi, et si on n'enleva pas alors directement à un citoyen sa qualité, du moins on obtenait le même résultat en le forçant à s'exiler. Sous l'Empire, on admit deux exceptions : le droit de cité peut être perdu avec la liberté par quiconque encourt une *maxima capitis deminutio*, lorsqu'on devient esclave *jure gentium* ou *jure civili*; il est également enlevé à celui qui subit une *media capitis deminutio* par suite d'une condamnation. Bien que Suétone rapporte que Claude ôta le *jus civitatis* à un personnage important[2]; que, d'après Spartien, les droits de cité furent retirés par Septime-Sévère aux habitants de Naplouse en Palestine, pour les punir d'avoir porté les armes en faveur de son compétiteur Niger[3], il ne faut voir là que des actes arbitraires, si fréquents sous l'Empire, et non l'application d'une règle de droit en vigueur. Le seul caprice de l'empereur ne suffisait pas, en général, pour porter atteinte au droit indélébile établi par notre premier principe.

Quant au second principe, appliqué sous la République, il fut pleinement conservé sous l'Empire; on put toujours, sauf à perdre la cité romaine, acquérir une nouvelle nationalité.

Nous diviserons en deux sections l'étude de cette matière; nous parlerons 1° de la *maxima capitis deminutio;* 2° de la *media capitis deminutio* par suite de condamnation ou de renonciation volontaire à la cité.

---

1. *Pro Balbo*, 11; *pro Cecina*, 33 et 34; *pro domo*, 29 et 30.
2. Suétone, *Tib. Claud.*, 16.
3. Spartien, *Vie de Sep.-Sév.*, § 9.

SECTION I.

De la maxima capitis deminutio [1].

Le *status* ou état des personnes se compose de trois éléments : la liberté, la cité et la famille. La perte ou le changement qu'un citoyen éprouve dans un de ces éléments s'appelle *capitis deminutio*. La perte de la liberté, état de l'homme qui est soumis à la puissance d'autrui, entraîne nécessairement avec elle celle des deux autres éléments du *status* : il y a *maxima capitis deminutio*. Lorsqu'on perd les droits de la cité, en conservant cependant la liberté, il y a *media capitis deminutio;* dans ces deux premiers cas, *status amittitur*. Enfin il n'y a que *minima capitis deminutio* si on change seulement de famille, sans perdre les droits de liberté et de cité : *status tantum commutatur*. Nous n'aurons pas à nous occuper de cette dernière diminution de tête qui laisse intacte la qualité de *civis romanus*.

Par la perte de la liberté, *maxima capitis deminutio,* on devient esclave. Nous allons rechercher les circonstances qui faisaient tomber en esclavage *jure gentium aut jure civili.*

La première cause d'esclavage, par suite d'un fait postérieur à la naissance, résulte du droit des gens: c'est la captivité [2]. De même que les Romains considèrent comme leurs esclaves ceux qu'ils font prisonniers dans une guerre de nation à nation, en vertu du *jus gentium;* celui des leurs qui, dans ces mêmes conditions, se trouve

---

1. G., c. I, § 159 à 161. Ulp., XI, § 10 à 12. Inst., 1, 16. Dig., 4, 5.
2. L. 19, *Pr.,* et § 8; L. 24; L. 5, § 2, *de capt. et postl.,* 49,15. Tit.-Liv., I, 32.

pris par l'ennemi, est légalement réputé esclave et perd avec la liberté sa qualité de citoyen romain. On pouvait en tombant au pouvoir d'un peuple étranger avec qui Rome n'avait ni traité d'alliance, ni traité d'amitié ou d'hospitalité, devenir esclave même pendant la paix; mais on ne considère pas comme *servi* ceux qui sont pris dans une guerre civile ou par des pirates [1]. Cette première cause d'esclavage exista de tout temps chez les Romains.

Dans le très-ancien Droit civil, on déclarait esclave:

1° Le citoyen romain qui, appelé au service militaire en qualité de *junior*, ne venait pas à l'appel; il pouvait être vendu comme esclave [2];

2° Celui qui, à l'époque du recensement, ne s'était pas fait inscrire sur les registres du cens; il était rayé du nombre des citoyens;

3° Le débiteur condamné et qui n'avait pas exécuté la condamnation dans le délai légal, ou n'était pas cautionné; il était attribué par le préteur au créancier, et au bout d'un nouveau délai celui-ci pouvait le vendre *peregre trans Tiberim* [3];

4° L'homme pris en flagrant délit de vol, *fur manifestus*, après avoir été *addictus*, qui pouvait être vendu par la personne volée [4]. Gaius nous apprend que les anciens discutaient déjà sur le point de savoir si, en vertu de cette *addictio*, le voleur devenait véritablement esclave [5].

De ces quatre causes de servitude, les deux premières

---

1. L. 19, § 2; L. 21, § 1, *de capt.*, 49, 15; L. 13, *Pr.*, 28, 1; L. 118, *de verb. signif.*, 50, 16.

2. Cic., *pro Cecina*, 34. Tit.-Liv., I, 44; L. 4, § 10, *de re milit.*, 49, 16.

3. Aulu-Gelle, XX, 1, § 45 et suiv., *Nuits attiques.*

4. Aulu-Gelle, XI, 18, § 7 et 8.

5. G., c. III, § 189.

paraissent remonter à Servius Tullius; les deux dernières sont écrites dans la loi des Douze Tables. Les deux premières n'existent plus sous l'Empire : l'armée, en effet, se recrute surtout par voie d'enrôlements volontaires, et il n'est plus question de recensements. Avec l'adoucissement des mœurs, la troisième tomba en désuétude ou plutôt fut complétement transformée : l'effet de l'*addictio* fut modifié moins de deux siècles après la promulgation de la loi décemvirale. La loi Petilia Papiria rapprocha l'état de l'*addictus* de celui du *nexus*, individu qui s'est volontairement donné, lui et les siens, en gage d'une dette; à partir de cette époque, le résultat de l'*addictio* n'est plus de faire perdre la liberté, ni de produire un changement d'état; l'*addictus* est bien encore placé sous la dépendance de son créancier et obligé à le servir jusqu'au moment où les fruits de son travail auront acquitté la dette, mais il ne devient plus en droit sa propriété, son esclave. Ainsi modifiée, l'*addictio* est complétement différente dans ses conséquences; elle se maintint jusque dans le dernier état du Droit dans ces conditions, comme voie de contrainte personnelle. Enfin la quatrième cause d'esclavage fut aussi supprimée par le préteur qui donna une autre garantie à la victime du vol.

A l'époque classique, on trouve quatre causes de servitude reconnues par le *jus civile*, et on les voit subsister jusqu'à Justinien.

1° Il est probable qu'à l'époque de la République, alors qu'on appliquait strictement le principe : nul ne peut être privé malgré lui du titre de citoyen, les condamnations *ad bestias*, *ad crucem*, *ad furcam* et *ad metallum* n'existaient pas pour les citoyens. Quant aux condamnations à mort, le condamné pouvait s'y soustraire par l'exil; que s'il ne s'exilait pas, il restait libre et citoyen jusqu'à sa mort. Sous les empereurs, on éluda la loi : il fut admis que l'homme libre, condamné au dernier supplice, *in metallum* ou *in opus metalli, ad bestias, in ludum venatorium*, perdrait la liberté à l'instant où la condamnation deviendrait définitive par l'expiration du délai d'appel ou par le rejet de l'appel [1]. Il ne devient esclave de personne, il est *sine domino*, on le désigne sous le nom de *servus pœnæ* [2]. Justinien apporte un premier adoucissement en cette matière, en 538, et sans doute dans le but chrétien d'empêcher la dissolution du mariage, il décida que l'individu condamné *in metallum* conserverait en droit sa qualité d'homme libre [3]; cette décision fut probablement étendue dans la pratique à toutes les condamnations qui, jusque-là, emportaient perte de la liberté.

2° Un sénatus-consulte rendu, dans le but d'arrêter l'immoralité du temps, sur la proposition de l'empereur Claude et à l'instigation de l'affranchi Pallas [4], déclarait que la femme libre qui, connaissant sa condition, entretiendrait des relations avec l'esclave d'autrui, et les continuerait, malgré trois sommations du propriétaire, perdrait, au profit de ce dernier, sa liberté et ses biens. Il fallait ordinairement un jugement pour priver de la liberté [5], à moins cependant que la femme vécût avec l'esclave d'une ville municipale, car alors elle devenait esclave de plein droit, parce qu'il n'y avait personne pour lui faire les trois dénonciations. Le sénatus-consulte

---

1. L. 2; L. 10, § 1; L. 29, 48, 19, *de pœnis*.
2. Inst , § 3, *Quib. mod. jus pat.*, I, 12, et § 1, *de cap. dem.*, I, 16; L. 8, § 11, *de pœnis*, 48, 19.
3. Nov. 22, ch. VIII.
4. Tacite, *Ann.*, XII, 53.
5. Paul II, 21, § 1, 13, 17, 14.

allait même plus loin, et infligeait dans tous les cas la qualité d'affranchie à la femme, bien que ses relations aient eu lieu avec le consentement du maître[1]. Il est probable que le sénatus-consulte Claudien rencontra des difficultés et des résistances dans son application, car il fut nécessaire de le renouveler quelque temps après sur la proposition de Vespasien[2]. On avait déjà admis comme exception qu'il ne s'appliquait pas à la femme qui ignorait qu'elle fût libre; on introduisit de nouveaux cas dans lesquels, par des motifs de convenance, il importait de ne pas en faire usage : ainsi, lorsque l'esclave appartient au fils ou à l'affranchi de la femme coupable, on ne veut pas qu'elle devienne l'esclave de son fils ou de son affranchi. De même le sénatus-consulte cesse encore de s'appliquer si la femme est *filiafamilias* et que son père ait tout ignoré, car il ne peut dépendre des enfants de dissoudre, à leur gré, la puissance paternelle. Enfin, dans un but identique, si c'est une affranchie, et que son patron ait ignoré les faits, elle ne tombe pas sous la puissance du propriétaire du *servus alienus*, mais sous celle du patron qui ne peut pas être dépouillé, malgré lui, des droits de patronage, et dans ce cas la femme coupable perd définitivement la cité, son maître ne peut plus l'affranchir[3]. Justinien a formellement abrogé la disposition du sénatus-consulte Claudien[4], il déclare seulement que l'esclave qui vit avec la femme libre devra être puni : « Castigatione competente corrigere, « et abstrahere a tali muliere. »

3° A mesure que les principes d'égalité de tous les

---

1. *S.* de PAUL, IV, X, § 2.
2. SUÉTONE, *Vesp.*, 11.
3. *S.* de PAUL, II, 21, § 6, 7, 9, 10, 16, 18.
4. L. un., Cod., *in scl. Claud.*, 7, 24; Inst., § 1, *de succ. subl.* III, 12.

hommes se faisaient jour, les affranchissements devenaient plus nombreux; malheureusement certains individus étaient indignes d'être affranchis et se servirent
parfois de leur émancipation contre ceux-là mêmes
qui leur avaient accordé la liberté. On fut obligé de restreindre la faculté d'affranchir, et plusieurs dispositions
vinrent réprimer une ingratitude révoltante. D'abord la
loi Ælia Sentia, sous Auguste, n'osant pas contrevenir
au principe, absolu alors, de l'irrévocabilité de la liberté
une fois acquise, essaya cependant de frapper les individus convaincus d'ingratitude. Elle autorisa le patron
à intenter une action criminelle contre son affranchi
ingrat [1], et le magistrat pouvait le condamner à la relégation *ultra vicesimum lapidem*, au delà de vingt milles
de Rome [2], ou au travail des carrières. Enfin le préfet
de la ville ou le président de la province put, *de plano*,
faisant droit à la plainte du patron au sujet de la conduite de son affranchi, lui infliger une peine corporelle
ou pécuniaire laissée à son appréciation [3]. L'empereur
Claude, ne trouvant pas la répression assez sévère pour
tous les cas, prononça la *revocatio in servitutem* contre
l'affranchi qui aurait soulevé un procès mettant en
question l'état de son patron [4].

Sous Néron, le Sénat proposa d'étendre cette décision toutes les fois qu'il y aurait ingratitude établie,
mais l'empereur et son Conseil ne pensèrent pas devoir
faire droit à cette demande et rejetèrent le projet de
sénatus-consulte [5].

---

1. L. 30, *Qui et a quib. manum.*, 40, 10.
2. Dosithée, *Dici Adri. Sent. et epist.*, § 3. Tacite, *Ann.*, XIII, 26.
3. L. 1, § 10, *de off. præf. urb.*, 1, 12; L. 1, *Pr.*, et L. 7, § 1, *de jure pat.*, 37, 14.
4. L. 5, *Pr.*, *de jure pat.*, 37, 14.
5. Tacite, *Ann.*, XIII, § 26 et 27.

Ce fut seulement une Constitution de l'empereur Commode, dont le texte nous a été conservé par le jurisconsulte Modestin [1], qui admit d'une manière générale que l'ingratitude ferait retomber l'affranchi en la puissance de son ancien maître, que même le magistrat pourrait le vendre pour en remettre le prix à son patron. A partir de cette Constitution, le patron lésé dans ses droits, ou ayant des motifs sérieux de reproches contre son affranchi, put donc choisir : ou demander la *revocatio in servitutem* à son profit, ou faire seulement prononcer une peine, tout en laissant au coupable sa liberté. Par deux Constitutions du Bas-Empire, de 423 et 426, la décision de Commode fut étendue aux cas d'ingratitude de l'affranchi envers les héritiers du patron, ou des enfants de l'affranchi envers le patron [2].

A l'époque de la législation justinienne [3], ces règles sont encore en vigueur; toutefois le magistrat n'a plus le pouvoir de vendre l'affranchi de son autorité privée, il peut simplement le condamner à une peine, ou décider qu'il redevient l'esclave de son ancien maître. Encore l'application de cette pénalité si rigoureuse suppose-t-elle trois conditions réunies : 1° il faut que l'affranchissement ait été l'œuvre exclusive du maître et non pas seulement de sa part l'exécution d'une obligation; que l'affranchi, en un mot, doive à lui seul le bienfait de la liberté [4]; 2° l'ingratitude doit être caractérisée : il ne suffit pas d'une simple négligence, d'un manque de convenance ou de prévenance, il faut qu'on ait à reprocher des actes graves comme des violences matérielles, le refus d'ali-

---

1. L. 6, § 1, *de agnosc. vel alend. lib.*, 25, 3.
2. L. 3 et 4, Cod., *de libert. et lib. eorum*, 6, 7.
3. Inst., § 1, *de cap. demin.*, I, 16.
4. L. 1, Cod., *de libert. et lib. eor.*, 6, 7.

ments; 3° enfin les faits étant constatés sur la dénonciation du patron, c'est au magistrat qu'il appartient de décider si les griefs sont de nature à mériter la révocation de la liberté[1].

En général, il importe peu de distinguer si l'enfant né de l'union de deux citoyens est issu de deux personnes dont l'une est un affranchi ou qui toutes deux le sont. Ainsi la qualité d'affranchi ne se transmet pas du père ou de la mère à l'enfant, c'est du moins la règle que semble poser Justinien[2]. Il est certain, cependant, qu'anciennement les fils d'affranchis n'étaient pas traités à tous égards comme les fils d'ingénus, nous en avons la preuve dans Tite-Live[3], Cicéron[4], et ce passage curieux de Suétone duquel il résulte que dans l'ancien Droit on donnait indifféremment le nom de *libertini* aux affranchis et à leurs fils[5]. Nous croyons même que, dans le Droit de Justinien, malgré les termes absolus du texte des Institutes, sous certains rapports les fils d'affranchis participent encore de la *libertina conditio*. En effet, la Constitution des empereurs Honorius et Théodose, qui porte que les fils d'affranchis comme les affranchis eux-mêmes, peuvent être privés de la liberté pour cause d'ingratitude, a été insérée dans la compilation justinienne; c'est donc que la décision qu'elle renferme est encore applicable du temps de Justinien[6].

4° La liberté ne pouvait être perdue qu'en vertu de la loi, aussi on la déclarait inaliénable, hors du commerce. En conséquence, un homme libre ne pouvait pas

---

1. L. 2, Cod., *it.*
2. Inst., *Pr., de ing.*, I, 4.
3. Trr.-Liv., IX, 40.
4. Cic., *Pro Cluentio*, 47.
5. Suétone, *Claud.*, n° 24. Plutarque, *Flaminius*, 18.
6. L. 4, Cod., *de libert. et cor lib.*, 6, 7.

perdre sa liberté par l'effet d'une convention, aucune circonstance ne pouvait l'empêcher de la revendiquer [1], la prescription même ne peut pas fonder l'esclavage [2]. Mais il en était résulté une spéculation fréquente et scandaleuse, et on fut obligé de prendre des mesures pour réprimer ces abus. Voici en effet ce qui arrivait : Un individu, pressé par la misère ou dans le but de trafiquer honteusement sur la bonne foi d'autrui, s'associait à un autre escroc; l'un, se faisant passer pour le maître, vendait l'autre comme esclave à un tiers sans défiance [3], puis le prix une fois payé et partagé entre les deux fripons de connivence, le prétendu esclave vendu réclamait sa liberté et notre principe avait pour conséquence qu'il triomphait nécessairement dans son action. L'acheteur trompé pouvait bien, il est vrai, recourir contre son vendeur par l'action en garantie résultant de la vente, et contre la personne vendue, par une action prétorienne *in factum* donnant droit au double du préjudice causé, mais, la plupart du temp., ce recours était illusoire, on n'avait à faire qu'à des individus insolvables, sachant se soustraire de suite aux poursuites et profiter de leur audacieuse escroquerie. Pour prévenir et réprimer, dans tous les cas, de pareilles fraudes, on refusa au vendu l'action en revendication de la liberté; il ne peut *proclamare ad libertatem.*

Cette cause de la perte de la liberté est très-ancienne et devait être déjà en vigueur sous la République. Nous voyons en effet que Quintus Mucius Scévola, qui compta Cicéron parmi ses élèves, interprétait déjà la règle dont

---

1. L. 7, pr. et 37 *de lib. causa*, 50. 12. L. 1, pr. et § 1, 40, 13.

2. L. 9, *de usurpat. et usucap.*, 41, 3. *de long. temp.*, etc., L. 3, Cod., 7, 22.

3. Inst. § 4, *de jure pers.*, 1, 3.

il s'agit [1]; c'est sans doute le préteur qui aura pris sur
lui de refuser l'action en réclamation de la liberté à
l'homme libre qui sciemment s'était laissé vendre comme
esclave. Quoi qu'il en soit, le sénatus-consulte Claudien,
rendu en l'an 52 de l'ère chrétienne, s'en occupait; une
question tirée d'un commentaire que Paul avait composé
sur ce sénatus-consulte y est traitée [2]; il paraît aussi,
d'après les termes employés par Pomponius [3], que plusieurs autres sénatus-consultes se réfèrent à ce mode de
servitude, mais, dans tous les cas, ils n'auront fait que
confirmer une règle depuis longtemps admise. Pour qu'il
y ait perte de la liberté, plusieurs conditions ont toujours
été nécessaires. On exigeait d'abord que celui qui s'était
laissé vendre fût majeur de vingt ans; avant cet âge, en
effet, il n'aurait peut-être pas pu apprécier suffisamment
la portée de son acte; il suffisait par contre qu'il fût
major viginti annis au moment du partage du prix payé
par l'acheteur, quand même sa vingtième année n'eût
pas été révolue au jour de la vente [4]. Il fallait, en second
lieu, qu'il y ait eu réellement dol ou fraude chez la personne vendue; que par conséquent elle ait parfaitement
su qu'elle était libre; que son intention fût de participer
à la fraude en partageant le prix; dans le cas contraire,
il eût été trop dur de lui faire perdre la liberté, n'ayant
aucune faute personnelle à lui reprocher. Si la personne,
objet de la vente, se croyait vraiment esclave, et que le
vendeur ou l'acheteur eussent été de mauvaise foi, ceux-ci
se rendaient passibles des peines prononcées pour le crime

---

1. L. 23, *Pr. de lib. causa*, 40, 12.
2. L. 5, *Quib. ad lib. procl. non licet*, 40, 13.
3. L. 3. *eod. tit.*
4. L. 7, § 1, *de lib. causa*, 40, 12. L. 1, § 1, *Quib. ad lib. procl.
non licet*, 40, 13.

de *plagium* [1]. Enfin l'acheteur devait nécessairement avoir été de bonne foi, c'est-à-dire avoir ignoré, au moment de la vente et du paiement, que celui qu'il achetait était un homme libre, et ensuite avoir effectivement versé le prix convenu. En effet, si à une de ces deux époques il a connu la situation de la personne vendue, il ne subit qu'un préjudice volontaire, il ne mérite pas qu'on déroge en sa faveur au principe qui met la liberté hors du commerce [2]. D'un autre côté, s'il n'a pas encore payé son prix lorsque surgit la *rerendicatio in libertatem*, il peut refuser de payer et en s'abstenant éviter tout dommage; s'il ne le fait pas, il est en faute, il en subira les conséquences.

Que décider si l'acheteur de mauvaise foi, au début ou avant d'avoir acquitté le prix de la vente, a revendu à un second acheteur de bonne foi qui s'est libéré? Ce dernier n'ayant rien à se reprocher, la loi vient encore le protéger aussi efficacement que s'il eût acheté directement le premier, et le vendu n'est plus admis à revendiquer sa liberté, comme il aurait pu le faire à l'encontre du premier acquéreur. Il en serait de même si la vente était faite à deux acheteurs, dont un seul serait de bonne foi; mais celui-ci aurait-il acquis la propriété exclusive, ou bien l'esclave serait-il indivis entre les deux propriétaires? Les textes cités prouvent que Paul et Ulpien étaient en dissidence sur ce point. On protégerait encore la bonne foi de l'acquéreur si l'homme libre s'était laissé volontairement comprendre dans une constitution de gage ou de dot, même dans une donation entre vifs [3]; si les textes supposent presque toujours une

1. Inst., § 10, *de publ. jud.*, IV, 18. L. 1, *De leg. fav.*, 48, 15.
2. L. 7, § 2, et L. 23, *de lib. causa*, 40, 12.
3. L. 23, § 1, *de lib. causa*, it.

vente, c'est qu'ils envisagent l'hypothèse la plus pratique; ils statuent *de eo quod plerumque fit.*

En résumé, du temps de Justinien, la *maxima capitis deminutio*, entraînant à la fois perte de la liberté et de la cité, n'était plus encourue que dans trois cas indiqués aux Institutes[1]; cet empereur vint encore supprimer une des causes d'esclavage dans sa Novelle 22, de sorte qu'il ne reste plus alors que deux cas de servitude, *jure civili,* savoir : 1° l'ingratitude de l'affranchi envers son patron; 2° la vente volontaire et de mauvaise foi qu'un homme libre faisait de sa liberté. Ce dernier motif fut lui-même abrogé plus tard par l'empereur Léon dans sa Novelle 59.

SECTION II.

I. — *De la* media capitis deminutio *encourue par suite de condamnations.*

La *media capitis deminutio* est la conséquence d'un changement d'état; elle entraîne la perte de la cité pour celui qui la subit, mais elle lui laisse la liberté : le citoyen devient pérégrin. Il y a grand intérêt à ne pas la confondre avec la *maxima capitis deminutio,* quoique les textes ne le fassent pas toujours et les désignent indistinctement sous l'expression *majores* ou *magnæ diminutiones,* par opposition à la *minima deminutio,* qui ne fait pas perdre la cité[2].

Sous la République, la *capitis minutio media* était encourue comme conséquence de l'interdiction de l'eau et du feu, qui existait très-anciennement à Rome[3].

---

1. Inst., § 1, *de capit. dem.,* I, 16.
2. G. C. I, § 163. L. 5, § 3, *de extraord. cognit.,* 50, 13.
3. G. C., I, § 161.

C'était un moyen employé pour éluder les lois valériennes qui défendaient de priver un Romain de sa qualité de citoyen malgré lui. Cicéron l'explique comme un détour dont on se sert pour forcer un citoyen repoussé par tous ses compatriotes à s'exiler [1], on interdit à tout le monde de fournir au condamné l'eau et le feu ; pour vivre, il est obligé de quitter la terre romaine, sans esprit de retour ; on disait alors qu'il avait abdiqué sa patrie et son titre de citoyen ; mais il ne perdait sa qualité de *ciris romanus* que lorsqu'il était arrivé dans une cité étrangère et qu'il y avait été accueilli.

Quant à la déportation et la condamnation *ad opus publicum*, elles n'existaient pas encore et, d'après Dion Cassius, la peine de la déportation dans une île aurait été introduite par Auguste. C'est une peine qui de sa nature est perpétuelle, et celui qui cherche à quitter le lieu de sa détention encourt la *maxima capitis deminutio* [2]; la condamnation a pour effet d'enlever au coupable *ea quæ sunt juris civilis*, de laisser subsister *ea quæ sunt juris gentium*; elle ne peut être prononcée que par l'empereur, le préfet du prétoire ou le préfet de la ville [3].

Tandis que l'interdiction de l'eau et du feu laissait au condamné le choix de sa résidence, en dehors toutefois du territoire romain [4], la déportation consistait à être interné dans une île déterminée, soumise à la domination romaine et où le condamné conservait sa liberté, mais d'où il ne pouvait sortir sous peine de mort [5].

---

1. Cic. *pro domo*, nᵒˢ 29 et 30.
2. Inst., § 1, *Quib. mod. jus potest*, 1, 12. L. 28, § 13, *De pœnis*, 48, 19.
3. L. 6, § 1, *de interd.* 48, 22.
4. Cic. *Philip.*, VI, 28.
5. L. 4, *de pœnis*, 48, 19.

A partir d'Auguste, ces deux peines se confondent peu à peu en une seule : « Deportatio in locum aquæ et « ignis interdictionis successit.... »[1], et on peut dire que sous l'Empire il n'y eut plus bientôt entre ces deux peines qu'une différence de nom. L'une et l'autre, dès qu'elles sont devenues définitives, emportent immédiatement privation de la *civitas*, et l'une et l'autre s'exécutent de la même façon[2]. Les personnes ainsi condamnées deviennent des étrangers, *peregrini sine civitate*, d'où il suit qu'elles ne peuvent réclamer l'application des lois spéciales d'aucune cité[3]. Quant à la coexistence de ces deux dénominations[4], synonymes en fait, on peut se l'expliquer : les lois antérieures à Auguste prononcent l'interdiction de l'eau et du feu, les lois subséquentes prononcent la déportation ; on respecte le langage des unes et des autres. Sous Justinien, le mot de déportation, employé dans la pratique, s'applique parfois indifféremment à l'une et à l'autre de ces peines.

Plusieurs lois, au Digeste et au Code, semblent être en contradiction avec le texte des Institutes, § 2, *De capit. dem.*, I, XVI : « Cum civitas quidem amittitur, « libertas vero retinetur: quod accidit ei cui aqua et igni « interdictum fuerit vel ei qui in insulam deportatus est. » D'autres textes, au contraire, paraissent décider formellement que ces deux peines entraînaient aussi la perte de la liberté : telles sont notamment la loi 5, § 3, *De extraord. cognit...* 50, 13, qui porte : « Consumitur vero « (existimatio), quoties magna capitis minutio intervenit, « id est quum libertas adimitur, veluti quum aqua et igni

---

1. L. 2, § 1, *de pœnis*, 48, 19.
2. TACIT., *Ann.*, VI, 30.
3. ULP., XX, § 14.
4. Inst., § 2, *de cap. dem.*, I, 16.

« interdicitur, quæ in persona deportatorum evenit.... »
et la loi 2, Cod. *ut nemo privat titul.*, 2, 15, où l'on
trouve ces mots : « Si clarissimus, vel curialis, vel miles,
« vel clericus proscribendum deportandumque, non solum
« civitate romana, sed etiam libertate privari censemus... »
Ces derniers textes ne parlent que de la liberté civile,
liée à la qualité de citoyen romain, tandis que les Institutes parlent de la liberté du droit des gens, par opposition à l'esclavage ; la contradiction n'est qu'apparente [1].

La relégation ne doit pas être confondue avec la déportation, c'était une seconde espèce de bannissement moins
rigoureux. Elle en diffère en plusieurs points : d'abord
elle peut être prononcée *ad tempus* [2] ; on se contente parfois d'interdire au relégué certaines provinces, ensuite,
et c'est là la principale ligne de démarcation, la relégation n'était pas odieuse et ne faisait point perdre les
droits de cité [3]. Ovide relégué disait avec raison : « Nec
« mihi jus civis, nec mihi nomen abest. » Le juge pouvait
bien, par une disposition expresse, faire perdre les biens
au condamné à la relégation, mais il ne fut jamais en
son pouvoir de lui enlever les droits de cité ; la perte
des droits civils ne pouvait en résulter que si l'empereur l'ordonnait [4] : « Bona relegati non publicantur,
« nisi ex sententia specialiter, sed jura libertorum nec
« speciali sententia adimi possunt, quia solus princeps
« relegato ea adimere potest. »

Il paraît enfin qu'il y avait une autre espèce de condamnation sous l'Empire, qui emportait aussi la perte de

---

1. G. C., 1, § 128.
2. L. 7, § 2, *de interdict. et releg.*, 48, 22.
3. L. 14, § 1, *de interd. et releg. et deport.*, 48, 22.
4. L. 8, § 3, *de bonis damnat.*, 48, 20.

la cité : c'est celle aux travaux publics perpétuels[1] :
« Quidam ἄπολιδες sunt, hoc est : sine civitate ; ut sunt in
« opus publicum perpetuo dati et in insulam deportati, ut
« ea quidem, quæ juris civilis sunt, non habeant, quæ
« vero juris gentium sunt, habeant. »

**II. — *De la media capitis deminutio par suite de la renonciation
volontaire à la cité.***

En dehors des condamnations qui entraînaient avec
elles la perte du titre de citoyen, la *media capitis deminutio* peut parfois résulter d'une renonciation volontaire
à la cité romaine. Nous avons, au commencement de ce
chapitre, énoncé que la loi romaine n'interdit à personne de changer de cité ; il y avait même à l'origine, à Rome, un cas de renonciation tacite : c'est
lorsque, lors du recensement, on avait négligé de se faire
inscrire ou lorsqu'on avait été omis sur les registres du
cens ; on était rayé du nombre des citoyens, au moins
jusqu'au lustre suivant. Les citoyens absents eux-mêmes
devaient revenir pour la lustration ; aucun motif ne pouvait les en empêcher. On admit cependant une exception
en faveur des soldats en campagne ; encore fallait-il que
le censeur envoyât prendre leurs noms, afin qu'inscrits
sur le registre de la cérémonie, ils y fussent considérés
comme présents. La lustration existait encore au temps
d'Auguste.

Si le citoyen romain peut à son gré renoncer à la cité,
il ne peut plus conserver son ancienne patrie lorsqu'il en
obtient une seconde : il perd la première en acquérant
l'autre. C'est ce qu'établit formellement Cicéron : « Dua-
« rum civitatum civis esse, nostro jure civili nemo potest :

---

1. L. 17, § 1, *de pœnis*, 18, 19.

« non esse hujus civitatis civis. » On perd la cité romaine, nous dit encore Cicéron, *dicatione* ou *postliminio* [1]; par la *dicatio*, lorsqu'on transfère sa résidence dans une cité étrangère et qu'on s'y fait agréer comme citoyen. La *media capitis deminutio* est aussi encourue par la transmigration *per fugam*, parce qu'on renonce volontairement à la cité pour en adopter une autre, et l'exil volontaire qu'on s'impose ainsi produit les mêmes effets, relativement à la qualité de citoyen, que la condamnation connue sous le nom d'*interdictio aquæ et ignis* [2], confondue plus tard avec la déportation. Celui qui s'exile de son propre mouvement est donc assimilé au déporté, en ce sens, du moins, qu'il conserve la liberté tout en perdant la cité : « Amissione « civitatis fit capitis minutio, ut in aqua et igni interdic- « tione. Qui deficiunt, capite minuuntur : deficere autem « dicuntur, qui ab his, quorum sub imperio sunt, desis- « tunt et in hostium numerum se conferunt… » [3] On pourrait objecter à notre système le quatrième livre des *Observations* de Cujas, où ce grand jurisconsulte cite plusieurs lois qui prononcent des peines contre les transfuges, notamment la loi 38, § 1, *De pœnis*, D. 48, 19, d'après laquelle ils devaient être brûlés vifs, de la même manière que les ennemis *(hostes)* du peuple romain. Mais Cujas établit lui-même très-bien que le transfuge ne subissait que la *capitis minutio media*. Il appuie son opinion sur le texte positif de la loi 15, D. *De tutelis*, 26, 1, ainsi conçue : « Si quis tutor non sit captus ab hostibus, « sed missus ad eos quasi legatus, aut etiam perceptus ab « eis, aut transfugerit ; *quia servus non efficitur*, tutor « manet. »

---

1. Cic., *Pro Balbo* 11; *Pro Cecina*, 34; *Pro Archia*, 5.
2. L. 5, *de cap. min.*, 4, 5.
3. L. 5, pr. et § 1, D., *de cap. minut.*

Nous pouvons ajouter à cette citation la loi 5, § 1,
de capit. minut., que nous avons déjà rapportée, et con-
cluro avec Richer[1] que ceux qui, dans leur transmigration, avaient pour but uniquement de se procurer un
établissement plus avantageux ou plus tranquille, ne
pouvaient être atteints plus rigoureusement que ceux
qui se rendaient chez l'ennemi pour faire cause commune
avec lui. Ils n'encouraient d'autre peine que d'être privés des droits de cité, des facultés dérivant du droit
civil et particulier des Romains, mais non de celles du
droit des gens. En un mot, ils étaient assimilés aux
étrangers et jouissaient des mêmes droits qu'eux.

Cicéron parle en second lieu du changement de nationalité par application des lois du postliminium. Il
faut supposer l'espèce suivante : Un étranger captif à
Rome et esclave a été affranchi par son maître, l'affranchissement le rend Romain, et il demeure tel s'il reste à
Rome; mais si au contraire il aime mieux retourner
dans sa patrie, il reprendra son droit de cité originaire
en perdant la *civitas romana*[2], suivant la règle que nul
ne peut cumuler deux nationalités[3]. Mais il importe
ici d'éviter toute confusion entre le *jus civitatis* et le
jus originis : tout citoyen romain, outre son *jus civitatis*, a
ou peut avoir un droit de cité inférieur qu'on appelle
origo ou *jus originis*, cela revient à dire qu'il est plus
particulièrement citoyen d'une cité spéciale de l'Empire;
à ce point de vue, il s'appelle *municeps*, mot tout à fait
détourné de son sens primitif[4]. Le *jus originis* s'acquiert :
1° par la naissance; 2° par l'affranchissement, l'affranchi

---

1. Richer, *Traité de la mort civile*, p. 62.
2. L. 5, § 3, *de capt.*, 49, 15.
3. Cic., *pro Balbo*, 12.
4. L. 1., § 1, *ad municip.*, 50, 1.

p.end l'*origo* de son patron; 3° par l'adoption pour l'adopté; 4° par l'*allectio* ou admission prononcée par les magistrats municipaux [1]. Ici le cumul est possible : ainsi, par exemple, un individu est adopté par une personne n'ayant pas même *origo* que lui, il est évident qu'il aura deux *civitates* spéciales et que l'*allectio* pourra lui en donner une troisième; mais aussi, remarquons-le bien, le *jus originis* n'implique pas la qualité de citoyen romain, mais seulement celle de sujet de Rome. Lorsque plusieurs origines se trouvent cumulées par le même individu, le résultat est une multiplication de charges à subir quant aux impôts, aux *munera*, et une pluralité de juridictions auxquelles on est également soumis [2]. Ce qui est absolument impossible, c'est d'avoir simultanément deux nationalités différentes.

Par application de la règle qui privait de la cité les citoyens qui quittaient Rome sans esprit de retour et se faisaient annexer à une autre ville, ceux qui partirent pour fonder des colonies latines perdirent leur titre de citoyen romain et devinrent des Latins coloniaires : « Qui jussu parentis *olim* in latinam coloniam transmi- « grabant, de potestate exibant, desinebant enim cives « romani esse, cum acciperentur alterius civitatis cives. » Du reste, les expressions mêmes de Gaius nous révèlent que cette cause de perte de la qualité de *civis romanus* n'existait déjà plus de son temps [3].

---

1. L. 7, Cod., *de incol.*, 10. 40.
2. L. 29, *ad municip.*, 50, 1.
3. G. c. I, § 131; c. III, § 56. Cic. *Pro Cecina*, 33.

APPENDICE. — DU COLONAT.

Il n'entre pas dans notre cadre de rechercher les origines probables du colonat, pas plus que d'indiquer les conditions diverses faites aux différentes catégories de colons, il nous importe seulement de constater que cette institution, répandue dans tout l'Empire à l'époque de Dioclétien et de Constantin, donna naissance à une nouvelle cause de renonciation volontaire à la liberté et à la ci Nous avons la preuve par les textes, qu'à côté du *servus terræ* proprement dit, il y eut des colons libres et ingénus, quoiqu'irrévocablement attachés à la glèbe, eux et leur descendance; mais, d'autre part, l'histoire rapporte que des hommes libres et citoyens, pauvres et opprimés, dans le but d'assurer leur sécurité, aliénèrent leur liberté même pour s'attacher à titre de colons aux grands propriétaires fonciers[1]. Cette aliénation volontaire, contraire au principe que la liberté n'est pas dans le commerce, fut souvent proscrite par les empereurs[2]; mais la misère fut plus forte que l'autorité, et les mœurs l'emportèrent, comme toujours, sur la législation. De même qu'on devenait *servus terræ* par la naissance, on devint colon par le contrat : c'est même la cause la plus ancienne du colonat, et Appien nous apprend[3] qu'un certain nombre de personnes, pour éviter le service militaire, employèrent ce moyen. Sous Justinien, cette source du colonat existe encore et l'on peut ainsi déchoir

---

1. **Salvin**, *de Gub. Dei*, V, 8.
2. **Cod.**, *de patroc. vic.*, 11, 53.
3. *Traité de la guerre civile*, L. 1, chap. VII.

en vertu d'un contrat écrit, d'un aveu judiciaire, ou par l'inscription sur les registres municipaux [1].

On devient encore *servus terræ* par le mariage avec un colon ou avec une *colona*, d'après une Constitution de Valentinien III, de 451, lorsque la personne libre qui veut entrer dans la *conditio adscriptitia* déclare par le contrat de mariage, *gestis municipalibus*, qu'en épousant une personne de cette condition, elle a l'intention de partager la qualité de son conjoint [2].

La condition de colon put aussi s'acquérir par la prescription de trente ans : l'homme libre qui habite pendant ce temps une terre comme colon devient *adscriptitius*, ni lui ni ses enfants ne peuvent plus, *terra derelicta, in alia loca migrare*. Seulement Anastase décida que ceux qui deviennent colons de cette manière, ainsi que leurs descendants, conservent la libre disposition de leurs biens [3].

Une disposition de la loi peut enfin vous attribuer la qualité de colon : les gouvernements successifs cherchèrent à augmenter le nombre des bras si nécessaires à la prospérité de l'agriculture, c'est ainsi que nous voyons l'incorporation des barbares, l'autorisation pour celui qui peut saisir un mendiant d'en faire son colon, etc., et d'autres décisions analogues propres à atteindre le même but.

On perdait la qualité de colon par l'épiscopat, à charge de remplir certaines conditions : ne pas quitter les ordres, payer la redevance promise, fournir un remplaçant [4].

On avait également décidé que l'homme qui aurait

---

1. L. 22, Cod., *de agricol.*, 11, 48.
2. Nov. de VAL., t. XXX, L. 1, § 5 et 6.
3. L. 18 et L. 23, § 1, Cod., *de agricol.*, 11, 48.
4. Nov., 5, ch. IV.

vécu trente ans comme libre, et que la femme qui pendant vingt ans aurait joui de sa liberté, ne pourraient plus être revendiqués comme colons. Justinien supprima cette acquisition de la liberté par prescription comme contraire à l'intérêt général.

Il paraît certain qu'en principe la qualité de colon était indélébile et on est généralement d'avis que, du moins à l'origine, le maître ne pouvait affranchir ses colons[1]. Mais avec le temps s'est-on écarté de cette rigueur? le colonat put-il prendre fin par l'affranchissement?

Ici apparaît la controverse. D'anciens actes mentionnent des affranchissements de colons opérés dans les Gaules, aussi beaucoup d'auteurs ont soutenu l'affirmative et ils pensent que, comme les esclaves, les colons pouvaient parvenir à la liberté et à la cité par un affranchissement régulier. Les partisans de cette opinion s'appuient sur une lettre de Sidoine Apollinaire à son ami Prudence, dans laquelle il lui dit qu'un colon ayant séduit une jeune fille, le seul moyen de réparer ce malheur c'est d'affranchir le séducteur. On ajoute, d'autre part, que si les textes ne parlent pas de l'affranchissement des colons, c'est que le droit commun suffisait pour consacrer cette faculté et rendre la *manumissio* possible. Malgré toutes ces autorités imposantes nous sommes porté à adopter l'opinion contraire défendue par M. Glasson. Nous savons qu'il y a des colons libres et des colons esclaves : s'agit-il d'un colon libre, il ne peut pas, suivant nous, recouvrer la liberté entière; s'agit-il d'un colon esclave, on ne peut en l'affranchissant en faire qu'un colon libre. Pour établir ce système, il faut réfuter l'argument tiré de la lettre de Sidoine

---

1. L. 91, Cod. *de agricol.*, 11, 48.

Apollinaire, ce qui est facile. Les colons libres avaient le connubium, on a donc voulu parler dans cette lettre d'un colon esclave; or, s'il en est ainsi on a pu l'affranchir et par ce moyen on lui donne bien la liberté, mais il reste colon libre. Comment, d'autre part, si celui-ci avait pu sortir de sa condition par l'affranchissement, expliquer le silence des textes sur un point si important? Il est bien plus logique de penser que le colon libre, dans l'intérêt de l'agriculture, ne pouvait pas se faire relever de son engagement, et que le colon esclave étant affranchi ne devenait que colon libre[1].

CHAPITRE IV.

Comment on peut recouvrer la qualité de citoyen après l'avoir perdue.

Nous avons vu que l'homme libre pouvait devenir esclave *ex captivitate* et perdre à la fois la liberté et la cité; mais ce captif ne reste esclave qu'autant qu'en fait il demeure au pouvoir du peuple qui l'a fait prisonnier; il devient en effet légalement libre, non-seulement par la *manumissio*, mais aussi lorsque d'une manière quelconque il parvient à recouvrer sa liberté naturelle, à retourner *apud suos*. Toutefois ceux qui sortent ainsi de l'esclavage ne sont pas également traités, leur situation diffère suivant qu'ils peuvent ou nôn invoquer le bénéfice du postliminium; d'autre part, les règles sur la captivité peuvent encore être modifiées en vertu de la fiction de la loi Cornélia.

Par l'effet du postliminium (de *post* et de *limen*, de

____

1. M. GLASSON à son Cours.

nouveau dans les frontières de l'État), celui qui a été fait prisonnier par l'ennemi et qui ensuite revient à Rome, *aut in civitatem sociam amicamve*, est censé avoir dormi pendant tout le temps de sa captivité[1]; il recouvre tous les droits qui lui appartenaient avant sa servitude et ils lui sont même restitués avec effet rétroactif, en sorte que nous avons ici une fiction légale qui efface la captivité et répute non avenues les conséquences attachées à la servitude : « Ea quæ in jure sunt, posteaque « postliminio redit, pro eo habentur ac si nunquam iste « hostium potitus fuisset. Retro creditur in civitate « fuisse, qui ab hostibus advenit[2]. »

Le postliminium comprend trois choses : 1° un fait matériel, le retour du captif; 2° une fiction, il n'a jamais été captif; 3° un droit découlant du fait, il a toujours été *integri status;* l'homme de retour est censé n'avoir jamais perdu son titre de citoyen, sa nationalité. Ce bénéfice du *jus postliminii* pouvait en principe être invoqué par tous les captifs, sans distinction de sexe, *sui juris* et *alieni juris* et même, par extension, par les enfants conçus à l'ennemi pendant la captivité de leurs parents[3]; on ne recherche pas de quelle manière ils ont échappé à l'ennemi : que ce soit par la force ou par la ruse, par leur fuit ou par le fait d'autrui, peu importe qu'ils aient été délivrés par les armées romaines, ou rachetés par un parent ou un ami, ou même régulièrement affranchis par leurs propriétaires[4]; mais cet effet ne leur est acquis qu'à l'instant où ils ont mis le pied sur le sol de leur patrie ou sur un sol ami[5]. Quand le pri-

---

1. G. C. I, § 129. Inst., § 5, *quib. mod. jus post. solv.* I, 12.
2. L. 12, § 6, et L. 16, *de capt.,* 49, 15.
3. L. 9, *pr.* et L. 25, *de capt.,* 49, 15.
4. L. 5, § 3; L. 26, *de capt.,* it.
5. L. 5, § 1, *de capt.,* it.

sonnier doit-il quitter le pays ennemi? Il faut pour que
le postliminium ait lieu qu'il rentre *eodem bello*, avant la
fin de la guerre; on n'admet même pas qu'il puisse
rentrer pendant une trève[1]. On a autorisé exceptionnellement dans certains cas [2] le prisonnier revenu pendant
la paix à invoquer le postliminium, par exemple si cette
faculté lui a été accordée par le traité de paix [3]. Le *prin-
cipium* de la loi 12, *De captivis*, a été altéré, car si on le
lit tel qu'il est, il y a contradiction entre le commencement et la fin; ces mots : « De quibus *nihil* in pactis
« erat comprehensum », doivent être lus ainsi: « De qui-
« bus *id* in pactis erat comprehensum »; la loi 20 *princ.* du
même titre vient à l'appui de cette correction [4]. Si le
citoyen est tombé au pouvoir de l'ennemi *in pace*, il peut
rentrer et avoir le postliminium d'abord *in pace* [5], et a
fortiori *in bello;* cependant le traité de paix pourrait lui
enlever ce droit.

Le postliminium ne s'applique qu'à ceux qui sont
devenus esclaves par la captivité; de plus, on le refuse
même à ceux-ci dans certains cas. D'abord aux captifs
qui se sont rendus à l'ennemi à discrétion [6] ou qui, pris
les armes à la main, ne peuvent prouver qu'ils se sont
bravement défendus. Quand un captif rentrait à Rome,
dans le doute on présumait qu'il avait fait son devoir,
in dubio pro libertate. On le refuse aux transfuges [7], c'est-
à-dire à ceux qui ont passé volontairement à l'ennemi,
soit pendant une guerre, un armistice ou pendant la

---

1. L. 19, § 1, *it.*
2. L. 5, *pr. it.*
3. L. 12, *pr. it.*
4. M. LEDERLIN à son cours de *Pandectes.*
5. L. 5, § 2, *de capt.*, 49, 15.
6. L. 17, *it.* L. 5, § 5, *de re militari*, 49, 16.
7. L. 19, § 4, *it.*, 49, 15.

paix [1]; le transfuge est un traître ou tout au moins un ennemi; il pouvait être relevé de son incapacité par le pardon accordé par le peuple ou par l'empereur. Ne peuvent encore l'invoquer ceux qui, par une clause expresse du traité de paix, sont abandonnés à l'ennemi [1]; ceux qui, comme Régulus, reviennent à Rome, mais avec l'intention de retourner se constituer prisonniers [3]; ceux qui n'ont pas profité du traité qui leur permettait de rentrer dans leur patrie et ont préféré rester chez l'ennemi [4]; ceux enfin que les Romains ont eux-mêmes livrés aux ennemis et qui de retour ne sont pas admis par leurs concitoyens [5]. Cependant, dans ce cas, le *deditus* livré pour être puni d'un délit, ne pourra-t-il jamais redevenir citoyen, profiter du *jus postliminii*? Une première opinion admet qu'il a le postliminium qui lui est accordé par le commencement de la loi 4, *De captivis*. Nous croyons plutôt, en nous appuyant sur la fin de la loi, que le postliminium ne lui est accordé qu'en cas de retour et de pardon accordé par le peuple; en principe, ce droit ne lui appartient pas; seulement, et c'est ainsi qu'on peut concilier les deux parties du texte, il l'aura par le pardon. Modestin a probablement sous-entendu cette seconde condition.

Les captifs qui se trouvent dans les situations que nous venons d'énumérer recouvrent bien néanmoins comme les autres, en revenant, avec leur liberté naturelle la liberté légale; mais leur position diffère en ce qu'ils ne peuvent pas, par suite de la déchéance qu'ils

---

1. L. 19, § 8. *it.*
2. L. 12, *pr. de capt.*, 49, 15.
3. Aulu-Gelle, VII, 18.
4. L. 20, *pr. de capt.*, 49, 15.
5. L. 4. *it.*

encourent, revendiquer la qualité de citoyen en se fondant sur les principes du *jus postliminii.* On peut donc en conclure que si les effets du postliminium sont la conséquence habituelle et ordinaire de la libération matérielle et du retour du captif, ils n'en sont pas la conséquence forcée, et qu'il arrive dans plusieurs cas que le captif est sans qualité pour les invoquer.

Cette théorie du postliminium appartient au *jus gentium,* et si les Romains l'admettaient pour leurs citoyens faits prisonniers et pour leurs ennemis captifs, elle était généralement acceptée par presque tous les autres peuples. Le citoyen pris par l'ennemi devient esclave, cependant on peut dire que dans sa patrie on ne le considère pas définitivement comme tel ; son état et ses droits se trouvent plutôt comme soumis à une véritable condition suspensive, la condition de son retour : « Omnia jura « civitatis in personam ejus in suspenso retinentur, non « abrumpuntur[1]. »

Nous avons dit que le captif pouvait se racheter ou être racheté : s'il se rachète lui-même, il y a lieu au postliminium. Qu'arrive-t-il s'il a été racheté par un parent ou un ami ? Quand le *redemptor* n'a pas agi *donationis causa* ou *pietatis causa,* le *redemptus* qui était libre avant de tomber en servitude jouit du bénéfice du postliminium[2], mais il est obligé envers le *redemptor* au remboursement de sa rançon ; cette obligation est naturelle. En attendant cette juste indemnité, le *redemptor* a sur la personne du racheté un droit de gage, *jus pignoris,* pour garantir le paiement du prix de rachat[3]. Ce

------

1. L. 32, § 1, *de hered. inst.,* 28, 5.
2. L. 20, § 2, *de capt.,* 49, 15.
3. L. 2. Cod. *de Post. revers.,* 8, 50. L. 20, § 1, *qui test. fac. poss.* 28, 1. L. 15., *de captivis,* 49, 15.

vinculum pignoris ne pèse que sur la personne même du *redemptus*, non sur ses enfants ; c'est un droit transmissible, cessible à prix d'argent et même pour un prix supérieur à la rançon ; seulement il n'est jamais dû, par le racheté, que ce qui a été payé en principe pour le rachat, et le cessionnaire ne peut jamais réclamer que ce qu'il a réellement déboursé [1]. Le droit du *redemptor* prend fin pour les causes suivantes : 1° paiement du gage, *luitio pignoris ;* on peut forcer le créancier gagiste à accepter le remboursement ; si le *redemptor* a racheté collectivement plusieurs captifs, la somme à payer par chacun d'eux sera fixée *boni viri arbitratu* ou, à défaut d'entente, par le juge ; ils peuvent se libérer isolément, il n'y a pas de solidarité entre eux [2]. 2° Lorsque le *redemptor* a fait remise de son droit de gage, cette renonciation est expresse ou tacite, aucune forme spéciale n'est exigée ; elle peut être faite par testament, le *redemptus* est alors légué à lui-même [3] ; elle peut aussi être faite par donation [4] ; elle peut enfin s'induire de certains actes [5], par exemple dans le cas où il épouserait la femme qu'il a rachetée de la servitude : la loi 21 suppose qu'il peut y avoir doute dans l'esprit du *redemptor* qui a épousé sa *redempta*, doit-il en outre affranchir sa femme et ses enfants ? Le jurisconsulte répond : non ; il n'y a pas de doute à avoir, le fait seul du mariage la rend ingénue. 3° Le droit de gage s'éteint encore par la mort du racheté. Dans ce dernier cas, que l'on a fini par admettre, les héritiers du *redemptus* doivent-ils encore la rançon, ou le droit de gage dispa-

---

1. Application de la *lex Anastasia.*, L. 19, § 9, *de capt.*, 49, 15.
2. L. 12, § 18, *de capt.*, 49, 15.
3. L. 43, § 3, *de legat.*, 30.
4. L. 2, *de post.* cod. 8. 50.
5. L. 21, *pr. de capt.*

raît-il complétement ? La question est controversée. Ulpien nous dit que le droit de gage est éteint par le décès et qu'il n'y a plus de dette[1]. Nous pensons que cette opinion est la meilleure et la plus juridique. Si l'héritier veut, il peut payer, mais ce n'est pas une condition pour qu'il soit héritier légitime; on peut admettre seulement que c'est une obligation naturelle qui subsiste[2]. 4° Au bout de cinq ans, on considère que le captif s'est libéré par les services rendus à son maître pendant ce temps. 5° Enfin le *redemptor* perd encore son droit, *pœnæ nomine*, ar la prostitution de la *redempta*[3]. En dehors de ces causes et jusqu'au désintéressement du créancier, le racheté n'a donc qu'une liberté que peut restreindre l'exercice du droit de gage du créancier.

La seconde fiction que nous avons citée, comme modifiant les conséquences rigoureuses de la captivité, résulte de la loi Cornélia : le citoyen romain fait prisonnier, et qui meurt en captivité, est censé mort au moment où il a été pris par l'ennemi, donc il est mort *integri status*. Suivant cette loi de Sylla, de 673, il est regardé comme ayant perdu ses droits, non par l'esclavage mais par la mort[4]: « In omnibus partibus juris is, qui reversus non « est ab hostibus, quasi tunc decessisse videtur quum « captus est[5]. » Gaius nous dit que de son temps on pouvait douter sur la question de savoir si les enfants devenaient *sui juris* à dater du jour de la mort réelle du père ou à dater du jour de sa captivité[6]; environ trente ans

---

1. L. 15, *de capt.* 49, 15.
2. M. LEDERLIN à son cours de *Pandectes*.
3. L. 7 Cod. *de Post. revers*, 8, 50.
4. *S.* DE PAUL, 3, 4, § 8. Inst. 1, 12, § 5.
5. L. 16 et 18, *de capt.*, 49, 15.
6. G. C., I, § 129.

après Gaius, deux jurisconsultes résolvent la question en faveur des enfants : l'un est Tryphoninus [1], l'autre Ulpien qui dit que sur tous les points de droit le captif est censé mort du jour de sa captivité. Cette opinion, qui du reste ne paraît guère avoir été controversée, est celle que consacrent les Institutes.

Un citoyen romain qui a perdu la cité, parce qu'il est devenu esclave *jure cirili*, peut acquérir de nouveau le titre de citoyen par un affranchissement dans les formes et sous les conditions habituellement exigées. Remarquons cependant que parfois un second affranchissement était impossible : ainsi, en vertu du sénatus-consulte Claudien, l'affranchie redevenue esclave par suite de ses relations avec un *servus*, ne peut plus être l'objet d'une nouvelle manumission.

Si la perte de la cité a été la conséquence d'une condamnation, l'empereur, ayant le pouvoir de faire grâce, peut rappeler le condamné et lui faire recouvrer la qualité de *civis*. C'est à cela que Justinien se réfère lorsqu'il dit en parlant des déportés : « Si, ex indulgentia principali, restituti fuerint per omnia, pristinum statum recipiunt [2]. » La grâce, la restitution accordée par le prince peut avoir des effets plus ou moins étendus qui sont déterminés par les termes qu'il a employés [3]. Quand la restitution est entière (*restitutio per omnia*), et on la présume telle par cela seul que le déporté est restitué dans sa dignité et ses biens, le condamné rentre complétement dans son ancien état et recouvre même la puissance paternelle sur ses enfants et ses biens confisqués [4];

---

1. L. 12, § 1, *de capt.*, 49, 15.
2. Inst., § 1, *in fine. Quib. mod. jus. pot. solv.* I, 12.
3. L. 6, Cod. *de sentent. pass.*, et L. 9, *it.* 9, 51.
4. S. DE PAUL, IV, VIII, § 24. L. 13, *pr. Cod. de sent. pass.*

mais ces derniers droits sont refusés à celui qui n'a obtenu qu'une restitution simple, dont l'objet unique a été *reditus in patrium solum.* Quoi qu'il en soit, la restitution entraîne avec elle, dans tous les cas, le recouvrement des droits du citoyen; le condamné reprend cette qualité, mais pour l'avenir seulement, car le pouvoir impérial ne peut pas détruire pour le passé des effets qui ont été définitivement produits.

Nous avons vu en dernier lieu qu'on pouvait encore perdre la cité volontairement en en acquérant une nouvelle; dans ce cas, celui qui s'est choisi une autre nationalité est considéré à Rome comme un pérégrin, il se trouve maintenant dans la même position qu'un autre étranger pour obtenir la qualité de citoyen, on ne tient aucun compte du sang qui coule dans ses veines.

Nous nous proposions en commençant de donner l'ensemble des dispositions de la législation romaine sur le droit de cité; nous espérons avoir atteint notre but, dans cette première partie, en indiquant les règles appliquées pour déterminer les nationaux d'origine, les moyens admis pour acquérir la *civitas* ou modes de naturalisation, enfin en retraçant les causes qui faisaient perdre et qui permettaient de recouvrer la qualité de citoyen romain.

DEUXIÈME PARTIE.

DROIT ANCIEN.

Après la chute de l'Empire romain, chez les peuples qui s'établirent sur ses ruines, parmi les Francs comme parmi les Germains, l'étranger, le warganeus trouve une situation plus défavorable encore que dans l'antiquité. Il restait en quelque sorte hors de la loi commune, à moins qu'un des hommes de la cité ne consentit à lui servir de garant; mais il demeurait alors, vis-à-vis de ce patron, dans la condition d'un affranchi.

Les peuples de la Germanie étaient groupés en une foule d'associations dont les membres (Arimanii, Hermanii, Friborgi, Rachimburgii) étaient unis entre eux par un lien de garantie mutuelle et de fidéjussion réciproque [1].

Nous avons la preuve évidente de l'existence de ces associations étroites des hommes libres chez les Germains dans les lois de Kanut-le-Grand et d'Édouard-le-Confesseur. Pour le maintien de la paix, pour sauvegarder la vie et la propriété, pour la poursuite du wehrge'l dû à celui dont le droit était violé, ou à sa famille en cas de meurtre, tous les hommes libres de chaque peuplade

---

1. *Lois* de KANUT-LE-GRAND, ch. 19; d'ÉDOUARD-LE-CONFESSEUR, ch. 20.

avaient formé des corporations dont le but était de faire naître une alliance légitime et une société civile. Cette fidéjussion engendrait des obligations actives et passives, créait des priviléges au profit exclusif des membres de chaque corporation et auxquels les autres personnes libres, restées en dehors de l'association, ne pouvaient prétendre. On s'attache, pour déterminer la nationalité, au fait de la naissance sur le sol du canton, *pagi*, et c'est ainsi principalement que l'association recrute des membres. Les warganei ou gargangi, nom donné au vagabond ou à l'étranger, c'est-à-dire à tous ceux qui sans être serfs ne font partie d'aucune corporation d'hommes libres, sont dans une position bien précaire; ils ne trouvent aucune protection dans les lois de cette époque primitive, et n'ont aucune garantie pour leur vie et leur liberté; l'étranger subit la loi du plus fort et, au moindre trouble, il peut être réduit en esclavage ou mis à mort.

Le Germain, du reste, cherche à éloigner l'étranger qu'il redoute : « La crainte de l'étranger, dit Lehuëron [1], alla si loin dans l'esprit des peuples germaniques qu'ils finirent par mettre en état de suspicion légitime tous ceux qui ne relevaient de personne; et nous trouvons dans les lois barbares et les Capitulaires plus d'une disposition qui témoigne de cet état de l'opinion et des nécessités sociales sous l'empire desquelles elle s'était accréditée. »

Tout ce que peut faire l'étranger c'est, en fournissant des garants, en se mettant sous la protection d'un patron, assurer son inviolabilité; il peut aussi être reçu dans une des corporations; en effet, de ce que la communauté

---

1. LEHUÉRON, *Instit. Caroling.*, p. 15.

répondait solidairement de la réparation pécuniaire due par un de ses membres, il résultait pour elle le droit de recevoir dans son sein ceux qui demandaient à en faire partie, et réciproquement, celui d'expulser quiconque n'avait pas de biens suffisants pour répondre de ses crimes. En Germanie, ce sont les simples citoyens qui donnent l'autorisation de fixer son domicile, privilége qui de nos jours appartient au gouvernement; tout citoyen en effet en admettant l'étranger sous son toit lui conférait le droit de résidence. Le seul fait d'avoir passé trois nuits dans la demeure d'un Germain lie l'étranger à la famille et le fait entrer dans le système de solidarité, qui est la base de la société; il est libre alors et jouit de certains droits, car l'hôte qui l'a reçu est son garant; mais aussi, que de précautions doit prendre un Germain avant d'admettre chez lui un inconnu! C'est ce qui nous explique très-bien la coutume qui nous est rapportée par Tacite[1], d'indiquer à l'étranger, avant la fin du troisième jour, une autre demeure que la sienne afin de ne pas devenir responsable. L'étranger qui a trouvé des répondants acquiert par cela seul l'inviolabilité et une partie des droits dont jouit le national, mais ce n'est là qu'un droit purement relatif à l'égard de la famille qui l'a reçu : s'il veut acquérir un droit personnel qui l'assimile au citoyen, il doit avoir recours à la naturalisation.

Nous trouvons parfaitement établie en Germanie la naturalisation simple et la grande naturalisation. Par la naturalisation simple, l'étranger passe sous le patronage de la tribu qui le considère comme sien et l'englobe dans le système de protection qui est la base de la société germaine. Les formalités à remplir sont les

---

1. Tacite, *de moribus Germaniæ*, ch. XXI.

mêmes que celles auxquelles il a dû se soumettre pour
entrer dans la famille de son patron. La loi salique est
expresse sur ce point : « Si quis super alterum in villam
« migrare voluerit, et aliqui de his qui in villa con-
« sistunt eum suscipere voluerint, et vel unus ex his
« exstiterit qui contradicat, migrandi licentiam ibidem
« non habeat. — Si autem quis migraverit in villam
« alienam et ei aliquid infrà duodecim menses secundum
« leges contestatum non fuerit, securus ibi sicut alii
« vicini consistat [1]. » Celui donc qui a habité paisible-
ment pendant un an dans la tribu, sans qu'aucun
membre ait fait d'opposition, est définitivement admis
et jouit des droits privés des Germains. Mais par cette
admission l'assimilation n'est pas encore complète, on
refuse encore au nouveau citoyen certains priviléges
dont étaient seuls investis les nationaux : ainsi le droit
de porter les armes, le droit de se rendre au *mallum* et
d'y donner son avis et son vote. Tacite, dans sa *Germanie* [2], nous apprend que chez les Germains le droit de
porter les armes était le signe de la jouissance de la
liberté et de tous les droits qui y étaient attachés; pour
jouir de cette liberté, il fallait en avoir été reconnu digne
par la cité, qui pouvait s'y opposer si elle reconnaissait
que le réclamant ne pouvait être utile à l'État : « Nihil
« autem agunt nisi armati, dit l'historien romain, arma
« sumere non ante cuiquam moris quam civitas suffectu-
« rum probaverit. » Pour avoir la jouissance des droits
politiques, il faut obtenir le consentement de tous ceux
qui font partie de la corporation et avoir été solennellement admis par l'assemblée des guerriers. Il y a donc

1. *Lex salica*, tit. 77, nos 1 et 4., *de migrantibus*, tit. 18, § 2.
2. TACITE, *de moribus Germaniæ*, § 13.

deux espèces de naturalisation : par la première, en vertu de la décision de la tribu, l'étranger obtient la jouissance des droits privés; par la seconde admission prononcée par les membres du *mallum,* il acquiert tous les droits, tous les priviléges du citoyen germain. On rencontre quelquefois, mais fort rarement, des exemples de ces assimilations volontaires.

Une des tribus germaines devint peu à peu prépondérante dans la Gaule et refoula les autres peuples barbares : « Les Franks se firent les défenseurs de l'Occident civilisé. Ils prirent sur les périlleuses frontières de la Gaule la place des légions dans les rangs desquelles ils avaient combattu. Ils ne permirent pas que d'autres vinssent partager leurs conquêtes : ils se trouvèrent donc les ennemis naturels des invasions. Le reste des barbares qu'entraînait encore l'impulsion du siècle passé, vint échouer contre cet obstacle [1]. » Les peuples soumis reçurent parfois les lois du vainqueur, mais en général, les Franks victorieux, soit par politique, soit par respect pour des institutions d'une civilisation plus avancée, laissèrent aux Gallo-Romains et aux vaincus leurs lois personnelles. Chacun de ces peuples suivait le droit propre à sa peuplade, en même temps qu'il obéissait à des principes communs ou analogues à ceux qui étaient admis dans les coutumes des autres nations barbares [2].

C'était par la naissance que se déterminait la loi personnelle de chacun ; les enfants étaient soumis à la loi de leur père, les femmes à celle de leur mari pendant le mariage, et à leur loi nationale après le décès de celui-ci [3]. Quant aux enfants naturels, ils pouvaient

---

1. Ozanam, *Étud. german.,* t. 2, p. 64.
2. Marculfe, *form.* 1, 8, et *Capitul. de* 817, ch. 9.
3 *Lex Luitprandi,* 6, ch. 74. Lothar. 1 ch. 14.

choisir leur loi : « Justum est, dit Canciani [1], ut homo de
« ad ulterio natus, vivat qualem legem voluerit. » Mais
nous n'irons pas jusqu'à accorder à chacun, comme certains auteurs l'ont prétendu, la faculté de choisir devant le juge la loi à laquelle il voulait obéir, ce qui revient à décider que la volonté seule d'une personne la rendait apte à se naturaliser d'elle-même dans la tribu à la loi de laquelle elle se soumettait. C'est le système des *professiones legis*. En tout cas, le principe de la personnalité fut limité dans son application aux barbares qui habitaient la Gaule et qui acceptaient la domination franque, aux peuples d'origine et de mœurs si disparates qui composaient l'Empire, tels que les Gallo-Romains; quant à ceux que nous appellerions les étrangers proprement dits, les Pictes et les Scots par exemple, nés hors du territoire de l'Empire, leur condition ne devait point différer de celle que les coutumes barbares leur faisaient en Germanie. Dans cette nouvelle organisation : « Le premier rang dans l'ordre civil appartenait à l'homme d'origine franke et au barbare vivant sous la loi des Franks; au second rang était le barbare vivant sous la loi originelle; puis venait l'indigène libre et le propr. taire, le Romain possesseur et au même degré le lite ou le colon germanique; puis le Romain tributaire, c'est-à-dire le colon indigène; enfin l'esclave, sans distinction d'origine [2]. » Les conditions essentielles du plein exercice des droits privés étaient la liberté et l'indigénat, c'est-à-dire qu'il fallait faire partie comme homme libre d'un corps de peuple ou de cité reconnu dans l'État [3]. Cependant un homme vaut plus ou moins et a droit à un

1. CANCIANI, t. 6, p. 224.
2. AUG. THIERRY, *Hist. du Tiers-État*, p. 4.
3. KLIMRATH, *Trav. sur l'hist. du Droit franç.*, t. 1, p. 353.

werhgeld plus ou moins élevé selon qu'il est Frank, barbare ou Romain, colon germanique ou esclave, Aleman, Bavarois ou Saxon [1]. Quant aux droits politiques, il est probable qu'ils étaient réservés aux seuls Franks. Ceux que l'on considère et que l'on traite en étrangers ce sont les ennemis qui ne seront réduits qu'après de longues années et des luttes réitérées. Les *advenæ* ou *peregrini*, ce sont les Alemans, Burgondes, Visigoths, etc.

Sous les deux premières races, l'étranger est encore victime de coutumes inhumaines et il reste frappé de toutes les incapacités, on lui refuse notamment le droit de contracter un mariage valable avec une femme franke et d'avoir des enfants légitimes selon la loi des Franks. Par contre, le Frank jouit de nombreux priviléges, il est fier et avare de son titre. Pendant la période mérovingienne, on ne trouve que peu de traces de la naturalisation ; cette institution paraissait s'être perdue au milieu des secousses et des luttes qui ébranlèrent la société à cette époque. Tantôt nous voyons les idées romaines prédominer et être appliquées, tantôt au contraire c'est le principe germain qui triomphe, et lorsque les Carlovingiens s'emparèrent du pouvoir, la solidarité germanique existait encore et avait absorbé les institutions romaines. La loi salique renferme la défense faite aux étrangers de s'établir dans un *pagus* sans la permission de tous les membres de ce *pagus*, un seul refuse-t-il son consentement, cela suffit pour que l'étranger ait à quitter le canton. S'il ne s'en veut pas aller on lui signifie : « Ut inter decem noctes exinde exeat [2]. »

Nous devons signaler une importante révolution qui se produisit vers cette époque au point de vue des règles

---

1. *Lex salica*, t. XLIII, § 1, 4, 7 et 8 ; t. XII, § 3. *Loi des Ripua.*, t. VII ; t. XXXVI, § 1 et s.

2. *Loi salique*, t. XLVIII, § 1.

déterminant les nationaux d'origine. Ce changement ne se fit pas d'un seul coup, il s'opéra lorsque les tribus, abandonnant peu à peu leur vie nomade, s'établirent définitivement et se fixèrent au sol : l'extranéité ne résulta plus de la naissance hors de la tribu ou de l'association, mais bien hors du territoire. On trouve encore dans plusieurs lois [1] des traces de l'ancienne division par canton et du paiement du werhgeld ; cependant, de bonne heure, on ne considéra plus comme étranger que celui qui était né de parents non Franks et dans un pays non frank. A la mort de Charlemagne, l'extranéité, résultant de la naissance hors du territoire seulement, semble un fait acquis, puisqu'en partageant ses États entre ses trois fils, l'empereur déclare que, malgré la division de l'Empire, les habitants de chacune de ses parties ne seront point considérés comme étrangers par rapport les uns aux autres, et qu'ils se succéderont réciproquement comme avant la séparation.

Pendant la période féodale, la constitution sociale s'est complétement modifiée : on retrouve bien l'association des familles, mais elles sont soumises à un chef duquel elles dépendent et auquel elles reconnaissent des droits fort étendus ; il n'y a plus de citoyens, il n'existe plus que des sujets, des serfs ou des vassaux ; le pays se trouve morcelé à l'infini et divisé en une quantité de petits États ou provinces, et les seigneurs, tout en reconnaissant la suprématie du roi, se considèrent comme les seuls souverains de leurs domaines. Le Droit écrit ou Droit romain est particulièrement suivi dans le Midi ; dans le Nord, la France est régie par des coutumes,

---

1. *L. sal.*, *de migrantibus*. Édits de Clotaire II et de Childebert, de 595.

quelques-unes générales, mais variant le plus souvent avec les localités.

Dans le Droit coutumier, l'étranger est constamment désigné sous le nom d'aubain ou d'épave; il n'y a pas grande importance à employer une expression plutôt que l'autre, car le même droit rigoureux pèse sur l'étranger « né en prochains et en lointains lieux » du royaume [1].

Au commencement de la période féodale, aux jours où en France la souveraineté sur la terre emportait d'une façon absolue la souveraineté sur les personnes, on reconnaissait deux classes d'aubains.

Étaient d'abord considérés comme tels les individus même nés en France, mais qui quittaient la seigneurie, la châtellenie où ils étaient nés, pour aller se fixer dans une autre; et l'Église regardait comme étrangers ceux qui changeaient de diocèse, *qui diœcesim mutaverant*, de telle sorte que des Français en France étaient considérés et traités comme des étrangers, soumis au droit d'aubainage dans la nouvelle seigneurie ou le diocèse où ils venaient résider. A cette époque d'oppression, le vassal qui voulait fuir la domination de son seigneur était considéré comme un criminel et devenait serf; l'étranger *qui diœcesim mutavit* ne pouvait plus se faire naturaliser et devenait serf de son nouveau seigneur. Nous trouvons des traces de ces usages barbares de la féodalité dans les *Établissements* de saint Louis [2], les Coutumes de Londunais et de Saint-Cyran en Touraine, à une époque où chaque seigneur prétendait être un véritable roi dans ses domaines. Cependant on ne pouvait guère se déplacer sans sortir

---

1. BACQUET, *Droit d'aub.*, ch. 3, § 13, 18 et 19.
2. *Étab.* de SAINT LOUIS, L. I, § 87.

de la seigneurie où on habitait, et les besoins du commerce obligèrent les seigneurs de faire entre eux des traités de parcours et entre-cours. Bientôt il fut décidé que pour être soumis au droit d'aubainage, il faudrait passer de la châtellenie d'une baronnie sur celle d'une autre baronnie et non plus seulement d'une seigneurie dans une autre; puis on admit que les personnes qui changeaient de résidence ne seraient plus condamnées au servage, qu'elles pourraient acquérir la bourgeoisie dans le lieu nouveau où elles s'établiraient, en y résidant un an et un jour, ou en déclarant leur intention d'y fixer leur domicile[1]. On arrivait aux mêmes résultats par l'aveu, seulement il n'était pas possible au serf de s'en servir pour se soustraire à son état. Cette institution se répandit de tous côtés, mais elle fut elle-même remplacée par les conventions qui se généralisèrent entre seigneurs et qui permettaient de voyager sans perdre sa liberté et ses droits : grâce à ces traités de parcours, on devenait *ipso jure* bourgeois du nouveau seigneur, bourgeois de parcours, et on n'encourait plus de déchéance. Ce n'est guère que vers le xive siècle, sous Philippe-le-Bel, que cette anomalie de comprendre des Français d'origine parmi les étrangers disparut à peu près complétement. L'influence des légistes, l'émancipation des communes y contribuèrent, et enfin surtout l'abaissement de la féodalité, sous les progrès incessants de la royauté, car le roi ne reconnut plus comme aubains que ceux qui étaient nés hors du royaume.

Si par le changement de seigneurie on perdait sa qualité de Français, à plus forte raison à l'origine ceux qui quittaient la France cessaient de compter parmi les

---

1. LOYSEL, *Inst. coutum.*, L. I, t. I, Reg. 21.

nationaux : on n'avait pas idée alors de ces exils temporaires qui ne sont pas des abdications de la patrie, mais que nécessitent les relations commerciales. Les croisades eurent pour heureux résultat de rapprocher les différents peuples et le commerce en reçut un premier élan ; on fut amené naturellement à distinguer entre ceux qui abandonnaient leur patrie pour toujours et ceux qui emportaient l'espoir d'y revenir : Pothier établit cette distinction ; on en vint enfin à proclamer que les établissements de commerce n'excluent jamais l'esprit de retour, et même, dans certains cas, il faudra une intention bien formellement exprimée pour qu'on ne le suppose pas conservé.

Le seconde classe d'aubains est celle à laquelle peut s'appliquer la définition de Loysel : « Aubains sont estrangers qui sont venus s'habituer en ce royaume ou qui en estant natifs s'en sont volontairement estrangés. » En un mot ce sont les étrangers proprement dits, on les appelait mécrus ou méconnus comme ne pouvant être crus sur leur origine. C'était une habitude chez les peuples barbares de réduire en servitude l'étranger qui venait s'établir dans un pays qui n'était pas le sien ; des traces de ces mœurs de la Germanie se retrouvent pendant la féodalité : les seigneurs appréciant cet usage très-lucratif l'appliquèrent aux aubains. Tout étranger qui s'établissait dans le domaine d'un seigneur devenait le serf de celui-ci, il devait reconnaître son nouveau suzerain dans l'an et jour à peine d'amende, de confiscation ultérieure ; il ne pouvait transmettre sa succession qui était dévolue au seigneur ; comme le serf, il était taillable et corvéable à mercy et miséricorde[1], comme lui il pouvait être poursuivi par

---

1. MAYSER, *Practica forensis.*

le seigneur et être revendiqué quand il avait quitté sa seigneurie[1]. La Coutume de Châteaudun le dit formellement : « Si aucun aubain, autrement appelé un advenu, est demeurant par an et jour dedans ladite chastellenie sans faire adveu de bourgeoisie, il est acquis serf au dit seigneur[2]. » Les aubains virent leur condition s'améliorer progressivement : de serfs ils devinrent libres, mais au profit de la royauté qui avait pris leurs intérêts entre ses mains. Les légistes parvinrent à faire triompher ce vieil adage tombé en oubli que le roi est le patron des étrangers, et ceux-ci se trouvèrent placés sous l'avouerie et protection du monarque, excepté si, dans l'an et jour, ils avaient fait aveu au seigneur ; enfin la royauté fit un dernier pas en affranchissant les étrangers, en leur défendant de reconnaître un autre seigneur que le roi[3]. Quant aux aubains, bien que leur position personnelle fût améliorée, qu'ils ne fussent plus assujettis à la servitude de corps, ils restèrent frappés, au profit du roi, de nombreuses charges pécuniaires sous le nom de droits de chevage, de formariage, d'aubaine ou d'escheoite, et longtemps après qu'on eut admis l'étranger à l'exercice du droit des gens, on professait encore cette maxime : qu'il vivait libre en France mais qu'il y mourait serf.

Pendant cette période, alors que les seigneurs sont autant de petits souverains, indépendants du roi dans leurs domaines et y percevant les droits d'aubaine[4], ils usèrent souvent du droit de conférer la naturalisation. De même qu'on pouvait être reçu bourgeois du roi, on pouvait se faire déclarer bourgeois de tel ou tel seigneur.

---

1. Ducange, v. *Albani*.
2. Voir en ce sens la *Coutume de Champagne* du xiiie siècle.
3 *Étab.* de Saint Louis, L. I, chap. XXXI.
4. Loysel, *Inst. coutum*, L. 1, t. I, R. 42 s. et 49 et. s.

Après l'établissement des Communes, la bourgeoisie existe encore, seulement on pourra devenir aussi bourgeois d'une ville. A cette époque, on peut grouper les villes en trois catégories suivant leur législation ou leur forme d'administration. Au Midi, les municipes ont conservé le Droit romain ; la naturalisation se fait suivant les anciennes règles de ce Droit : « Municipalem aut nativitas facit, aut « manumissio, aut adoptio[1]. »

Au centre, ce sont les villes de bourgeoisie soumises au régime féodal ; l'aveu et la résidence d'an et jour y prévalurent. Une Ordonnance de 1287 détermina les formalités à remplir pour l'acquisition de la bourgeoisie, ainsi que la situation faite au nouvel admis vis-à-vis de son ancien et de son nouveau seigneur. Après avoir été faire sa demande au prévôt conformément aux termes de l'Ordonnance : « Sire, je vous requiert la bourgeoisie de cette ville et suis apparellez de faire ce que j'en dois faire », l'étranger qui a résidé dans la cité depuis la Toussaint jusqu'à la Saint-Remy et qui pendant ce temps a fait construire ou a acheté une maison valant au moins 50 sols parisis, devient *ipso facto* bourgeois de la ville et signification en est faite au seigneur qu'il a quitté[2]. Ce titre fut très-recherché et des princes même le demandèrent. Pour citer un exemple entre mille, rappelons ce fait historique d'un roi de Navarre demandant le titre de bourgeois de la ville d'Amiens. Il nous paraît intéressant d'indiquer comment on pouvait obtenir le titre de bourgeois de la ville de Nancy. D'après un code de police publié en MDCCLXIX : « Dans le but de remettre en mémoire *d'anciens règlements*, à ce qui provient vraisemblable-

---

1. L. 1. D., *ad Municip.*, 50. 1.
2. Guizot, *Hist. de la civil. en France*, t. V, leçon 15, p. 82.

ment de ce qu'ils sont tombés dans l'oubli, à cause de l'ancienneté de leurs dates : Art. 1er (titre II). Toutes personnes étrangères des villes et faubourgs de Nancy, de quelque état, qualité et condition elles soient, qui se proposeront de s'y établir, seront tenues auparavant de commencer leur établissement, de représenter au Lieutenant général de police, des certificats en bonne forme, donnés par les officiers principaux des lieux de leur dernière résidence, qui rendront témoignage de leur estat, profession, fortune, bonne vie, mœurs et conduite, et un extrait de leur mariage, également en bonne forme, si elles sont mariées ; lesquels certificats et extraits de mariage seront visés par ledit Lieutenant général de police. Art. 2. Après l'examen des dits certificats et extraits de mariage, les particuliers non nobles, ni privilégiés, se pourvoieront par devant les officiers de l'Hôtel de ville, à l'effet d'obtenir des lettres de bourgeoisie lesquelles ne seront néanmoins expédiées qu'à des personnes qui par leurs biens, leur profession et leur travail paraîtront pouvoir y subsister avec leur famille sans être à charge au public. » Les articles suivants assurent l'exécution de ces dispositions par des amendes prononcées contre les réfractaires, par l'obligation pour les propriétaires de déclarer les étrangers qu'ils logent, par le contrôle de la police et les perquisitions qui lui sont ordonnées. C'est ainsi que sans écarter de la cité tout étranger, on l'oblige, moyennant finance, à se pourvoir de lettres de bourgeoisie, ou du moins on arrive à constater sa présence, on se débarrasse des gens sans feu ni lieu et le Lieutenant général de police est à même de prendre les mesures qu'il juge convenables pour la sécurité publique.

Au nord de la France féodale, on trouve les villes de Commune régies par les chartes communales. La Com-

mune se compose des citoyens d'une ville ligués pour
résister à l'oppression du roi ou des seigneurs, ils sont
liés entre eux par un serment et ils prennent le nom de
jurés : pour eux, ce titre de juré renfermait les idées de
devoir, de fidélité et de dévouement réciproque, exprimées
autrefois par le nom de citoyen. Pour être reçu membre
de la Commune, celui qui sollicitait cet honneur devait
prêter le serment qui le liait aux autres jurés[1].

La France resta ainsi morcelée et régie jusqu'au moment où la royauté, s'efforçant de centraliser autour
d'elle, se rendit enfin prépondérante et devint seule dis-
pensatrice des droits jusque-là exercés concurremment
avec les seigneurs ; une nouvelle législation générale
s'établit alors en matière de nationalité et de naturalisation. Sans doute les seigneurs essayèrent de résister aux
prétentions de la couronne et en fait ils s'arrogèrent
encore parfois le droit de naturaliser ; des provinces et
des seigneuries, jalouses de leur indépendance, refusaient
de reconnaitre le roi de France et s'opposèrent d'abord
aux sages empiétements du pouvoir royal ; mais tout
cela n'eut qu'un temps, et on peut dire qu'une fois que
le roi se fut attribué exclusivement les droits d'aubaine,
il eut par cela même seul le droit de prononcer la naturalisation ; les villes et les seigneurs durent renoncer à
accorder les lettres de bourgeoisie, le roi seul put conférer la qualité de Français par les lettres de naturalité.
(Ordonnance du 23 mars 1302.)

Nous venons d'assister au travail de ces quelques
siècles de transition, avant que la France eut conquis
son unité ; déterminons, dans cette nouvelle période de
la royauté, quels furent les principes admis par notre

---

[1] A. Thierry, *Com. sur l'Hist. de France*, ch. 5, p. 221 et suiv.

ancienne législation en matière de nationalité, c'est-à-dire quels sont les nationaux et les aubains à cette époque, quelles règles étaient appliquées pour la naturalisation. En principe, on est Français quand on naît en France. « Tout homme, dit Bacquet, natif hors du royaume de France, soit noble ou non noble, est aubain, c'est-à-dire estranger... De sorte qu'il faut considérer seulement si celuy qui veut succéder est né en France ou hors de France, non pas si les parents estoient Français ou estrangers[1] » Après lui, Pothier nous dit : « Les citoyens, les vrais et naturels Français sont ceux qui sont nés dans l'étendue de la domination française, dans nos colonies, ou même dans les établissements que nous avons à l'étranger pour la commodité de notre commerce[2]. » Il en résulte que du moment qu'on est né dans un pays relevant de la France, on est Français d'origine, *jure soli;* il n'y a pas à considérer si on est issu de parents français ou étrangers, ni si les parents étrangers étaient domiciliés dans le royaume ou n'y étaient que passagers, le fait de la naissance sur le territoire, même par hasard, suffit pour faire compter parmi les nationaux.

C'est par application de cette règle que l'enfant né en France, quoique de parents étrangers, leur succédait. On allait même plus loin, et on permettait à un autre enfant de l'aubain, étranger lui-même, de venir à la succession de son père avec son frère regnicole. La raison en était que le roi n'ayant plus rien à prétendre, le fisc étant

---

1. BACQUET, *Traité d'aubaine,* 5ᵉ p., ch. 10, nᵒ 8.
2. BACQUET, *it.,* 1ʳᵉ p., ch. 2, nᵒ 2. — POTH. *des pers.,* 1ʳᵉ partie, t. II, sect. 1ʳᵉ. — DOMAT, *Droit public,* L. 1, tit. VI, sect. 4, nᵒ 5. — BACQ., part. 4, chap. 31, nᵒ 6. — LEBRUN, *des succ.,* L. 1, ch. 2, sect. 4, nᵒ 14.

désintéressé dans le règlement de cette succession, on la partageait alors d'après les principes de l'équité[1]. C'est ce qui a fait dire à Lebrun : « Les enfants regnicoles valent à l'aubain des lettres de naturalité. » Il ne faut pas prendre ces mots à la lettre ; ce qui est vrai dans notre hypothèse, ne le serait plus s'il s'agissait d'une autre succession ou du droit de tester.

Tel était donc le principe : le lieu de la naissance détermine la nationalité. « La seule naissance dans le royaume, dit Pothier, donnait les droits de naturalité, indépendamment de l'origine des père et mère et de leur demeure. » C'était un principe simple et commode dans son application, mais peu conforme à la nature ; il fut suivi longtemps sans aucune exception. De ce qu'on appliquait uniquement le principe territorial pour l'attribution de la nationalité, on dut décider dans l'origine que les enfants du Français habitué hors de France, sans avoir perdu sa nationalité, nés sur la terre étrangère, étaient étrangers. Domat, dans son *Traité du Droit public*, est formel : « Les enfants d'un étranger qui naissent dans un État où leur père était étranger, se trouvent originaires de cet État ; ils en naissent sujets et y ont les mêmes droits de naturalité, comme si leur père avait été naturalisé. » On fit d'abord rétroagir les lettres de naturalité concédées à ces enfants, lorsqu'ils faisaient soumission de se fixer en France ; plus tard, dans l'état le plus nouveau du Droit ancien, apparaît le second principe, la nationalité fondée sur celle des auteurs de l'enfant, d'après l'origine de famille. La jurisprudence distingua d'abord si ces enfants étaient nés de père et

----

1. BACQUET, 4ᵉ part., ch. 31, nᵒ 6. — LEBRUN, *des succ.*, L. 1, ch. 2, sect. 4, nᵒ 14. —. POTH., *des pers.*, nᵒˢ 1, 2, 7.

mère Français, ou si l'origine française ne se rapportait
qu'au père, mais elle tendit peu à peu à donner les solutions les plus favorables pour l'enfant; les distinctions
disparurent et on déclara que celui qui est issu d'un
père d'origine française, quoique né en pays étranger,
est considéré comme Français. Les déclarations des
auteurs sont unanimes à ce sujet; Bacquet[1], Domat,
d'Aguesseau et Pothier l'établissent péremptoirement :
« Les Français nés dans un pays étranger, dit ce dernier, d'un père Français qui n'a pas établi son domicile
dans ce pays, ni perdu l'esprit de retour, sont aussi
Français. A plus forte raison celui qui serait né en pleine
mer, de parents français, doit-il être Français[2]. » Les
deux principes furent combinés, appliqués simultanément, et on peut même dire qu'il arriva un moment où
le dernier, celui de la filiation, commença à l'emporter
sur le premier, ce qui ouvrit la voie suivie par les rédacteurs du Code civil.

Étaient encore Français les habitants nés dans les
provinces réunies à la couronne, enfin les naturalisés.

Il n'y a plus comme aubains que les individus nés en
dehors du royaume et qui étaient venus s'y établir :
« Extraneus est extra regnum Franciæ natus et concep-
« tus », ou, d'autre part, les Français qui perdaient leur
nationalité en quittant la France sans esprit de retour
et se faisaient naturaliser à l'étranger. Enfin, nous
dit Bacquet, sont de même aubains « les personnes qui
ne sçavent dont ils sont nais, ne dont ils sont extraicts;
comme on pourrait dire enfans nouveaux nasquis
et gaignez par aucunes jeunes femmes désirant être

---

1. Bacquet, *du Droit d'aubaine*, ch. 39.
2. Pothier, *Traité des personnes*, 1re part., t. II, sect. 1re.

célés; et pour ce les font mettre aux huys d'aucunes églises avec du sel, en signifiant qu'ils ne sont pas batisez : ou autres enfants apportés d'étranges pays, comme enfant prins en guerre si jeunes qu'ils ne sçavent dire dont ils sont, ne les noms de père et mère; ou aucuns enfants légitimez descendus de bastards ou épaves, desquels le roi est héritier de tout quand ils trépassent, s'ils n'ont enfants légitimez : mais iceux enfants légitimez peuvent testamenter à leur plaisir et c'est ce qu'on dit aubains. »

Pour sortir de l'infériorité relative dans laquelle se trouvait placé l'étranger, pour acquérir l'état de naturel et de regnicole, en un mot, pour devenir citoyen (car cette expression n'avait pas encore le sens restreint de jouissance des droits politiques qu'on lui a donné depuis), celui-ci n'avait qu'un seul moyen, lorsqu'il ne pouvait se prévaloir de concessions générales que nous ferons connaître plus loin, se faire recevoir bourgeois dans le très-ancien Droit, au temps de Charles VI, et plus tard obtenir des lettres de naturalité : « Eût-il, dit Pothier, demeuré pendant plusieurs années en France, s'y serait-il marié, y aurait-il eu des enfants, y eût-il même obtenu l'autorisation de posséder des bénéfices ou d'y acquérir des offices, il n'y a que les lettres de naturalité qui lui attribuent sans réserve les droits de citoyen[1]. »

Les lettres de naturalité remontent à une époque où notre législation devenait moins rigoureuse pour l'aubain, lorsque le roi se fut attribué le droit exclusif de prononcer la naturalisation, malgré l'opposition des seigneurs. La forme de ces actes dépendait d'abord de la volonté royale; elles furent l'objet d'une Ordonnance

---

1. Poth., *des pers.*, 1re part., tit. II, sect. 3.

du 23 mars 1302, d'une autre Ordonnance de Louis XII, en 1498, et d'une déclaration de février 1720, d'après lesquelles elles devaient être obtenues du roi et n'étaient accordées qu'à des catholiques et sous la condition de résider en France; en partant, on était considéré comme abdiquant le bénéfice de la naturalisation, comme renonçant aux droits résultant des lettres de naturalité. L'Ordonnance de 1498 fixait la durée du séjour à un an et un jour. Avant de délivrer les lettres de naturalité, on s'informait si l'impétrant était un homme de bonnes mœurs et catholique. On admit quelques exceptions à ce dernier principe : ainsi, au XVII° siècle, on les concéda au maréchal de Saxe, quoique protestant, et plus tard à Law et Necker.

Créer un regnicole fut regardé comme un acte purement gracieux du souverain qui renonçait ainsi à ses droits sur la succession de l'étranger. Aucun seigneur ni juge, aucune cour souveraine, quelqu'étendus que fussent les droits qu'ils étaient habiles à conférer, ne put désormais accorder à l'étranger le bienfait de la naturalisation ; le monarque, seul dépositaire de la puissance souveraine, pouvait seul en exercer les prérogatives et effacer le vice de pérégrinité en recevant l'étranger au nombre de ses sujets. Ces lettres de naturalité que Bacquet appelle aussi lettres de civilité ou d'adoption[1], délivrées en grande chancellerie, devaient encore, pour être valables, « être enregistrées à la Chambre des comptes du roi et en la Chambre du domaine. » Ces formalités, usitées de tout temps, furent légalement consacrées par la Déclaration de Saint-Maur-les-Fossés, le 17 septembre 1582. Plus tard, un

---

1. BACQUET, 3° part, ch. 22, § 1°.

édit de décembre 1703 exigea en outre l'insinuation au greffe de la situation des immeubles appartenant à l'étranger ou au greffe du lieu de sa résidence; cependant un arrêt du 18 mars 1747 déclare que cette formalité n'est pas rigoureusement indispensable pour avoir droit de recueillir les successions ouvertes avant l'insinuation et qu'il suffit de l'enregistrement des lettres de naturalité. D'après Bacquet, il n'était pas nécessaire qu'elles fussent vérifiées au parlement ; cependant une jurisprudence contraire semble s'être établie, et les arrêts du 1 septembre 1738 et du 3 juillet 1833 exigent la vérification. Ces lettres étaient expédiées par le chancelier du royaume, cet usage constamment suivi devint formellement obligatoire par ordonnance du 22 mai 1723. Le roi, en accordant la naturalisation, perdait par cela même son droit d'aubaine; aussi, comme pour l'indemniser[1], le naturalisé était soumis au paiement d'un droit laissé à l'appréciation de Messieurs des Comptes, « qui taxaient quelques petites sommes telles que bon leur semblait », c'est-à-dire la composition à payer au roi. En général, cette finance était proportionnelle à la fortune apparente de l'aubain. A en croire Bacquet, « la finance que le roi reçoit est si petite, qu'elle n'est aucunement considérable et ne tourne au profit du roi en augmentation de son domaine, mais est appliquée par Messieurs des Comptes à œuvres pitoyables[2]. » Cette assertion est contredite par les faits, et les rois se servirent souvent de leur droit de taxe pour augmenter les revenus du fisc, notamment lorsque Henri III[3] et plus tard Louis XIV obligèrent les concessionnaires précédents à

---

1. Pot. 1re part., t. II, sect. 3, nos 50 et 51.
2. BACQUET, 3e part., ch. 23, n° 1, 2, 3, et 4e part., ch. 34, n° 13.
3. LOYSEL, *Inst. cout.*, tit. I. — Édit de Henri III, de 1587.

une confirmation do leurs lettres de naturalité, moyennant un nouveau droit, sous peine de déchéance.

Les lettres de naturalité assimilaient l'étranger au sujet du roi, il jouissait de tous les droits civils, il avait participation au droit public. « Par ces lettres, dit Guyot[1], l'étranger sera réputé naturel sujet et regnicole à l'effet de jouir de tous les droits, priviléges et franchises dont jouissent les vrais originaires Français et qu'il soit capable d'aspirer à tous les honneurs civils » : « His enim « litteris, peregrini seu advenæ fiunt cives et adsciti[2]. »

Il existait cependant encore quelques différences quant aux droits de succession ; de plus, les étrangers ne pouvaient être admis aux dignités d'archevêque, d'évêque ou d'abbé, eussent-ils déjà obtenu des lettres de capacité[3], ni être investis de bénéfices ecclésiastiques ou laïques. Ce principe, établi pour la première fois par un capitulaire de Charlemagne en 806, fut de nouveau consacré par de nombreuses Ordonnances[4]. Aussi Pothier nous dit : « Les étrangers naturalisés jouissent de presque tous les droits des citoyens, si l'on en excepte quelques dignités éminentes dans l'Église qu'ils ne peuvent occuper sans une permission expresse du roi. » Le Français d'origine est seul apte à obtenir un bénéfice quelconque ; par exception, quelques peuples avaient obtenu une dispense à cet égard : ainsi notamment, d'après un édit de septembre 1669, les Savoisiens peuvent, même sans être naturalisés, devenir concessionnaires de bénéfices en France.

Ajoutons que la naturalisation était personnelle et

---

1. *Répert*, v° Lettres de natur.
2. CHOPIN, *Traité du domaine*, L. 3, n° 28.
3. Ord. de Charles VII, de 1431. — Ord. de Blois de 1579, art. 1.
4. Ord. du 10 mars 1431, 13 juin 1499. — MOULINS, art. 76 ; Orléans, art. 17 ; Blois ; Villers-Cotterets.

ne profitait point aux enfants étrangers du naturalisé.

Du principe de la personnalité des lois on doit conclure que, sous l'ancien Droit, il n'y avait pas d'abord de système précis et fixe relatif à la naturalisation par bienfait de la loi, en vertu duquel la qualité de Français pût être réclamée comme un droit par certaines personnes sous des conditions potestatives de leur part. On trouve bien, il est vrai, des Ordonnances qui accordent ce privilége à certaines personnes, mais elles nous prouvent toutes que c'est à titre d'exception qu'il est concédé et non par suite d'un principe de droit commun. Cependant il existait deux cas où ce privilége était accordé de plein droit : 1° Lorsqu'un citoyen français avait quitté depuis longtemps le territoire, son retour en France suffisait pour lui rendre le titre et la qualité de Français avec effet rétroactif, et 2°, le fils d'un Français, naturalisé à l'étranger, pouvait, par sa rentrée en France et sur sa demande, acquérir le titre de Français [1]. Il était placé dans une situation exceptionnelle, et il rentrait, à cette condition seule, en possession de ses droits et du titre qu'il aurait eu sans l'expatriation de sa famille. Enfin, quelques Coutumes et entre autres celle de Bourgogne, décidaient que la femme étrangère devenait de droit Française par son mariage avec un citoyen français : « La femme de main-morte qui se marie à homme franc est Franche [2]. »

Pothier nous cite le fait comme admis sans conteste de son temps : « La femme, par le mariage, suit la condition de son mari, ce qui est fondé sur ce qu'elle est

---

1. Pot., *Tr. des pers.*, 1re part., tit. II, sect. 4. Bacquet, *Droit d'aub.*, 5e part., c. XXXIX, n° 5, et c. XXX, n° 26. Boyer, *Décis.* 13.
2. *Anc. cout. de Bourgogne*, t. 9, art. 7.

censée ne plus faire avec lui qu'une seule personne dont il est le chef. »

Certaines personnes originaires de provinces sur lesquelles le roi n'avait pas abdiqué ses prétentions, n'étaient pas traitées comme aubains ; les déclarer telles eût été implicitement renoncer au droit de souveraineté sur ces provinces : on leur octroyait des lettres de déclaration de naturalité par lesquelles on reconnaissait qu'elles avaient toujours été Françaises. Ainsi, par exemple, elles furent délivrées aux habitants de la Savoie (par lettres patentes du roi Charles IX, de 1566[1]) qui étaient nés dans ce pays alors qu'il appartenait au roi de France et qui depuis 1599, époque où on dut l'abandonner, vinrent habiter la France. Les autres Savoisiens, nés après la cession, durent, comme les aubains, demander des lettres de naturalité. Les Flamands, les Francs-Comtois, le Milanais, malgré les malheurs de la guerre, obtenaient aussi des lettres de déclaration, parce que l'orgueil national ne permet pas d'abandonner ses droits à la conquête, et on affecta de considérer comme Français les habitants de ces contrées. Il y avait des différences importantes entre ces deux sortes de lettres de naturalisation : les lettres de naturalité créant un état nouveau n'avaient aucune action sur le passé ; les lettres de déclaration avaient au contraire un effet rétroactif, elles ne faisaient que reconnaître un droit préexistant. Les premières étaient personnelles, les secondes s'étendaient aux enfants du naturalisé, nés hors du royaume. D'Aguesseau, dans son 32e plaidoyer, compare ces lettres de déclaration, quant à leur effet, au *jus postliminii* du Droit romain. Ces lettres de déclaration étaient aussi

---

1. Code d'Henri III, *des étrang. et suc. d'iceux*, L. 6, tit. IX.

accordées aux regnicoles « qui, par une longue absence, étaient réputés avoir abdiqué leur patrie, et sont revenus en France; ils n'ont pas besoin de lettres de naturalité, parce qu'ils ne sont pas étrangers, il leur faut des lettres de déclaration pour purger le vice de leur longue absence [1]. » Pothier semble en contester la nécessité : « Les Français, dit-il, recouvrent les droits de regnicoles en revenant dans leur patrie avec dessein d'y fixer leur demeure, car nous ne pensons pas qu'ils doivent être assujettis, comme le prétendent quelques auteurs, à prendre des lettres de réhabilitation, si ce n'est peut-être dans le seul cas où ils se seraient fait naturaliser en pays étranger pour effacer cette reconnaissance d'un nouveau souverain que celui de France. » Cette réintégration produit des effets pour le passé.

Nous avons vu qu'on perdait la qualité de Français d'abord par le seul changement de résidence ou en quittant la France, puis seulement lorsqu'on partait sans esprit de retour; la naturalisation acquise en pays étranger opère aussi *de plano* le même effet, il faut enfin y assimiler l'acceptation d'un bénéfice ou d'un office à l'étranger. Dans ces derniers cas, pour recouvrer la qualité de Français, il faut faire sa soumission de fixer son domicile dans le royaume et obtenir des lettres de réhabilitation ou de relief; elles profitent aussi aux enfants de l'ex-Français de retour, elles ont un effet rétroactif.

A côté de ces concessions individuelles dépendant du bon vouloir de la royauté, l'étranger pouvait parfois obtenir la qualité de Français en remplissant certaines conditions prévues par les Ordonnances, ou en vertu de

---

1. BACQUET DE FERRIÈRES, *Introd. à la prat.*, t. 2, p. 139, v. Lettres de déclaration.

concessions générales faites à des villes ou des industries qu'on voulait protéger : ainsi la naturalisation est reconnue en masse aux habitants d'Avignon qui, « par priviléges à eux octroyés par les rois de France, même par lettres patentes du roi Louis douzième, du huictième may mil quatre cent soixante et dix neuf, sont déclarez naturels regnicoles[1]. » — « Ceux qui sont natifs de Bar et du païs de Barrois, sont vrais et naturels subjects du Roy ; d'autant que le duché de Barroi est tenu en foy et hommage de la couronne de France, et le duc de Lorraine comme duc de Bar est vassal du royaume. Tellement que ceux qui sont natifs du païs de Barrois peuvent librement résider en France, et ne leur est besoin obtenir lettres de naturalité du Roy comme estant vrais et naturels Français[2]. » Les lettres de naturalité n'étaient pas nécessaires aux étrangers qui venaient s'établir à Lyon, à Toulouse, à Bordeaux ; le fait de leur établissement dans l'une de ces villes suffisait pour les naturaliser. En effet, nous dit Guy Coquille : « Aucunes villes de ce royaume ont lettres de privilége général par lesquelles les étrangers y venant demeurer sont naturalisés...., ces villes sont Lyon, Tholose et Bordeaux[3]. »

Vers l'année 1550, les marchands portugais, juifs convertis, dits nouveaux chrétiens, sont déclarés regnicoles.

Dans un but fiscal, Henri III, par édit du mois de septembre 1587, ordonna que tous les marchands, banquiers et courtiers résidant dans le royaume, seraient obligés de prendre des lettres qui devaient leur tenir lieu de naturalisation, à la charge de payer les sommes auxquelles elles seraient taxées ; on exigea même le paiement

---

1. Bacquet, *Droit d'aub.* VII, § 14.
2. Bacquet, *du Droit d'aubaine,* ch. VI, § 2, *in fine.*
3. *Comm. sur la cout. du Nivernais. Successions,* art. 24.

de cette taxe des étrangers déjà naturalisés, sauf déduction de ce qu'ils auraient déjà déboursé. L'acquittement de ces sommes conférait aux uns et aux autres les mêmes priviléges qu'aux Français.

Henri IV, en janvier 1607, déclare naturels et regnicoles les étrangers qui viendront travailler dans les manufactures françaises, notamment celles de tapisseries de Flandre établies tant à Paris que dans d'autres villes du royaume, sans qu'ils soient tenus de prendre des lettres de naturalisation ni de payer finance. Cet édit fut confirmé le 18 avril 1625 et le 31 décembre 1643.

Par lettres patentes du mois d'août 1664, Louis XIV déclare Français les étrangers qui auront travaillé pendant huit années à la manufacture de Beauvais et qui continueront de résider en France. Louis XV porta à dix ans le temps requis pour acquérir cette exemption[1]. La même faveur fut accordée par édit d'octobre 1663 aux ouvriers qui auraient travaillé huit ans à la manufacture de glaces, verres et cristaux, établie par le même édit. Enfin un autre édit de novembre 1667 déclara qu'on devait tenir pour vrais et naturels sujets tous ceux qui auraient travaillé à la manufacture royale de meubles de la Couronne, en l'hôtel des Gobelins.

Le service dans les armées de terre et de mer faisait acquérir, après un certain temps, les droits de citoyen français. Un édit du mois d'avril 1687 considérait comme Français tous étrangers qui avaient servi pendant cinq ans sur les vaisseaux du roi en qualité de pilotes, maîtres, contre-maîtres, canonniers, charpentiers, calfats et autres officiers, mariniers et matelots, à la condition de s'établir dans le royaume.

---

1. Arrêté du Conseil du 25 juillet 1722, art. 5.

Déjà le 13 février 1554, François Ier avait rendu une Ordonnance qui considérait comme Français tous les militaires servant dans l'armée française ; mais comme cette Ordonnance ne fut pas enregistrée dans les parlements, elle ne fut jamais appliquée généralement. En 1715, sous la régence du duc d'Orléans, elle fut renouvelée en faveur des gens de guerre catholiques qui auraient servi dix ans dans les armées françaises, à la condition de demeurer et mourir dans le royaume.

Enfin, tous les étrangers qui se transportaient dans les colonies françaises, dans la résolution d'y former un établissement fixe et durable, étaient ainsi naturalisés de plein droit.

Telles étaient les concessions qu'avait semblé exiger l'intérêt général ; en dehors de ces cas spéciaux, qui datent surtout des dernières années de la monarchie, le roi délivra peu de lettres de naturalité, car il perdait en même temps son droit d'aubaine. Pendant la période féodale, comme nous l'apprend Bacquet[1], on accueillit difficilement l'étranger. « Le nom de citoyen, dit-il, a été anciennement de tous peuples réputé excellent et honorable, en sorte qu'il n'a esté donné, octroyé ny communiqué à aucun estranger, sinon en reconnaissance ou rémunération de grande, rare et excellente vertu. » Les rigueurs de l'ancienne législation française ne constituaient pas d'ailleurs une exception, on les retrouvait dans les autres États et la plupart d'entre eux dispensaient d'une main avare la qualité de national.

Nous avons passé assez rapidement sur le régime féodal et sur notre ancienne législation, car nous avons hâte d'arriver à des temps plus rapprochés de nous, à des idées plus généreuses et plus actuelles.

---

1. *Droit d'aubaine*, 1re part., ch. III, no 1.

DROIT INTERMÉDIAIRE.

Pendant la période intermédiaire, qui date de la Révolution de 1789 et va jusqu'à la promulgation du Code civil en 1804, on ne peut pas dire que le principe de l'origine ou celui de la territorialité ait été appliqué d'une façon absolue; ils le sont en quelque sorte simultanément [1]. Ceux qui naissent en France de parents français comptent d'abord de droit parmi les nationaux dès leur naissance; quant à ceux qui sont nés de parents français, mais sur la terre étrangère, l'article 2, § 4, de la Constitution de 1791, leur permet d'acquérir la qualité de Français par une simple élection de domicile. D'autre part, les individus nés sur notre sol ou dans l'étendue de nos possessions, mais de parents étrangers, n'ont aussi que la même formalité à remplir pour devenir nationaux; c'est ce qu'établit formellement l'article 2, § 2 du titre 2 de la Constitution du 14 septembre 1791 : « Sont citoyens français ceux qui, nés en France d'un père étranger, ont fixé leur résidence dans le royaume. » Des dispositions analogues se retrouvent dans l'acte constitutionnel du 24 juin 1793 (art. 4), dans les Constitutions de l'an III (art. 8) et de l'an VIII (art. 2). Quant aux enfants naturels ou nés de parents inconnus, ils sont également Français; nous n'avons pour nous en convaincre qu'à nous reporter aux débats législatifs de la Constitution de 1791. Tronchet présenta alors un amen-

---

1. Cass., 5 mai 1862.

dement qui avait pour but de donner le droit de cité
aux enfants nés en France de parents inconnus, ou tout
au moins à ceux dont la mère était Française et le père
inconnu. Après avoir été adoptée en principe, cette proposition fut, il est vrai, retirée malgré les observations
de Prieur et de Thouret, mais on décida qu'il serait
mentionné au procès-verbal « que les bâtards ne peuvent souffrir aucune difficulté sur leur état [1]. » Au point
de vue de la naturalisation, mode d'assimilation de
l'étranger au national, la Révolution ne devait pas laisser subsister les entraves apportées jusque-là à l'admission de l'aubain, ces vestiges du temps passé qu'elle
s'efforçait de faire disparaitre et que condamnaient les
nouveaux principes de fraternité universelle et de philan-
thropie inscrits dans nos lois. La Constituante, composée
de législateurs élevés à l'école des philosophes libres-
penseurs, imbus des idées égalitaires, s'empressa de rem-
placer les institutions vieillies de la monarchie par des
maximes plus neuves et plus généreuses. Après avoir
proscrit les distinctions entre Français, elle devait aussi
proscrire, du moins au point de vue du Droit civil, les
inégalités créées par la différence de patrie, pensant avec
Jean-Jacques Rousseau « que les peuples doivent se
lier, non par des traités de guerre, mais par des bienfaits. » C'est sous l'impulsion de ces conceptions philanthropiques, certainement grandioses, mais peut-être chimériques, pour faire disparaitre les odieuses distinctions
de regnicoles et d'étrangers, que les droits d'aubaine et
de détraction furent abolis. Nous n'avons pas à blâmer
le décret du 6 août 1790 ; déjà les meilleurs esprits,

____

1. *Moniteur* du 10 août 1791.

Necker et Letrosne[1], avaient fait remarquer que pour
peu de profit c'était là un obstacle énorme à la prospérité
nationale, une entrave au commerce et à l'industrie;
qu'une source bien plus grande de richesses était enlevée
au pays en éloignant l'étranger; nous n'avons pas non
plus l'intention de critiquer la disposition de la Constitution du 3 septembre 1791, qui accorda la qualité de
Français à ceux qui, nés en pays étranger et descendants, à quelque degré que ce fût, d'un Français ou d'une
Française expatriés pour cause de religion, viendraient
demeurer en France et prêteraient le serment civique :
c'était en effet réparer une injustice en donnant à toutes
les victimes des édits de 1669, 1682 et 1685, le moyen
d'obtenir de suite un titre qui, malgré l'éloignement,
pouvait encore leur être cher. Mais ce qu'il nous est
permis de relever, ce sont les inconséquences de ces amis
de l'humanité; au moment où ils se montrent si bien-
veillants envers les religionnaires proscrits, lorsqu'ils
rendent la naturalisation accessible à tous les étrangers,
ce sont leurs frères qu'ils exilent; ils vont en effet déployer
contre les émigrés toutes les rigueurs des proscriptions
religieuses! Ce que nous avons encore à reprocher à cette
époque d'entraînement et d'enthousiasme, ce sont les
importantes réformes introduites d'une façon inconsi-
dérée pour la naturalisation. Inspirée par les ardents
apôtres de la réforme sociale, la France dit un jour à
l'étranger : « Tu as pris ta demeure sur mon territoire
et tu viens de choisir parmi les filles de mes sujets la
compagne de ton existence, celle pour qui tu quitteras
ton père et ta mère, celle qui sera la mère de tes enfants;

---

1. NECKER, *Administ. des finances*, 1783. — LETROSNE, *Administ.
provinciale*, L. 3, ch. II.

tu t'es créé ainsi parmi les miens une nouvelle famille qui te retiendra désormais par de puissantes attaches loin de ton pays. Ces affections saintes vont te faire Français de cœur. Je ne veux pas que ton épouse suive une condition qui, en réalité, n'est même plus la tienne. Elle ne deviendra pas une étrangère, mais tu deviendras l'un des miens. » Imbus de ces principes politiques et sociaux, les législateurs de la Révolution voulurent faire disparaitre toutes les distinctions que la féodalité avait établies entre le Français et l'étranger et firent table rase des sages mesures prises par ceux qui les avaient précédés dans la réglementation de la naturalisation [1].

La concession de la nationalité dépendait jusqu'alors de la faveur du chef du gouvernement, c'était une prérogative royale dont il faisait usage à son gré ; les lois nombreuses qui se succédèrent à cette époque introduisirent la naturalisation par l'effet de la loi ; on ne se contenta pas d'attribuer au pouvoir législatif le droit de naturaliser ; désormais l'accomplissement seul de certaines facultés potestatives de la part de l'étranger suffit pour l'investir d'un droit, pour lui faire obtenir *de plano* le titre de Français. Toutefois, dans les cas où l'on peut invoquer, comme droit acquis, la naturalisation par bienfait de la loi, elle crée un droit seulement pour l'avenir ; on ne rencontre plus nulle part les lettres de naturalité ou de déclaration qui contenaient la reconnaissance d'un droit préexistant, mais seulement des lettres de naturalisation sans rétroactivité.

Pour la première fois, la loi du 30 avril-2 mai 1790 décida que celui qui a rempli certaines conditions peut revendiquer la qualité de Français : il n'y a pas d'in-

---

1. *Moniteur* du 7 août 1790.

tervention du gouvernement, la volonté seule de l'étranger suffit pour le faire participer au bénéfice de la loi. Elle déclare que tout individu né hors de l'État, de parents étrangers, est réputé Français à la condition d'avoir, après cinq ans de domicile continu en France, ou acquis des immeubles, ou épousé une Française, ou formé un établissement de commerce, ou reçu dans quelque ville des lettres de bourgeoisie; pour l'exercice des droits politiques, on exige une condition nouvelle, c'est la prestation du serment civique. Des controverses se sont élevées sur le point de savoir si cette dernière formalité n'était pas elle-même nécessaire pour l'acquisition de la qualité de Français. Nous pensons avec M. Alauzet qu'aucune discussion sérieuse n'est possible à cet égard; il résulte de la simple lecture de la loi que l'exercice des droits politiques est subordonné à la prestation du serment civique et que l'étranger qui a satisfait à toutes les conditions prescrites sans avoir rempli cette formalité, n'en est pas moins réputé Français et jouit de tous les droits civils. Telle a été d'ailleurs l'opinion invariable de la jurisprudence[1].

La Constitution du 3-14 septembre 1791, connue sous le nom de Déclaration des droits de l'homme, maintint au titre II, art. 3, les dispositions de la loi de 1790 relatives à la naturalisation des étrangers; seulement la rédaction de cet article a semblé à certains auteurs

---

1. Cass., SIREY, 19, 1, 313 : « Attendu que la loi du 2 mai 1790 distingue entre les étrangers qui doivent être réputés Français et ceux qui veulent être admis à l'exercice de citoyen actif, qu'elle impose aux premiers deux conditions; que pour les seconds elle exige les mêmes conditions et en outre la prestation du serment civique... » — MERLIN, *Répert. Divorce*, 5. IV, § 18. — Cass., 27 avril 1819; 28 avril 1836. — *Contra*, COIN-DELISLE, art. 8, n° 12. Douai, 19 mai 1835.

exiger le serment civique, même pour la jouissance des droits purement civils. Telle n'est pas notre opinion : la loi de 1791 est une Constitution essentiellement politique qui ne se réfère qu'aux droits politiques et non aux droits civils, c'est une loi spéciale qui ne déroge en rien aux lois précédentes et qui en respecte les dispositions générales ; elle déclare seulement insuffisantes, pour obtenir le titre de citoyen français, les lettres de bourgeoisie accordées par les diverses cités du royaume, dont pouvaient se prévaloir les étrangers. A côté de la naturalisation de droit commun conservée par cette Constitution, l'art. 4 crée une naturalisation spéciale : il donne au pouvoir législatif seul la faculté d'accorder les lettres de naturalisation, mais il peut les conférer à un étranger sans autres conditions que de fixer son domicile en France et d'y prêter le serment civique. Ce nouveau mode d'assimilation investit le gouvernement du droit de déclarer citoyens français les étrangers qui, quoique ne remplissant pas les conditions exigées, se sont par leur mérite, leurs talents ou les services rendus à la France, montrés dignes d'obtenir ce privilége. Un an après environ, nous trouvons l'application de cette disposition dans un décret du 26 août-6 septembre 1792, qui confère le titre de citoyen à plusieurs étrangers. Il nous paraît intéressant de reproduire les motifs invoqués par le Pouvoir législatif, car ils donnent une idée exacte de l'esprit qui animait les législateurs de cette époque au point de vue de la naturalisation : « L'Assemblée nationale, considérant que les hommes qui, par leurs écrits et par leur courage, ont servi la cause de la liberté et préparé l'affranchissement des peuples, ne peuvent être regardés comme étrangers par une nation que ses lumières et son courage ont rendue libre ; considérant que si cinq ans de domicile en France suffisent pour obtenir à un étranger le titre de citoyen français, ce titre est bien plus justement dû à ceux qui, quel que soit le sol qu'ils habitent, ont consacré leurs bras et leurs veilles à défendre la cause des peuples contre le despotisme des rois, à bannir les préjugés de la terre et à reculer les bornes des connaissances humaines; considérant que s'il n'est pas permis d'espérer que les hommes ne forment un jour devant la loi, comme devant la nature, qu'une seule famille, une seule association, les amis de la liberté, de la fraternité universelle, n'en doivent pas être moins chers à une nation qui a proclamé sa renonciation à toutes conquêtes et son désir de fraterniser avec tous les peuples; considérant enfin qu'au moment où une Convention nationale va fixer les destinées de la France et préparer peut-être celles du genre humain, il appartient à un peuple généreux et libre d'appeler toutes les lumières et de déférer le droit de concourir à ce grand acte de raison à des hommes qui, par leurs sentiments, leurs écrits et leur courage, s'en sont montrés si éminemment dignes, déclare déférer le titre de citoyen français à...» (Suivent dix-huit noms parmi lesquels ceux de Washington, Kosciusko, Anacharsis Chlootz.)

La Constitution du 24 juin 1793 abrogea implicitement, en ce qui concerne notre matière, les deux lois que nous venons d'étudier, en modifiant les conditions qu'elles exigeaient. Elle va plus loin encore dans sa libéralité, elle fait un pas de plus dans la voie déplorable dans laquelle on s'était engagé. Il semble que le législateur ait voulu méconnaître à dessein la véritable nature de la naturalisation, et cependant il avait sous les yeux l'exemple des nations voisines qui se montraient avares pour accorder un pareil bénéfice et qui étaient loin d'adopter le système de réciprocité vers lequel la France avait en vain tenté de les pousser. En vertu de cette Constitution, l'étranger âgé de vingt et un ans accomplis, qui, domicilié en France depuis une année, y vit de son travail, ou acquiert une propriété, ou épouse une Française, ou adopte un enfant, ou nourrit un vieillard, tout étranger enfin qui sera jugé par le Corps législatif avoir bien mérité de l'humanité, est admis à l'exercice des droits de citoyen français. Il n'est plus même nécessaire que l'étranger déclare qu'il veut devenir citoyen français, la loi l'investit presque malgré lui, l'article 4 est formel [1] ; en outre, le pouvoir législatif conserve la faculté de conférer d'office ce titre aux étrangers qui lui paraissent s'en être rendus dignes pour un motif quelconque. Indépendamment des facilités créées par cette loi au profit de l'étranger qui aspire à devenir Français, il faut remarquer son silence à l'égard du serment civique : cette formalité n'est pas exigée, et son omission ne peut en aucun cas être opposée à l'étranger qui a acquis la qualité de Français sous l'empire de cette Constitution. La loi de 1791 fut donc abrogée, et il en résulta qu'un étranger put devenir Français sans le savoir, sans le vouloir, sans le demander, et par le seul fait d'une année de domicile en France. Quelque appréciation que l'on puisse porter sur le mérite d'une pareille extension, nous ne pouvons nous empêcher de penser avec M. Alauzet que sous l'empire de cette Constitution la naturalisation

---

1. Lyon, 10 nov. 1827. — Assises de la Seine, 1ᵉʳ août 1838. — *Contra*, DUVERGIER, *Coll. des lois*, t. V, p. 354, note 2. — Cass. 11 avril 1848.

2. Lyon, 10 nov. 1827. — ALAUZ., *De la qualité de Français*, p. 84. — *Contra*, Orléans, 25 juin, 1830. — Nîmes, 13 août 1841.

était imposée à l'étranger comme la nationalité est imposée au Français. L'œuvre de la Convention ne devait pas
vivre longtemps; du reste, ce système, exagération manifeste des idées philanthropiques, s'il eût prévalu, n'eût
pas tardé à tourner au détriment de la nation généreuse
qui le proclamait; mais il produisit plus tard, comme
nous le verrons, de fâcheux résultats : une fois la fièvre
de l'exaltation révolutionnaire passée, la réaction put
faire admettre avec facilité, contre ceux qu'on avait
voulu traiter avec une bienveillance sans exemple, des
règles beaucoup plus sévères que celles qui en fait étaient
pratiquées à leur égard avant la Révolution.

On s'aperçut bientôt que ce système ne pouvait
qu'être nuisible aux intérêts de la France, car c'est enlever du prestige à une nation que d'accorder trop facilement un titre qui doit être considéré comme une
faveur, un privilége et non un droit, pour celui à qui on
le concède. La Constitution du 5 fructidor an III (22 août
1795) inaugura un principe nouveau : d'après l'article
10, « l'étranger devient citoyen français lorsque, après
avoir atteint l'âge de vingt et un ans accomplis et avoir
déclaré l'intention de se fixer en France, il y a résidé
pendant sept années consécutives, pourvu qu'il y paie
une contribution directe, et qu'en outre il y possède une
propriété foncière ou un établissement d'agriculture ou
de commerce, ou qu'il y ait épousé une Française. » Cette
Constitution enlève au Pouvoir législatif le droit d'accorder à son gré la naturalisation; elle exige la déclaration préalable de l'intention de fixer son domicile en
France, déclaration qui est le point de départ d'un stage
ou résidence de sept années consécutives. On peut être
surpris de trouver ensuite l'obligation de payer une contribution directe; il nous suffira de remarquer que le

Français d'origine qui prétend au titre de citoyen, c'est-à-dire à l'exercice des droits politiques, doit aussi l'accomplir (art. 8 et 9). On a soutenu, avec raison croyons-nous, que les Français qui ne satisfaisaient pas à cette condition n'en perdaient pas pour cela leur qualité, mais étaient seulement privés des droits civiques; nous pensons, par identité de raison, que les étrangers pouvaient devenir Français et jouir des droits civils sans accomplir cette disposition, nécessaire seulement pour l'obtention des droits politiques[1].

Aux termes de l'article 3 de la Constitution du 22 frimaire an VIII (13 décembre 1799), un étranger devient citoyen français lorsque après avoir atteint l'âge de vingt et un ans accomplis et avoir déclaré l'intention de se fixer en France, il y a résidé pendant dix années consécutives. Cette Constitution supprime les conditions accessoires exigées par la précédente et qui servaient à indiquer chez l'étranger la volonté évidente de s'établir en France; on s'en tient désormais à sa déclaration, mais la loi devient plus sévère sur un point, elle élève le stage à dix années. Au bout de ce temps, la qualité de Français est acquise de plein droit.

Sous l'empire des lois républicaines, la naturalisation fut accordée sans examen à celui qui avait séjourné un certain temps en France, on en fit un droit que tout étranger pouvait exercer; sans doute, l'étranger a droit à la protection du peuple chez lequel il s'établit; comme le disait au siècle dernier l'illustre chancelier d'Angleterre : « Naturalisez vos amis, puisque les avantages en sont palpables », on peut, dans l'intérêt de l'industrie et pour attirer les capitaux, approuver les dispositions

---

1. AUBRY et RAU, t. 1, p. 221, note 11.

de nos Constitutions dont la pensée est reproduite dans l'art. 1er du sénatus-consulte du 26 vendémiaire an xi (18 oct. 1802), ainsi conçu : « Pendant cinq ans, à compter de la promulgation du présent sénatus-consulte organique, les étrangers qui rendront ou qui auraient rendu des services importants à la République, qui apporteront dans son sein des talents, des inventions ou des industries utiles, ou qui formeront de grands établissements, pourront, après un an de domicile, être admis à jouir des droits de citoyen français »; mais on ne doit pas, par contre, tomber dans un excès contraire, abuser de l'emploi de la naturalisation; il ne faut accueillir que de véritables amis, il faut sauvegarder la nationalité, il faut craindre qu'un indigne puisse se glisser parmi les citoyens, il ne faut pas permettre au premier venu de venir participer au nom, aux traditions, à la gloire de la patrie. En exagérant des principes vrais et libéraux, les législateurs de la réforme devaient s'attendre à une réaction, et elle se produisit. Peu à peu le calme se fit dans les esprits et on vit bientôt les conséquences du nouvel état de choses : on s'aperçut que la France ne retirait aucun profit de sa générosité; qu'elle devenait l'asile de tous les démagogues et mécontents des autres pays; qu'au noble appel fait par l'Assemblée constituante aucune nation n'avait répondu; qu'au contraire cette mesure avait arrêté la marche progressive de l'ancien Droit vers l'abolition du droit d'aubaine, et que les Français seuls en pâtissaient. « C'est ainsi que souvent, en croyant corriger un abus sans faire attention à ce qu'il a d'utile et aux suites qui résulteront de sa suppression, on donne lieu à des inconvénients bien plus dangereux. »

A la suite de ces essais infructueux des théoriciens

des premières Assemblées républicaines, un revirement complet se produisit vers ces idées qu'on avait crues à jamais condamnées. Après avoir traité les droits abolis de barbares, d'insensés, on écrivait en 1803 : « Le droit d'aubaine n'est point un abus, c'est une suite naturelle du principe constatant que les étrangers ne sont point citoyens. Les traités qui en limitent les conséquences sont des exceptions à une maxime juste et légitime »[1]. Par un retour qu'on aurait pu prévoir aux anciens errements, s'inspirant des principes non plus philosophiques mais pratiques et utilitaires, abandonnant les brillantes utopies de l'Assemblée constituante et le rêve de la fraternité des peuples que les contrariétés innombrables d'intérêts empêcheront sans doute toujours de se réaliser, les rédacteurs du Code civil eurent la pensée éminemment nationale de faire prévaloir dans la loi positive les principes qu'ils croyaient utiles à la prospérité de leur pays, tout en maintenant néanmoins, au profit des étrangers, ces règles que la raison universelle des peuples civilisés proclame comme indispensables au développement des sociétés. La législation de 1804 fit revivre les anciennes incapacités qui pesaient sur les étrangers et modifia notamment les lois sur la naturalisation dans le même sens rigoureux; nous étudierons bientôt ces matières en détail dans notre troisième partie. Peut-être la réaction fut-elle trop violente, trop prononcée, c'est ce que sembleraient prouver les lois nouvelles qui, depuis la promulgation du Code, sont venues mitiger la rigueur de nos législateurs pratiques; nous attendons, pour donner notre jugement, que nous en ayons étudié les dispositions.

---

1. *Pandectes françaises*, t. Ier, p. 134 et 135.

TROISIÈME PARTIE.

DROIT CIVIL FRANÇAIS.

Il résultera du rapide exposé que nous ferons des Codes étrangers sur notre matière, qu'il existe dans les diverses législations, pour déterminer les nationaux, des dispositions incompatibles entre elles, contradictoires, qui viennent se heurter les unes contre les autres et qui, notamment, sont contraires à la loi française. Il serait sans doute désirable de voir un accord parfait régner dans des questions si graves, si importantes, et nous souhaitons, sans l'espérer, voir un jour se réaliser cette harmonie par l'adoption de principes généraux communs à toutes les nations. Mais nous sommes bien loin du but de nos désirs, et récemment encore, lorsqu'il s'est agi d'interpréter les dispositions du traité de 1871, nous verrons qu'il y a eu deux doctrines, une de chaque côté de la frontière, et que cette pensée de Pascal est toujours vraie : « On ne voit presque rien de juste et d'injuste qui ne change de qualité en changeant de climat ; trois degrés d'élévation du pôle renversent toute la jurisprudence. » Aussi, avant que ce grand problème, peut-être irréalisable, soit accompli, il nous faut rester dans la réalité et constater qu'aujourd'hui chaque législation est indépendante et maîtresse souveraine dans le pays qu'elle doit régir, mais qu'en dehors de ces limites elle perd toute autorité, elle n'est plus qu'une lettre morte. Quelle en est la conséquence? C'est, par exemple, que celui qui est né de parents français sur un territoire étranger, est Français, mais qu'il peut être à la fois considéré comme sujet de l'État où il a vu le jour, lorsque le principe territorial y est en vigueur, comme en Angleterre, en Sardaigne, en Hollande; que celui qui s'est fait naturaliser Français conserve cependant parfois son ancienne nationalité, s'il était notamment originaire de certains cantons de la Suisse, ou que, sujet Anglais, il n'ait pas obtenu un acte du Parlement pour rompre l'allégeance qu'il doit au souverain; que le Français, par son établissement fait en pays étranger sans esprit de retour, devient étranger, sans acquérir le plus souvent une nouvelle nationalité; qu'en un mot, ou bien on peut avoir deux nationalités, ou n'en avoir aucune. Nous n'avons pas à nous arrêter plus longtemps aux obstacles qui naissent à chaque pas de l'examen comparatif des différentes législations, nous devons pour le moment laisser de côté les lois étrangères et nous placer uniquement au point de vue de la loi française; nous n'avons à nous occuper que des solutions données par le Code civil sans rechercher l'influence et les conséquences de ces décisions par rapport aux principes adoptés par les autres pays; nous n'avons qu'une seule question à résoudre et à examiner, c'est si, aux yeux de notre législation, on est considéré comme Français ou comme étranger.

CHAPITRE PREMIER.

Qui naît Français?

Pour déterminer quels sont les Français de naissance, le législateur de 1804, ayant à se prononcer entre deux systèmes opposés, successivement suivis, abandonna complétement le principe territorial pour adopter le principe personnel qui remonte à l'origine des auteurs de l'enfant, sans se préoccuper du lieu qui l'a vu naître: « Tout enfant né d'un Français, en pays étranger, est Français (art. 10, § 1). » Le seul fait de la naissance sur le sol de la France ne suffit plus dans notre législation actuelle, du moins jusqu'à la loi de 1851, pour conférer *de plano* la qualité de Français; par contre, du moment qu'on est issu de parents français, il n'y a pas à considérer si on est né en France ou à l'étranger. L'alinéa 1ᵉʳ de l'art. 10 du Code civil, que nous venons de citer, ne s'occupe, il est vrai, que de l'enfant né de parents français en pays étranger, mais on doit en tirer *a fortiori* la même conclusion pour celui qui est né en France d'un Français, et cela a semblé si naturel qu'on n'a pas cru nécessaire de le dire. « Que l'enfant, né d'un Français en France soit Français, disait Boulay[1], c'est une chose si évidente qu'il n'était pas besoin de l'exprimer. Mais à peine de faire de la France une prison ou un cloître d'où on ne peut sortir sans crime, on ne saurait priver de la même qualité, par une loi funeste, celui qui vient au monde sur une terre étrangère. A la paternité française est donc attachée d'une manière absolue, et

---

1. Exposé des motifs du tit. 1ᵉʳ du Code civil, 11 frimaire an x.

abstraction faite de toute autre circonstance, notre nationalité. » « On conçoit facilement, a dit aussi le tribun Gary[1], pourquoi le projet de loi ne s'occupe pas des enfants nés en France de Français. C'est bien pour ceux-là qu'est essentiellement faite la loi française et que sont établis les droits civils. » Pendant que nous critiquons la rédaction de l'art. 10, § 1, disons encore que les mots « d'un Français » sont trop restrictifs; il est plus exact de définir les Français de naissance : ceux qui sont issus de parents français, qu'ils soient nés en France ou à l'étranger.

La règle s'applique sans difficulté lorsque les père et mère sont tous deux Français tant à l'époque de la conception qu'à celle de la naissance, mais que décider lorsqu'ils sont de nationalité différente, ou si un changement est survenu dans leur patrie entre la conception et la naissance?

Il faut distinguer si l'enfant est légitime ou naturel. Si l'enfant est légitime ou légitimé, il suit toujours la condition de son père ; du reste, la mère aura en général la même nationalité (art. 12, C. c.), mais on n'a dans aucun cas à se préoccuper des changements qui auraient pu survenir dans son état. Le Code a gardé le silence à cet égard et par cela même a consacré les décisions du Droit romain et de notre ancienne jurisprudence. (*Arg. d'anal.*, art. 148, 373, 477, C. c.)

A quel moment doit-on se placer pour déterminer la nationalité de l'enfant? est-ce aussi, comme en Droit romain, au moment de la conception ? La question présente de l'intérêt si le père n'a pas toujours eu la même patrie

---

1. Discours du tribun Gary, le 17 ventôse an XI. — A. et R, T. I, § 69, note 1.

depuis la conception jusqu'à la naissance. Devrons-nous, dans ce cas, appliquer la maxime : *Infans conceptus pro nato habetur, quoties de commodis ejus agitur*, c'est-à-dire déclarer Français l'enfant conçu en légitime mariage d'un père Français à cette époque, mais qui, avant la naissance, serait devenu étranger ? La question est sujette à controverse : quelques auteurs ont soutenu que l'enfant devait suivre la condition de son père au moment de la naissance, et ils invoquent en leur faveur la lettre même des art. 9 et 10 du Code civil qui semblent s'attacher tout spécialement au fait de la naissance et ne parlent nullement de la conception. Jusqu'à ce que l'enfant ait vu le jour, disent encore les partisans de cette opinion, il n'est rien, il ne compte pas comme national; si parfois la loi le considère comme né en admettant une fiction en sa faveur, c'est au point de vue de ses intérêts pécuniaires, et elle a toujours eu soin de le dire expressément; or, ici, loin de le faire, elle a manifesté une volonté toute opposée dans son texte. Ne serait-il pas au reste étrange de séparer ainsi dès le début de la vie le père et l'enfant en leur attribuant des nationalités différentes ? Suivant MM. Richelot et Taulier [1], l'enfant pourrait, à son gré, choisir la nationalité qui lui paraîtrait préférable. Ces auteurs semblent avoir oublié que la nationalité d'origine se détermine non en vertu d'une option ou d'une manifestation de volonté, mais d'après la loi seule qui fixe elle-même d'une façon absolue si en naissant on est ou non Français; or, elle a toujours dû raisonner en admettant que *a priori* l'intérêt de l'enfant était d'être Français, sauf à lui à se faire naturaliser étranger si, dans une espèce particulière, il y trouvait

---

[1]. Richelot, I, 65, note 16. — Taulier, I, p. 104 et 105.

avantage. Une autre opinion, à laquelle nous nous rallions, décide qu'on doit consulter la nationalité du père au moment même de la conception; elle compte de sérieux défenseurs, notamment M. Demolombe [1]. On peut invoquer en sa faveur les précédents du Droit romain et de notre ancienne jurisprudence qui sont formels sur ce point; d'autre part, n'est-il pas plus naturel de rattacher l'enfant à son père à l'époque de la conception? Après ce moment, ils sont complétement indépendants l'un de l'autre, l'œuvre du père est terminée et il ne peut plus influer en rien sur le sort à venir de l'enfant. Supposons, en effet, que ce père meure quelques jours après la conception, personne ne met en doute que l'enfant ne suive sa condition avant la mort, il a donc déjà communiqué sa nationalité; si cependant on appliquait littéralement le Code, comme le veulent les partisans de la première opinion, il faudrait logiquement en conclure que cet enfant n'a pas de patrie, ou plutôt qu'il aura celle de sa mère, car au moment de sa naissance on ne peut le rattacher à son père qui n'existe plus. Personne n'a osé donner une pareille solution et admettre jusqu'au bout les conséquences auxquelles nos adversaires sont entraînés; il est plus simple de s'en tenir aux anciens principes que les législateurs ont sans doute voulu conserver, puisqu'ils n'y ont pas formellement dérogé. Il y a pour l'enfant, dès qu'il est conçu, un droit acquis et on peut du reste dans ce système expliquer les art. 9 et 10 du Code : le mot *né* y est pris comme synonyme de *issu*, et on n'a eu nullement en vue de préciser, en s'en servant, l'époque à laquelle on doit

---

1. DEMOL., t. Ier, 151. — DELVINCOURT, I, p. 22, note 4. — DURANTON I, 128. — A. et R., I, § 69, note 2.

se placer pour consulter la nationalité des parents. Chaque fois que l'intérêt de l'enfant l'exige, on doit lui permettre d'invoquer la maxime *infans conceptus.* N'est-ce pas dans notre hypothèse surtout qu'il y a lieu d'en faire l'application? (*Arg. d'analog.*, art. 312 et 315, art. 725, 906, 961.) Ainsi, l'enfant conçu avant que son père perde la qualité de Français, n'a pas besoin de recourir à l'art. 10, il est Français d'origine. La jurisprudence a consacré ce dernier système; il a été jugé notamment, en matière d'émigration, que les enfants nés après l'expatriation de leurs père et mère sont Français, si leur conception remonte à une époque antérieure à cette émigration [1].

En sens inverse, on peut supposer que lors de la conception de l'enfant le père est étranger, mais qu'il a acquis la qualité de Français avant la naissance, dans l'intervalle compris entre ces deux époques. L'enfant naîtra nécessairement Français, car on ne peut invoquer contre lui la maxime *infans conceptus,* fiction uniquement admise dans son intérêt; or, son intérêt, la loi française doit toujours le supposer, est de naître Français. Nous pensons même que l'on devra considérer la nationalité française comme communiquée, dès avant la naissance, au moment même où le père est lui-même devenu Français [2].

Pour l'enfant né hors mariage, *vulgo conceptus,* il suivait en Droit romain la condition de sa mère au moment de la naissance; on ne reconnaissait alors aucun lien entre l'enfant naturel et son père, mais aujourd'hui il faut distinguer s'il y a eu ou non reconnaissance de cet

---

1. Caen, 3 fév. 1813. — DEMOL., I. 157.
2. A. et R., I, § 69, note 3. — Cpr. DEMOL., I, 251.

enfant par le père, car elle aurait pour effet d'établir entre eux des rapports analogues à ceux de la paternité et de la filiation légitime.

Si l'enfant a été reconnu par son père seul et que sa mère soit incertaine, il suit la condition de son père; mais s'il a été à la fois reconnu par son père et par sa mère, lequel des deux imprime sa nationalité à l'enfant? On a donné à cette question des solutions contraires. Les uns, comme M. Duranton [1], prétendent que pour l'enfant né hors mariage, on doit toujours suivre la nationalité de sa mère sans s'occuper du père et de la reconnaissance; ils invoquent les décisions du Droit romain et de notre ancien Droit et trouvent que donner à l'enfant la nationalité du père comme effet de sa reconnaissance c'est introduire l'arbitraire. C'est, disent-ils, permettre au premier venu de conférer sa qualité de Français ou d'étranger, d'imprimer une nationalité à un tiers par un simple acte de reconnaissance; n'est-il pas toujours plus sûr de s'en rapporter à la maternité plutôt que de se fonder sur une paternité incertaine? doit-on innover lorsqu'aucune prescription formelle n'est venue autoriser une semblable interprétation ? En effet, le Code, en réglant les effets de la reconnaissance, n'a pas introduit des principes incompatibles avec la règle *partus sequitur ventrem;* ceux qui prétendent le contraire s'appuient sur ce que le père donne son nom à l'enfant reconnu, mais il faut remarquer qu'il en était déjà ainsi lorsqu'on décidait que l'enfant devait suivre la condition de sa mère. Le père, dit-on encore, a la puissance paternelle sur l'enfant reconnu de préférence à la mère. Oui, sans doute, parce qu'on a pensé préférable qu'il en

---

1. Dur., I, 123 à 126

fût ainsi pour le bien de l'enfant, mais ce droit est tout
à fait indépendant de la question de nationalité, et la
preuve, c'est qu'un Français, qui a perdu sa qualité,
conserve la puissance paternelle sur ses enfants français.
D'autres auteurs, avec M. Richelot[1], laissent à l'enfant
le choix pour la nationalité qui lui paraîtra la plus avantageuse. Nous avons déjà répondu à ce système que c'est
la loi qui détermine les nationaux de naissance et non
la volonté des intéressés; du reste, aux yeux de la loi
française, l'intérêt de l'enfant sera toujours d'être
Français. M. Coin-Delisle[2] émet encore un autre avis :
d'après lui, l'enfant ne suit la condition du père qu'autant que celui-ci est Français, mais s'il est étranger et la
mère Française, il ne veut pas « qu'une goutte de sang
français se détourne au profit des nations étrangères. »
Cette décision n'est pas logique et n'est fondée sur aucun
texte. Enfin le plus grand nombre des interprètes, et c'est
l'opinion que nous adoptons, rattachent exclusivement
à son père l'enfant doublement reconnu[3]. Le Code est
loin d'être muet sur la question, et il faut en chercher
la solution dans la théorie nouvelle de la reconnaissance
des enfants naturels qui a modifié ou abrogé l'ancienne
législation. Lorsqu'on invoque le Droit romain et l'ancien Droit, on fait trop facilement abstraction du changement complet introduit en cette matière par cette innovation législative; celui qui est l'objet d'une reconnaissance se trouve dans une situation toute différente et
nouvelle, il est dans une position intermédiaire entre la

---

1. Rich., I, 66.

2. C. D., n° 11.

3. Demol., I, 149. — A. et R., I, § 69, note 4. — Delvincourt, I,
p. 22. — Taulier, I, p. 101 et 102. — Toullier I, 259 et 260; II,
973.

condition du bâtard et de l'enfant légitime ; cet acte crée entre lui et celui qui le reconnaît des relations, des obligations mutuelles, des droits réciproques consacrés par la loi (art. 148, 158, 383, 756.) Or, ces conséquences sont déduites de la présomption que celui qui se déclare le père de l'enfant l'est véritablement ; pourquoi ne pas être conséquent et ne pas admettre la présomption comme vraie jusqu'au bout ? Sans doute, il peut y avoir des abus, et le droit qu'a l'enfant de contester sa reconnaissance peut paraître insuffisant, mais c'est une conséquence du principe admis par la loi en vertu duquel la filiation paternelle est une cause génératrice de la nationalité ; si on objecte qu'il est difficile à l'enfant de contester la paternité, c'est une critique de la loi qui peut être fondée et qui n'est pas applicable seulement à notre hypothèse, mais il ne nous appartient pas d'y toucher : *dura lex, sed lex.* Le père se trouve par la reconnaissance investi de la puissance paternelle, il est chargé de la personne et des biens de l'enfant, il lui donne son nom et il a toujours la prépondérance sur la mère, à l'exemple du père légitime ; pourquoi ne le préférerait-on plus lorsqu'il s'agit de donner la nationalité ? La loi a voulu, lorsque cela était possible, créer une famille à cet être déshérité ; elle a cherché, en le rattachant par un lien juridique, à rapprocher de lui l'auteur de ses jours ; elle a encouragé les reconnaissances ; ne serait-ce pas aller contre son but de donner au père et à l'enfant une nationalité différente ? ne serait-ce pas un moyen de les séparer, une cause de désunion ? Il faut que la paternité ne soit pas légalement connue pour qu'on puisse recourir à la filiation maternelle ; lorsqu'elle est établie, la mère ne peut l'emporter sur le père pour imposer sa nationalité à un enfant qui ne portera pas son nom. La jurisprudence s'est énergiquement affirmée dans le sens de cette dernière opinion [1].

Lorsque l'enfant naturel n'a pas été reconnu par son père, il est encore vrai de dire : « Patrem sequi non « potest, qui nullum habere intelligitur »; dès que sa mère est connue, l'enfant suit sa condition, bien qu'il n'y ait pas eu de reconnaissance de sa part.

Est-ce l'époque de la conception, de la naissance ou de la reconnaissance qui fixe la nationalité de l'enfant naturel ?

M. Duranton [2], qui fait toujours suivre à l'enfant né hors mariage la condition de sa mère, considère aussi uniquement l'époque de la naissance. Dans l'opinion contraire, qui fait prédominer la nationalité du père sur celle de la mère, lorsque tous deux ont reconnu l'enfant, on applique la maxime *infans conceptus* et on s'attache au temps de la conception, alors du moins que la reconnaissance a eu lieu avant la naissance ou même dans l'acte de naissance; si la reconnaissance du père n'avait eu lieu qu'après la naissance, lorsque la nationalité de la mère a déjà été communiquée à l'enfant, elle aurait pour résultat de lui imprimer la nationalité du père et de lui en faire changer au besoin. Certains auteurs sont portés à décider que l'effet ne sera produit que du jour où l'acte aura été passé, conférant ainsi une espèce de naturalisation; mais nous croyons qu'il y aura, au contraire, effet rétroactif, car c'est une nationalité d'origine que la reconnaissance donne à l'enfant, la seule d'ailleurs que nous reconnaissions au père le pouvoir d'attribuer. Même dans le cas où on doit appliquer la nationa-

---

1. Douai, 19 mai 1835. — Cass., 15 juil. 1810, rejet. — Caen, 18 nov. 1852. — Metz, 8 août 1855.
2. Dur., I, 122.

lité de la mère, par exemple lorsque seule elle a reconnu l'enfant, plusieurs auteurs[1] s'attachent encore uniquement au moment de la conception pour fixer la situation de l'enfant, et si nous supposons que, dans l'intervalle jusqu'à la naissance, la qualité civile de la mère ait changé, ils donnent le droit de se prévaloir de la maxime *infans conceptus*. Nous nous rangeons à cette manière de voir.

En résumé, nous admettons que l'enfant naîtra Français, pourvu que le parent dont il doit suivre la nationalité ait eu cette qualité à un moment quelconque depuis la conception jusqu'à la naissance.

Quelles règles doit-on appliquer aux enfants nés de parents inconnus, aux enfants incestueux et adultérins ? Aujourd'hui, bien que le principe territorial ne soit plus écrit dans nos lois, il reprend cependant son empire lorsqu'on ne peut appliquer celui de l'origine. La France, dans sa générosité, accueille les enfants trouvés sur notre territoire et les déclare Français, pourvu qu'ils soient nés sur le sol. M. Richelot[2] a soutenu que l'enfant né en France de parents inconnus n'est pas de plein droit Français, en vertu de son origine, parce qu'il peut être issu de parents étrangers. Cette hypothèse peut se réaliser, mais toutes les probabilités sont pour la supposition contraire et alors, dans le doute, il est préférable de s'y rattacher ; ne pouvant pas ici déterminer la nationalité de l'enfant par celle de ses auteurs, il est tout naturel de le faire en appliquant le principe territorial à défaut de l'autre. D'ailleurs, quoique le Code ne se soit pas expliqué

---

1. DEMOL., n° 151. — MARCADÉ, sur l'art. 8, n° 3. — *Contra*, DEMANTE, I, 65. — A. et R., I, § 69.

2. RICHELOT I, 66. — *Contra*, DEMOL., I, 151. — TAULIER, I, p. 101. — A. et R., I, § 69, note 6. — MERLIN, *Répertoire*, v° Français, § 1, n° 1.

sur ce point, et on peut reprocher cette lacune au législateur, il ne doit pas moins rester acquis qu'on accorde
à ces enfants la qualité de Français[1] : cela résulte des
discussions législatives de la Constitution de 1791, de la
loi du 4 juillet 1793, qui n'est pas abrogée et qui donne
le titre d'enfant naturel de la patrie aux enfants abandonnés, nés sur le sol de la France ; cette décision ressort
encore de la discussion au Conseil d'État du 6 thermidor
an IX, enfin du décret du 19 janvier 1811, postérieur au
Code, qui impose à cet enfant le service militaire,
charge inhérente à la qualité de Français, et par cela
même lui reconnaît cette qualité.

Quant aux fruits malheureux de l'inceste et de l'adultère, il faut, croyons-nous, distinguer avec MM. Guichard, Coin-Delisle et Dalloz[2] : si ces enfants se trouvent
forcément rattachés aux auteurs de leurs jours, dans les
cas rares où une reconnaissance forcée résulte de juge-
ments et d'arrêts, il faut leur appliquer ce que nous
avons dit pour les enfants naturels simples ; mais, en
général, la constatation de la parenté adultérine ou
incestueuse étant interdite, il faut les considérer comme
nés de parents inconnus, quand même ils devraient le
jour à des étrangers.

Tout individu qui se prétend Français de plein droit,
en vertu de son origine, est tenu pour l'établir de prouver que ses auteurs étaient Français. Il suffit même,
lorsque l'enfant suit la condition de son père, de faire
preuve que celui-ci était Français, et s'il doit prendre
la nationalité de sa mère, d'établir sa qualité ; pour arri-

---

1. Poitiers, 26 juin 1829.
2. GUICHARD, n°° 51 et suiv. — C. D., n° 11. — DALLOZ, *Droits
civils*, n° 78.

ver à ce résultat, il faudrait de même remonter aux
auteurs de ces père et mère et ainsi de suite. Or, le législateur n'a pas dû vouloir exiger une chose impossible;
nous pensons donc que la nationalité serait constante,
sauf la preuve du contraire[1], si on pouvait établir que
l'on a toujours eu, ainsi que l'auteur dont on invoque la
qualité, la possession d'état de Français[2]. Depuis la loi
de 1851, dans presque tous les cas, on arrivera beaucoup
plus facilement au même résultat en prouvant qu'on est,
ainsi que son père, né sur le sol de France, ce qu'il est
toujours aisé de constater.

L'article 1er de la loi des 7-12 février 1851 introduisit
un nouveau cas dans lequel on est déclaré Français dès
l'instant de la naissance; c'est une extension de la disposition favorable de l'art. 9 pour celui qui a vu le jour
sur le territoire français. Cet article est ainsi conçu :
« Est Français tout individu né en France d'un étranger,
qui lui-même y est né, à moins que, dans l'année qui
suivra l'époque de sa majorité, telle qu'elle est fixée par
la loi française, il ne réclame la qualité d'étranger par
une déclaration faite, soit devant l'autorité municipale
du lieu de sa résidence, soit devant les agents diplomatiques ou consulaires accrédités en France par le gouvernement étranger. » D'après cet article, l'individu né sur
le territoire, d'un père qui, lui-même, était né en France,
est de plein droit Français dès sa naissance; cette interprétation résulte d'une manière positive des débats législatifs : la première rédaction avait été faite au futur :
« Sera Français..., s'il n'a pas réclamé », mais sur la
proposition de M. Valette, on modifia le texte tel que nous

---

1. Cass., 26 janv. 1833.
2. A. et R., I, § 69, p. 233 et suiv. et note 9. — Cpr. DEMOL., I, 172.
— Cass., 30 mai 1834, rejet.

l'avons rapporté ci-dessus, afin de mieux faire ressortir que la nationalité française est acquise à l'enfant *a principio*, dès qu'il voit le jour. La qualité de Français, une fois imprimée par la naissance, ne se perd, en général, que par l'un des moyens énoncés aux art. 17, 19 et 21 du Code civil; il y a dans notre cas ceci de spécial que l'enfant investi du titre de Français peut y renoncer par une simple réclamation de la qualité d'étranger dans l'année qui suit sa majorité; il est Français, mais sous une condition résolutoire potestative de sa part, sa déclaration aura un effet rétroactif, et il sera considéré comme ayant toujours été étranger.

À l'expiration du délai fixé pour revendiquer une nationalité étrangère, le seul fait de l'inaction rend irrévocablement Français; il faut de plus admettre que les individus qui se trouvent dans cette situation ne sont pas pour cela exclus du bénéfice de l'art. 9, c'est-à-dire qu'ils peuvent dès leur majorité devenir de suite Français en renonçant au droit de répudiation ouvert par la loi de 1851 : en décider autrement serait aller contre le but de cette loi extensive et empirer parfois la condition de ces individus qu'on a voulu favoriser. Pour que la disposition de la loi de 1851 soit applicable, on n'exige aucune condition de résidence en France, soit de l'enfant, soit de ses auteurs; d'abord le texte n'en parle pas et M. Benoît-Champy l'établit dans son rapport [1] : « Vous remarquerez, dit-il, que votre Commission n'a pas maintenu, dans la proposition de MM. Raulin et Benoît-Champy, la disposition suivant laquelle le père de l'étranger, né en France, devait y résider ou être décédé y résidant, pour imprimer à son fils, également

---

1. *Moniteur* du 6 janv. 1851, p. 42.

né en France, la qualité de Français. Notre Code civil, notamment dans les art. 9, 13 et 14, contient, il est vrai, des dispositions analogues relativement à la résidence ; mais votre Commission, d'accord avec les auteurs de la proposition, a supprimé ces mots, afin d'éviter les difficultés, souvent délicates à résoudre, que soulèvent les questions de résidence, elle a préféré le texte net et précis que nous vous soumettons. » Il en résulte que l'on exige uniquement le fait de la naissance et du père et du fils sur le sol, fût-ce par accident ; il y a sans doute une présomption beaucoup plus forte en sens contraire : on peut cependant reprocher à la loi de s'être exposée à déclarer Français ceux que le hasard seul a peut-être amenés sur le territoire. D'autre part, il suffit, pour que l'enfant puisse bénéficier de la faveur de la loi de 1851, que l'un ou l'autre de ses parents soit né en France ; la loi n'exige pas en effet que le père et la mère de l'enfant soient tous deux natifs de France, mais qu'il soit issu d'un étranger né en France ; cette expression comprend la mère aussi bien que le père : *Genus masculinum complectitur et femininum*. L'individu né dans les conditions que nous venons de préciser, est, à tous les points de vue, considéré comme Français dès sa naissance, et nous pensons qu'il doit comme les naturels français être inscrit sur les listes du recrutement dès qu'il a vingt ans accomplis. la question cependant est controversée, et certains auteurs [1] admettent par exception qu'on ne pourra le soumettre à la loi du recrutement qu'après l'année de sa majorité, s'il n'a pas réclamé son extranéité. Cette opinion s'appuie sur le rapport de M. Benoît-Champy et prétend qu'il ressort de ses termes qu'on a

---

1. A. et R., I, § 70, note 23.

voulu assimiler l'enfant né en France d'un étranger, qui lui-même y est né, à celui qui réclame la qualité de Français d'après l'art. 9, et qu'ils sont également régis par l'art. 2 de la loi du 21 mars 1832. Est-ce bien là ce qu'a voulu dire le rapporteur? Il s'exprime ainsi : « La Commission a voulu laisser à la loi spéciale sur le recrutement le soin de régler l'appel et le tirage au sort des étrangers devenus Français, faute d'une déclaration d'extranéité, de même qu'ils sont réglés par l'art. 3 de la loi du 21 mars 1832, en ce qui concerne les étrangers devenus Français par l'effet de la déclaration prescrite par l'art. 9 du Code Napoléon. » Il nous semble que la Commission n'a rien prononcé et que le législateur a avec elle réservé la solution de la question au moment de la loi sur le recrutement ; mais en attendant ce texte spécial, on doit, pour être conséquent, décider qu'ils sont, comme les autres Français, appelés au tirage et au même âge, puisqu'en tous points il leur sont assimilés. Cette décision a été admise par de nombreux auteurs, parmi lesquels M. Valette, l'un des rédacteurs de la loi du 7 février 1851[1] ; elle a été suivie par l'Administration et consacrée, le 18 décembre 1851, par arrêt de la Cour de Douai.

L'innovation introduite par la loi de 1851 (art. 1er) n'est pas heureuse et nous ne saurions y applaudir ; elle bouleverse en effet tout le système suivi jusque-là par le Code et la loi de 1819, et nous ramène au temps de la naturalisation conférée de plein droit avec des garanties et des conditions en moins. Cette décision doit avoir pour résultat ou de rendre le gouvernement très-sévère à

---

1. DEMOL., I, p. 200. — VALETTE, *Explic. somm.*, p. 14. — DEMEN-GEAT, sur *Fœlix*, I, p. 96. — CAUWÈS, p. 10 et 11, *Modifications à apporter à la loi du recrutement.*

l'égard des étrangers qui veulent résider en France, ou bien, ce qui arrive plutôt, de les laisser arriver tous indistinctement à la qualité de Français au bout de deux générations. C'est une réédition déguisée du principe territorial, rejeté lors de la discussion du Code civil, seulement pour conférer la nationalité on exige deux naissances successives sur le territoire, celle du père et celle du fils. Un savant professeur nous montre combien ce système qu'on a remis en honneur est défectueux : « A une époque où les relations internationales sont fréquentes et nécessaires, régler la nationalité par le sol et non par les rapports de filiation, c'est faire entre les nations un échange continuel de nationaux, et, sous prétexte de constituer l'homogénéité de la famille française, la détruire en agglomérant des éléments disparates et passagers, sous un titre qui n'a de réalité qu'autant qu'il est soutenu par un esprit commun [1]. »

CHAPITRE II.

Comment on devient Français.

Ceux qui ne sont pas Français par la naissance peuvent acquérir notre nationalité par la naturalisation, en prenant cette expression dans son acception la plus large. Les Français naturalisés peuvent être groupés en deux catégories bien distinctes : la première comprend les étrangers qui, pour acquérir la qualité de Français, n'ont

---

1. BEUDANT, *de l'effet de la naissance en France (Revue crit. de lég.)*, 1856, t. IV, p. 70.

qu'à remplir certaines conditions, potestatives de leur part, et moins rigoureuses que celles exigées en général pour la naturalisation ordinaire, et ceux qui l'obtiennent *de plano* en vertu de la loi même. Nous rangerons dans une seconde catégorie ceux qui sont l'objet de la naturalisation proprement dite. Ces différents modes d'assimilation de l'étranger vont faire l'objet de notre étude en deux sections.

SECTION I.

Des Français naturalisés par le bienfait ou par l'effet de la loi.

Nous avons à examiner dans cette section les dispositions favorables de notre législation pour l'enfant né en France d'un étranger, pour celui qui est né d'un ci-devant Français, et pour l'enfant d'un étranger qui s'est fait naturaliser depuis sa naissance ; nous verrons enfin la naturalisation découlant de droit du mariage avec un Français et de l'annexion d'un territoire à la France.

Ce qui caractérise la naturalisation par bienfait de la loi, c'est qu'il n'y a aucune intervention du gouvernement ; l'intéressé n'a pas à lui adresser sa demande, ni de lettres de naturalisation à obtenir ; le titre de Français est offert par la loi elle-même, et accordé à la seule condition, pour celui qui veut faire valoir son droit, de remplir certaines formalités[1].

Dans les deux derniers cas, l'effet est produit instantanément par le fait seul du mariage ou de l'annexion, sans aucune autre condition.

---

1. Circulaire du 13 juillet 1811. — Cass., 1 mai 1836; 19 août 1811.

§ 1er. — Enfant né en France d'un étranger.

La naissance sur le territoire donnait autrefois à l'enfant de l'étranger la qualité de regnicole; nous savons que ce principe, issu de la féodalité, fut maintenu dans nos différentes Constitutions, jusqu'à la promulgation du Code civil, mais en admettant concurremment l'influence de la filiation. Nous avons déjà parlé des motifs qui pouvaient faire adopter ou rejeter le principe territorial : pour les uns, la souveraineté sur les personnes devait être la conséquence forcée de la souveraineté sur le territoire ; pour les autres, le hasard seul du lieu de la naissance n'offrait pas assez de garanties d'un attachement sérieux et durable à la patrie natale. « Un premier système, a dit le tribun Gary[1], tendait à déclarer cet individu Français, sans s'embarrasser de sa destinée et de sa volonté ultérieure. Puisqu'un heureux hasard, disait-on, l'a fait naître sur notre territoire, il faut que ce bonheur s'étende sur toute sa vie, et qu'il jouisse de tous les droits des Français. A l'appui de cette opinion, on citait l'exemple de l'Angleterre, où tout individu né sur le sol anglais est sujet du roi. — Les vues généreuses qui avaient produit ce système ont cédé à des motifs d'un ordre supérieur. On a reconnu qu'il serait trop injuste et trop peu convenable à la dignité nationale que le fils d'une étrangère, qui lui aurait donné naissance en traversant le territoire français, et qui, emmené aussitôt par ses parents dans le lieu de leur origine, n'aurait ni résidé, ni manifesté le désir de s'établir en France, y pût jouir de tous les bienfaits de la loi civile. Ces bienfaits ne sont dus

____

[1]. Discours du tribun Gary, le 17 vent. an xi.

qu'à ceux qui se soumettent aux charges publiques, et dont la patrie peut à chaque instant réclamer les secours et l'appui. C'est un devoir pour quiconque est adopté par la loi d'un pays de se montrer digne de cette faveur et d'associer sa destinée à celle de sa patrie adoptive en y établissant sa résidence. » En conséquence, on rejeta la première rédaction de l'art. 9 : « Tout individu né en France est Français[1] », le législateur a fait découler la nationalité de la filiation ; seulement il admit le nouvel art. 9 comme transaction entre les deux opinions en présence[2]. Comme l'a fait remarquer Merlin[3], il était juste de rendre à cet enfant le titre de Français accessible, car il aura souvent des sentiments d'affection plus vifs pour ce pays que pour la patrie de ses parents; de plus, l'éducation qu'il recevra le mettra parfois à même de préférer nos mœurs et nos institutions à des mœurs et à des institutions qu'il ne connaîtra qu'imparfaitement, qu'il pourra même complétement ignorer. « Ses premiers regards ont vu le sol français, c'est sur cette terre hospitalière qu'il a souri pour la première fois aux caresses maternelles, qu'il a senti ses premières émotions, que se sont développés ses premiers sentiments : les impressions de l'enfance ne s'effacent jamais; tout lui retracera dans le cours de la vie ses premiers jeux, ses premiers plaisirs : pourquoi lui refuserait-on le droit de réclamer, à sa majorité, la qualité de Français, que tant et de si doux souvenirs pourront lui rendre chère? C'est un enfant adoptif qu'il ne faut pas repousser quand il promettra de se fixer en France et qu'il y établira de fait son domicile : c'est la

1. LOCRÉ II, p. 58.
2. DEMOL., I, 146 et 166 *bis*. — BEUDANT, *Revue crit. de lég.*, 1856, IX, p. 57 et s.
3. MERLIN, *Rép.* vᵒ *Légitimité*, t. IV, § 3.

disposition de l'art. 9 », elle est ainsi conçue : « Tout
individu né en France d'un étranger, pourra, dans l'année
qui suivra l'époque de sa majorité, réclamer la qualité
de Français, pourvu que, dans le cas où il résiderait en
France, il déclare que son intention est d'y fixer son
domicile, et que, dans le cas où il résiderait en pays
étranger, il fasse sa soumission de fixer en France son
domicile et qu'il l'y établisse dans l'année à compter de
l'acte de sa soumission. »

L'enfant ne naît pas Français, mais grâce à cette
innovation législative, il pourra le devenir sans qu'on
puisse exiger de lui les formalités ordinaires de la naturalisation ou lui refuser cette faveur comme à un autre
étranger ; c'est un droit qu'il réclame et qu'on ne peut
lui enlever. L'article mal rédigé et obscur en plus d'un
point a fait naître de nombreuses controverses ; maintenant que nous connaissons l'esprit qui a présidé à sa
rédaction, nous allons l'étudier dans ses détails.

Et d'abord, quels sont les individus qui peuvent se
prévaloir du bénéfice de l'art. 9 ? « Tout individu né en
France », dit la loi ; il n'y a donc pas à distinguer entre
les enfants légitimes et les enfants naturels ; du reste,
cette solution est admise par tous les auteurs[2]. Mais si
l'enfant n'avait été que conçu en France et qu'il fût né en
pays étranger, d'un étranger, pourrait-il encore invoquer
l'article comme étant compris dans ses termes ? Nous ne
pensons pas qu'il puisse dans ce cas s'appuyer sur la
maxime : « Infans conceptus pro nato habetur, quoties de
« commodis ejus agitur » ; en premier lieu le texte est formel, il parle de la naissance sur le territoire comme d'une

---

1. *Exposé des motifs du Conseil d'État*, TREILHARD, 11 ventôse
an XI.

2. DUR., I, 122. — DEMOL., I, 162.

condition nécessaire, et s'il est vrai que la conception a pu faire naître un droit au bénéfice légal, il est ici subordonné à l'événement de la naissance; on applique la fiction *infans conceptus* lorsque l'intérêt de l'enfant l'exige; or, ici cet intérêt pourrait au moins être contesté; il faut reconnaître ensuite que cette règle qui laisse à un individu le droit de choisir sa nationalité est exorbitante, qu'il n'est pas permis par conséquent de l'étendre.

Quel a été du reste le but du législateur? La discussion au Conseil d'État ne peut laisser aucun doute à cet égard[1], c'est de faciliter l'acquisition de la qualité de Français à celui qui peut désirer adopter le pays de sa naissance : « Parce que la nature nous attache toujours au lieu qui nous a vu naître, et que l'éducation, jointe à cet attrait instinctif, a pu, en communiquant à l'étranger, dès son enfance, notre langue et nos habitudes, développer son affection pour la France. » Peut-on dire que le seul fait de la conception fasse naître les mêmes sentiments?

Quelles difficultés d'ailleurs pour la constater, pour établir une impossibilité physique de cohabitation en pays étranger ! Est-il à supposer que le législateur ait voulu se fonder sur quelque chose d'aussi incertain pour fixer une qualité aussi importante que la nationalité?

Plutôt que de s'en tenir à un fait obscur, qui peut donner lieu à de fréquentes contestations, il est bien plus naturel de penser qu'on a voulu s'en rapporter uniquement à la naissance, dont l'instant est connu, indiscutable, et qui en définitive est le moment à partir duquel on compte aux yeux des autres hommes; si on comprend que la conception soit le point de départ des rapports du père et de l'enfant, on ne comprend plus

---

1. LOCRÉ, II, p. 31.

quel lien elle peut faire naître entre l'enfant et son pays. La plupart des auteurs se sont du reste prononcés en faveur de cette opinion [1].

L'hôtel d'un ambassadeur est considéré, d'après le droit des gens, comme faisant partie du territoire de la nation représentée par cet ambassadeur, l'enfant né dans cet hôtel pourrait-il invoquer l'art. 9 ? Nous sommes porté pour l'affirmative, parce que si cet hôtel est censé un sol étranger, c'est en vertu d'une fiction admise relativement à la personne seule de l'ambassadeur, considéré comme représentant de sa nation; quand il s'agit de l'individu et non plus de l'ambassadeur, les principes du droit des gens ne peuvent influer sur les questions de droit civil; tellement que si on voulait l'assigner, on devrait le faire au parquet du procureur de la République et non à son hôtel [2].

Il n'y a pas à distinguer si l'enfant est né d'un étranger domicilié, résidant ou seulement de passage; dans tous les cas, il peut se prévaloir de l'article, sauf à en remplir les conditions. Certains auteurs ont prétendu que l'enfant issu d'un père étranger était Français d'origine lorsque cet étranger était domicilié en France avec autorisation [3], ou bien même qu'il y était établi sans autorisation, mais à perpétuelle demeure et sans esprit de retour dans sa patrie originaire [4]. Nous ne croyons pas nécessaire de nous arrêter à ces opinions devant la

---

1. Dur., I, 130. — Demol., I, 161. — Marcadé, art. 9, § 2. — Alauzet, *De la qual. de Fr.*, p. 17.—Dalloz, D. C., n° 133. — *Contra*, Richelot, I, p. 115.

2. Dur., I, 129. — Legat, p. 10. — Alauzet, *it.*, p. 19. — Delvincourt, p. 15, notes. — Dalloz, D. C., n° 129.

3. Delvincourt, t. I, p. 24, note 3. — *Contra*, Durant., t. I, 121. — Demol., I, 172, *in fine*.

4. Proud., I, p. 197 à 202. — Valette *(sur Proudhon, I, p. 200. note a)*. — Rodière, *Revue de lég.*, t. I, p. 303 et suiv. — *Contra*, Coin-Delisle, sur l'art. 13, n° 11. — A. et R., I, § 70, note 4.

généralité des termes de l'art. 9; de plus, on peut répondre que malgré l'autorisation de domicile le père de l'enfant n'a pas cessé un seul instant d'être étranger, et que, dans la seconde hypothèse, s'il a perdu sa première nationalité, il n'a rien fait pour en obtenir une nouvelle; or, jusqu'à ce qu'il ait rempli les formalités et conditions exigées pour être naturalisé Français, aux yeux de la loi française il reste étranger. Tous ces enfants d'un étranger sont dans la même situation : ils n'ont d'autre droit que d'invoquer l'art. 9, en se conformant à ses prescriptions.

La loi exige que la déclaration soit faite dans l'année qui suit la majorité; passé ce délai, on encourt une déchéance dont on ne peut être relevé même en invoquant un cas de force majeure; le délai est fatal[1]. La faveur accordée à l'étranger parce qu'il est né en France, est une dérogation aux règles de la naturalisation ordinaire; elle doit être interprétée strictement, et il ne faut pas oublier, dit M. Alauzet[2], « qu'en droit commun, c'est toujours par force majeure et non par sa libre volonté qu'on appartient à une nation plutôt qu'à une autre. »

Deux exceptions ont été admises à cette règle absolue par la loi du 22 mars 1849 ; voici les termes de l'article unique de cette loi : « L'individu né en France d'un étranger sera admis, même après l'année qui suivra l'époque de sa majorité, à faire la déclaration prescrite par l'article 9 du Code civil, s'il se trouve dans l'une des deux conditions suivantes : 1° s'il sert ou s'il a servi dans les armées françaises de terre ou de mer; 2° s'il a satisfait à la loi du recrutement sans exciper de son extranéité. » On a pensé que, dans ces deux cas, en acceptant sans récla-

---

1. Cour de Cass., 11 mai 1831, rejet.
2. *De la qualité de Français*, p. 18, n° 22.

mer le service militaire, l'étranger avait suffisamment manifesté sa volonté de devenir Français; que, si jusque-là il n'avait pas usé du bénéfice de l'art. 9, c'était par simple négligence, le plus souvent par ignorance de la loi, croyant peut-être avoir déjà acquis la qualité de Français par un séjour prolongé, par l'incorporation dans l'armée. On a voulu autoriser celui qui a volontairement accepté une des charges les plus lourdes de notre nationalité, qui a révélé des sentiments de dévouement pour la France, à remplir, même après l'année qui suit sa majorité, la formalité effective de la déclaration; il jouit pour le faire d'un délai illimité. La loi de 1849 s'applique à celui qui a fait partie des armées françaises de terre ou de mer ou de tout autre corps dans lequel on peut être considéré comme accomplissant le service militaire; il n'y a pas non plus de temps déterminé pour la durée du service qui peut varier d'après les catégories admises par la loi du recrutement. Seulement cette loi ne s'appliquera que dans des cas exceptionnels, lorsqu'un jeune homme sera compris par erreur sur les listes du recrutement, car, d'après les art. 2 et 32 de la loi du 21 mars 1832, il ne doit être appelé qu'après avoir fait sa déclaration et ne peut pas auparavant contracter d'engagement volontaire. Il eût été plus logique et rationnel de lui fournir les moyens d'invoquer la disposition favorable de la loi de 1849, en lui permettant de prendre du service. La situation prévue par la loi pourra se produire néanmoins, ainsi il suffit qu'un individu se trouve en possession d'état du titre de national, pour qu'il soit, jusqu'à preuve contraire, considéré et traité comme tel; il peut aussi arriver que par exception, comme dans la dernière guerre, des étrangers soient admis à servir dans les troupes françaises.

Une question importante est celle de savoir de quelle majorité a voulu parler l'art. 9 : est-ce de la majorité fixée par la loi française (art. 388), ou bien de celle reconnue par les lois du pays de l'étranger? Les interprètes sont loin d'être d'accord. Les uns[1] disent que le législateur n'a pu vouloir viser que la majorité du pays auquel appartiennent les parents de l'enfant, la majorité de sa patrie, car tant qu'il n'a pas accompli les formalités exigées pour devenir Français, il est étranger, et reste soumis pour son état et sa capacité à sa loi personnelle, à la loi étrangère; de plus, comme l'a fait remarquer M. Valette, en décidant que l'enfant doit se prononcer dans l'année qui suit sa vingt et unième année, on arrive parfois à ce résultat, qu'emmené dans son pays d'origine et majeur après cet âge, l'étranger pourra être empêché par ses parents ou tuteur d'accomplir à temps les formalités qui doivent lui conférer le titre de Français. Ces raisons ont séduit de savants auteurs; nous sommes d'avis cependant d'adopter l'opinion qui pense que la majorité indiquée est celle de la loi française[2]. Dans nos Constitutions précédentes, lorsqu'on a fixé un âge pour réclamer la qualité de Français, c'est l'âge de 21 ans qui a toujours été le point de départ; si on avait voulu déroger à cette règle constamment suivie, on aurait dû l'exprimer catégoriquement. Ne serait-il pas étonnant que le législateur ait fait dépendre des lois étrangères le délai fixé pour se prévaloir d'une faveur accordée par lui? Une législation étrangère pourrait donc influer

1. VALETTE, *sur Proudhon*, I, p. 180, note *a*. — DEMOL., I, 165. — DEMANTE, I, 19 *bis*, II. — FOELIX, *Revue du droit*, II, p. 339, note 2.

2. DELVINCOURT I, p. 22, note I. — DURANT. I, 129. — A. et R., I, § 70, note 5. — TAULIER, I, p. 103. — COIX-DELISLE, *sur l'art.* 9, n° 25. — RICHELOT I, n° 69. — DALLOZ, *Droits civils*, n° 131.

à son gré sur la nôtre! La seule loi qui ait autorité en France, c'est la loi française, et si par exception les rédacteurs avaient voulu consacrer cette théorie nouvelle, ils n'eussent pas manqué de dire: « Dans l'année qui suivra sa majorité telle qu'elle est fixée par la loi de son pays. » Dans le système opposé, il faudrait recourir aux lois étrangères, consulter les usages de tous les pays, ce qui serait difficile et occasionnerait une grande variété de situations différentes pour des individus dans le même cas; n'est-il pas plus simple de faire courir le délai pour tous à la même époque, et de vérifier la valeur de la demande du réclamant au seul vu de son acte de naissance. D'ailleurs, ou la majorité étrangère arrive avant vingt et un ans, nous ne croyons pas alors qu'on puisse, d'après l'esprit constant de notre législation, permettre l'option, cet acte si important, avant cet âge, on est généralement d'accord sur ce point; ou bien elle arrive après et alors nous rencontrons l'objection de M. Valette: L'étranger n'a pas la capacité nécessaire pour faire sa demande, il peut en être empêché et être privé du bénéfice de l'art. 9. Nous répondrons que dans ce système on tombe dans une véritable contradiction : on veut favoriser l'étranger né en France, et on exige qu'il attende la majorité de la loi étrangère, alors qu'un étranger ordinaire peut se faire naturaliser auparavant; la loi statue d'après ce qui arrive généralement, *de eo quod plerumque fit,* non pour les exceptions, et il est à présumer que les père et tuteur agiront toujours dans le plus grand intérêt de l'enfant; le législateur, du reste, n'a pas à se préoccuper de ce que sa loi peut parfois être rigoureuse pour un étranger. Cette dernière opinion trouve un nouvel argument en sa faveur dans la loi du 7 février 1851, qui, en exigeant que l'étranger né en France d'un étranger qui lui-même y est né, réclame la qualité d'étranger dans l'année qui suit sa majorité, a formellement déclaré qu'elle entendait parler de la majorité fixée par la loi française.

La déclaration faite en temps utile a-t-elle un effet rétroactif, au point de faire considérer l'étranger comme Français depuis sa naissance; ou bien obtient-il seulement cette qualité pour l'avenir? Deux opinions se sont élevées à ce sujet et une vive controverse s'est engagée. La question avait un grand intérêt avant la loi du 14 juillet 1819, car suivant qu'on accordait ou non un effet rétroactif à la déclaration de l'enfant, on lui reconnaissait ou on lui refusait le droit de prendre sa part dans les successions ouvertes et même déjà partagées; ce résultat n'est plus en jeu depuis l'abrogation des art. 726 et 912 du Code civil, les étrangers pouvant aujourd'hui succéder en France au même titre que les Français. Néanmoins, il y a encore intérêt à adopter l'une ou l'autre opinion, la condition de l'enfant et le sort des actes faits par lui avant la déclaration en dépendent. Ceux qui veulent donner à l'option la rétroactivité au jour de la naissance [1] disent que, d'après la première rédaction proposée, tout individu né en France était Français de naissance, que pour amener une transaction avec le Tribunat on introduisit une modification dans l'art. 9, et on admit qu'au lieu d'être Français de plein droit, cet individu le serait à condition d'en faire la demande; mais il a un droit acquis dès sa naissance, qu'il peut revendiquer, il a la qualité de Français

---

1. A. et R., I, § 70, note 10. — TOULLIER, I, 261. — VALETTE, *Explic. somm.*, p. 10 et suiv. — DEMOL., I, 163. — COIN-DELISLE, art. 9, n°° 3 et 5. — MERLIN, *Rép.*, v° Français, § 1, et Légitimité, IV, § 3, n° 3. — Paris, 11 déc. 1817. — Trib. de la Seine, 23 avril 1850. — Cass., 19 juillet 1818.

sous condition suspensive, et lorsque la condition se réalise elle a un effet rétroactif (art. 1179). Telle semble bien être la pensée du tribun Gary lorsqu'il dit : « Le bonheur de sa naissance n'est pas perdu pour l'individu né en France; la loi lui offre de lui assurer le bienfait de la nature, mais il faut qu'il déclare l'intention de le conserver. » On aurait, en un mot, laissé au fait de la naissance sur le sol tous les effets de l'ancien Droit, en y ajoutant seulement la formalité d'une déclaration. Le texte de l'art. 9, disent les partisans de cette opinion, milite en notre faveur, le mot *réclamer* exprime bien un droit antérieur qui existe et qu'on revendique, une qualité donnée par la naissance sous condition suspensive, à la différence du mot *recouvrer* qui, dans les art. 10, 18, 19, signifie une qualité perdue que l'on obtient à nouveau. Enfin on a pris soin, dans l'art. 20, d'énumérer les cas dans lesquels la rétroactivité est prohibée lorsqu'on acquiert la qualité de Français; en passant sous silence l'art. 9, on a manifestement déclaré vouloir le contraire. Ce qui a déterminé la jurisprudence à se prononcer dans ce sens, c'est l'abrogation des art. 726 et 912; on reculait auparavant devant la conséquence de la rétroactivité permettant de revenir sur des successions ouvertes peut-être depuis vingt-deux années. Ce motif ne devrait avoir aucune influence, lorsqu'on recherche l'intention du législateur; or, au moment où il a fait l'art. 9, l'incapacité des étrangers existait et il a dû raisonner dans cette hypothèse, c'est ce qu'il ne faut pas perdre de vue. Aussi nous pensons, malgré les raisons spécieuses qu'on a produites, que la qualité de Français ne sera acquise qu'à partir du jour de la déclaration de domicile et qu'elle n'aura pas d'effet rétroactif. Le système précédent pêche, suivant nous, en un point essentiel, c'est qu'il laisse

l'enfant en suspens sur sa nationalité jusqu'au moment
où il peut faire sa demande; pour admettre une pareille
inconséquence, il faudrait un texte précis qui n'existe
pas. Nous pourrions surtout argumenter des travaux
préparatoires et de l'historique de l'art. 9 que nous
avons rapporté plus haut; on lit notamment dans l'exposé des motifs : « Quant au fils de l'étranger qui reçoit
le jour en France, on ne peut pas dire qu'il ne nait pas
étranger. » Mais même en nous attachant uniquement
au texte de l'article, il faut reconnaitre que le mot *récla-*
mer n'a pas dans le vocabulaire du Droit le sens défini,
indiquant un fait préexistant qu'on veut lui donner;
la loi et les jurisconsultes l'emploient souvent comme
synonyme de *demander*. Il n'est pas non plus logique de
conclure du silence de l'art. 20 que l'on doive appliquer
la rétroactivité au cas prévu par l'art. 9; on pourrait,
en se servant du même argument, en décider ainsi pour
l'art. 21, et cependant personne n'a cherché à soutenir
que le Français qui a perdu sa qualité pour service
militaire à l'étranger, la recouvre avec effet rétroactif.
Pourquoi l'art. 20 s'est-il occupé des art. 10, 18, 19?
C'est que si le législateur ne s'était pas expliqué dans
ces trois cas, on aurait, comme dans l'ancien Droit, fait
rétroagir le recouvrement du titre de Français au jour
où il avait été perdu, avec effets dans le passé et non pas
seulement pour l'avenir; voulant innover et changer
l'ancienne législation, il était nécessaire de le dire formellement, au moins pour éviter toute discussion. Mais
pour l'art. 9, il n'y avait pas de législation antérieure
à abroger, et on ne pouvait supposer qu'il donnerait
lieu à quelque incertitude, car une personne qui acquiert
une qualité nouvelle, dont elle n'a jamais été investie,
ne peut pas être censée en avoir joui dans le passé;

une fiction légale pourrait produire ce résultat, mais les fictions ne se supposent pas; or, celle-ci n'est écrite nulle part. Il y a l'intérêt des tiers à sauvegarder; les droits qui rétroagissent engendrent des difficultés très-graves, aussi la doctrine et la jurisprudence sont en général d'accord pour éviter de les étendre. Ne serait-il pas étrange, d'autre part, que cet étranger qui n'a qu'un an pour réclamer la nationalité française et qui est moins bien traité que celui de l'art. 10, qui peut le faire toute sa vie, eût, de préférence à ce dernier, l'avantage immense de recouvrer tous les droits ouverts depuis sa naissance, comme s'il avait toujours été Français? Deux lois postérieures au Code fournissent encore un puissant argument en faveur de notre système : ce sont les lois de 1849 et de 1851 (art. 2) qui toutes deux ont eu pour but de rendre l'art. 9 plus souvent applicable; la première, dans deux cas, permet de l'invoquer même après l'année de la majorité; la seconde étend le bénéfice de l'article au profit des enfants du naturalisé Français nés avant la naturalisation. Pour être logique, dans le système que nous combattons, il faut nécessairement admettre que dans ces nouvelles hypothèses les intéressés seront rétroactivement Français; on arrive alors à ce résultat exorbitant, que des individus nés de parents étrangers en France et même à l'étranger, dont le père se fait naturaliser, alors qu'ils ont peut-être trente ou quarante ans et n'ont jamais résidé en France, sont cependant réputés Français dès leur naissance [1] !

---

[1] Durant., I, 199. — Richelot, I, 69. — Marcadé, art. 9, § 3. — Fœlix, *Droit internat.*, p. 11. — Delvincourt, I, p. 18. — Duvergier, *sur Toullier*, I, n° 181, note *a*. — Demante, I, n° 19 *bis* III. — Dalloz, *Droits civils*, n° 135. — Ducaurroy, Bonnier et Roustaing, I, 51.

Celui qui veut se prévaloir de l'art. 9 doit déclarer
devant un fonctionnaire français son intention de fixer
son domicile. Il semble naturel de croire que cette soumission [1] peut être faite à l'officier de l'état civil de la
résidence actuelle du déclarant ou, à son choix, de celle
dans laquelle il se propose de se domicilier. On peut fonder
cette opinion sur la discussion au Conseil d'État à la
suite de laquelle fut retranchée une disposition qui exigeait que la déclaration fût faite sur le registre de la
municipalité où le déclarant venait s'établir ; d'autre
part, le décret du 17 mars 1809, relatif à la naturalisation des étrangers, dit, article 2, que « la demande en
naturalisation et les pièces à l'appui seront transmises
par le maire du domicile du pétitionnaire au préfet qui
les adressera, avec son avis, au Ministre de la justice. »
Enfin, on peut encore appuyer notre décision sur l'Ordonnance de 1816 (5 juin). Cette compétence n'a
d'ailleurs rien d'exclusif ; si le déclarant est à
bord d'un vaisseau français, il peut s'adresser aux
personnes désignées dans les art. 59 et suivants du
Code civil ; s'il est sous les drapeaux, hors du territoire,
aux officiers indiqués et selon les formes des art. 88
et suivants ; enfin s'il réside en pays étranger, il peut se
présenter devant les agents consulaires ou diplomatiques.
L'art. 1er de la loi de 1851 est venu confirmer cette
manière de voir.

En dehors des conditions énoncées dans l'art. 9, il
n'est pas nécessaire que l'enfant obtienne des lettres de
naturalisation ; l'opinion contraire a cependant été sou-
tenue [2] et induite de la discussion au Conseil d'État [3].

1. DEMOL., I, 162. — ALAUZET, de la qual. de Fr., p. 18, § 23. —
DALLOZ, Droits civils, n° 131.

2. GUICHARD, Dr. c., n° 78. — DALLOZ, Dr. c., n° 128.

3. LOCRÉ, II, sur l'art. 10.

Ce qui nous semble trancher toute controverse, c'est la réponse du Garde des sceaux consulté sur les usages de la Chancellerie : « L'individu, dit-il, qui a usé en temps utile de la faculté accordée par l'art. 9 du Code civil, peut, sans le secours des lettres de naturalité, se prévaloir de la qualité de Français[1]. » Au surplus, peut-on ajouter de nouvelles conditions à celles qu'indiquent des articles spéciaux ? Peut-on supposer une lacune dans les articles 9, 10 et 12, puisque, lorsqu'on veut exiger l'autorisation gouvernementale, on le dit expressément dans les articles voisins 18, 19 et 21 ?

En résumé, l'enfant né en France de parents étrangers, doit pour devenir Français, sauf les modifications favorables des lois de 1819 et 1851 : 1° réclamer la qualité de Français dans l'année qui suit sa vingt et unième année ; 2° déclarer en même temps qu'il entend fixer son domicile en France ; 3° l'y fixer dans l'année de cette déclaration, s'il n'y est pas déjà établi. Jusqu'à sa majorité, cet enfant est traité comme étranger et il ne pourrait pas auparavant réclamer les avantages attachés à la qualité de Français[2].

§ 2. — Enfant né d'un ex-Français.

Nous venons de voir que le fait de la naissance sur le territoire était un motif qui avait paru assez puissant pour qu'on dût faciliter l'acquisition de la qualité de Français ; on a cru aussi devoir prendre en considération l'attachement probable pour la France de celui qui est issu de parents jadis Français, mais qui ont perdu

---

1. 13 juillet 1811.—Demol., I, 171. — A et R, I, § 70, note 9. — Coix-Del., n° 14. — Richelot, I, 68, note 18.

2. Paris, 30 juill. 1859. — Cass., 31 déc. 1860. — Contra, Trib. de la Seine, 28 avril 1810.

cette nationalité avant la conception de l'enfant. « C'est toujours du sang français qui coule dans ses veines ; l'inconstance ou l'inconduite du père n'en ont pas tari la source ; le souvenir de toute une famille n'est pas effacé par quelques instants d'erreur d'un père ; le fils doit être admis à les réparer, et peut-être encore les remords du père ont-ils mieux fait sentir au fils le prix de la qualité perdue ; elle lui sera d'autant plus chère, qu'il saura d'avance de combien de regrets la perte en est accompagnée [1]. » « La disposition est fondée, comme l'a dit le tribun Gary, sur la faveur due à l'origine française, sur cette affection naturelle, sur cet amour ineffaçable que conservent à la France les enfants d'anciens Français. Vainement un père injuste ou malheureux leur a ravi l'inestimable avantage de leur naissance ; la patrie est prête à le leur rendre, elle leur tend les bras, elle leur ouvre son sein, elle répare à leur égard l'injustice de leurs parents ou les rigueurs de la fortune. » On a pris en considération que cet enfant serait né Français si son père n'avait pas abandonné sa patrie ; on a pensé qu'il ne serait pas juste de lui faire porter la faute de celui-ci, d'autant plus qu'il est possible qu'il n'ait pas, pour le retenir à l'étranger, les mêmes motifs et les avantages personnels qui ont pu être offerts à son père ; cependant, comme il peut désirer rester étranger, avoir la même nationalité que l'auteur de ses jours, qu'il a pu s'attacher de préférence au lieu d'adoption de son père, on lui laisse le choix entre ce pays et la patrie de ses pères. L'art. 10, alinéa 2, porte que : « Tout enfant né en pays étranger d'un Français qui aurait perdu la qualité de Français, pourra toujours recouvrer cette

---

1. *Exposé des motifs de* TREILHARD, 11 ventôse an XL

qualité, en remplissant les formalités prescrites par l'art. 9. »

Déjà dans l'ancien Droit, celui qui était né d'un ex-Français était dans une situation privilégiée; s'il fixait son domicile en France et en obtenait des lettres de naturalité, on lui reconnaissait l'ancienne qualité de son père, même rétroactivement au jour de sa naissance, suivant Bacquet[1] et d'Aguesseau[2]. Aujourd'hui le Code civil permet à l'enfant du ci-devant Français de le devenir en accomplissant les formalités prescrites par l'art. 9; c'est un droit facultatif et non absolu qu'il faut réclamer pour obtenir. Ce titre, l'art. 20 est formel, n'est plus accordé que pour l'avenir, à partir du moment de la déclaration, et non pas avec rétroactivité pour le passé. Le mot *recourrer*, employé par le législateur, est donc impropre; celui qui est issu de ci-devant Français naît étranger, parce que ses auteurs sont étrangers, malgré leur ancienne qualité, et lorsqu'il acquiert le titre de Français, il est investi d'une nationalité nouvelle qu'il n'a jamais eue, et on ne peut pas dire qu'il en recouvre une qu'il avait perdue.

L'article 10, al. 2, est plus large pour ceux qu'il concerne que l'art. 9, car il peut être invoqué à n'importe quelle époque de la vie; il n'y a pas de délai fatal après lequel on encourt une déchéance; l'enfant d'un ex-Français pourra toujours se prévaloir de l'ancienne qualité de ses auteurs, même après l'année qui suit l'époque de la majorité, contrairement à ce qu'exige l'art. 9, seulement, comme dans ce dernier cas, la déclaration une fois faite est définitive, et on ne pourrait

1. *Droit d'aubaine*, ch. 40, n° 26.
2. 32° Plaidoyer.

plus la modifier suivant son intérêt ou son caprice, même avant d'avoir atteint sa vingt-deuxième année[1].

Mais par le mot *toujours* entend-on permettre à l'enfant d'un ci-devant Français de réclamer à toute époque la qualité de Français, même avant sa majorité? Quelques auteurs[2] ont soutenu l'affirmative et permettent en conséquence au tuteur ou curateur d'agir au nom de leur pupille et de demander pour lui la naturalisation pendant sa minorité. Il suffit, pour répondre à ce système, de se pénétrer de l'esprit qui a constamment animé le législateur en cette matière : dans les cas où il est permis de choisir sa nationalité, il est certain qu'on a voulu qu'au moment de l'option le déclarant jouit de la plénitude de sa liberté et de sa raison, afin qu'il pût faire un choix éclairé ; le législateur n'admet pas qu'on puisse, comme dans un contrat ordinaire, se faire représenter par un tiers, il veut la manifestation spontanée et réfléchie de la personne intéressée elle-même. C'est ce motif qui a fait décider que la nationalité de l'enfant mineur est, après la conception, complétement indépendante de celle de son père, et que le changement survenu dans la qualité de ce dernier n'a pas d'influence sur son enfant; lui aussi, pour devenir étranger, devra faire une abdication volontaire et personnelle de sa nationalité lorsqu'il en aura la capacité. L'âge de discernement fixé par notre loi a pour point de départ la majorité, l'art. 9 et les autres lois sur la naturalisation le disent en termes qui ne peuvent laisser aucun doute : avant vingt et un ans on ne peut faire qu'une déclaration sans valeur et qui n'engage pas l'avenir; si on avait voulu en décider autrement

---

1. Tribunal de Lille, 18 mai 1872.

2. GUICHARD, *Traité des droits civils*, n° 70. — DELVINCOURT, I, p. 23, note 6.

dans l'hypothèse de l'art. 10, al. 2, il aurait fallu le dire expressément, mais aucune raison ne pourrait motiver cette dérogation à la règle générale[1]. Le mot *toujours* y est employé en opposition avec le délai préfixe de l'art. 9.

Pour que l'art. 10 trouve son application, nous supposons un individu issu de parents autrefois Français, mais qui ne l'étaient plus lors de la conception et qui n'ont pas recouvré cette qualité avant la naissance de l'enfant, sans cela celui-ci serait Français d'origine; par contre, nous croyons qu'il n'y a pas lieu de distinguer si c'est le père ou la mère qui a eu une origine française; les deux cas, selon nous, sont compris dans les termes de l'article; nous pensons donc qu'il pourra être appliqué à celui qui est né d'une ex-Française devenue étrangère par son mariage avec un étranger[2]. Sans doute on peut dire que le texte ne parle que de l'enfant né d'un Français, mais, comme nous l'avons déjà vu, souvent *genus masculinum complectitur et femininum.* D'un autre côté, on s'appuie sur ce que l'on règle exclusivement la nationalité dans la loi française d'après la filiation paternelle, et qu'en légitime mariage l'enfant suit la condition de son père; or, puisqu'il est étranger dans l'espèce, l'enfant ne se rattachant pas à sa mère, il n'y a nullement à s'inquiéter de ce qu'elle est ou de ce qu'elle était[3]. C'est sans conteste la règle qui doit être suivie lorsqu'on veut déterminer en droit et *a priori* la situa-

1. TOULLIER, I, 263. — DALLOZ, *Droits civils*, n° 142. — TAULIER, I, p. 104. — DEMOL., I, 166. — COIN-DELISLE, n° 13. — A. et R., I, § 70, note 15.

2. DEMOL., I, 167. — DEMANTE, Cours I, 20 *bis*, III. — MOURLON, *Revue pratique*, 1858, p. 251 et 255. — A. et R., I, § 70, note 17.

3. ALAUZET, *de la qual. de Fr.*, n° 31. — Trib. de la Seine, 30 juillet 1855.

tion de l'enfant, mais il ne s'en suit pas qu'on ne puisse attacher une disposition favorable à la circonstance de la nationalité de la mère. Nous pensons au contraire qu'il y a de sérieuses raisons pour motiver aussi dans ce cas la faveur de la loi et appliquer à l'enfant de l'ex-Française le bénéfice de l'art. 10, al. 2; ne se rattache-t-il pas à la France par sa mère, et n'a-t-il pas dans ses veines du sang français tout aussi bien que celui qui est issu d'un ex-Français marié à une étrangère? Sa mère a dû lui parler de la France et la lui faire aimer; elle y a laissé des affections, des souvenirs, il peut désirer adopter cette patrie où il n'arrivera pas comme un étranger, mais où il sera accueilli comme membre de la famille par ses parents français [1].

Peut-on permettre à l'enfant d'un Français naturalisé, mais qui avait perdu cette qualité lors de la conception, de se prévaloir de l'art. 10, al. 2, comme est autorisé à le faire l'enfant d'un Français de naissance devenu étranger? Par exemple, le bénéfice de la loi serait-il acquis à l'enfant de celui qui, devenu momentanément Français par l'effet de la réunion de son pays à la France, a cessé de l'être, et avant la conception, par la séparation de ce pays du territoire français? La question est controversée. Plusieur auteurs [2] pensent que le législateur n'a eu en vue que les descendants d'anciens Français d'origine et non des naturalisés redevenus étrangers; aux premiers seuls on peut appliquer le motif de la disposition favorable de la loi, à savoir: que le sang français coule dans leurs

---

1. DEMOL. 1, p. 206. — CALWÈS, *Modifications à apporter à la loi sur le recrutement*, p. 7, note 1.

2. A. et R., 1, § 70, note 12. — ALAUZET, n° 30, *de la qual. de Fr.* — DEMANGEAT, *sur Fœlix*, 1, p. 214, note 12. — LEGAT, p. 14. — RICHELOT, n° 68, note 19.

reines. Nous pensons que cette interprétation restrictive est pour le moins arbitraire, et nous ne trouvons nulle part l'indice d'une pareille distinction; nous sommes donc porté à étendre les termes généraux de l'article, d'autant plus qu'on arrive dans le système contraire à faire supporter à l'enfant la conséquence des fautes et de la perte de nationalité du père. Or, nous savons qu'il est au contraire de principe que les changements de nationalité sont essentiellement personnels et ne doivent en aucune manière préjudicier aux autres[1].

La disposition de l'art. 10 n'est pas limitative, en ce sens que si on ne parle que de l'enfant né en pays étranger d'un ci-devant Français comme pouvant réclamer la qualité de son père, on doit aussi l'appliquer à celui qui est né en France d'un ex-Français. Quelle est la condition de ce dernier? C'est à tort que M. Legat[2] a essayé d'établir que l'enfant de l'ex-Français est Français de naissance, s'il est né en France; il s'appuie sur ce que le texte n'exige les formalités de l'art. 9 que de celui qui est né à l'étranger, il en conclut que celui qui est né en France en est dispensé. Comment admettre cette solution en présence du Code civil qui détermine les Français de naissance, d'après l'origine des parents? Or, dans l'espèce, le père est incontestablement étranger. Suivant M. Coin-Delisle[3], cet enfant pourra invoquer le bénéfice de l'art. 9, puisqu'il est né sur le territoire. Nous ne le contestons pas, mais nous voulons qu'il ait un droit de plus, celui de se prévaloir, à son choix, de l'art. 9 ou de l'art. 10 plus favorable; qu'il puisse notamment réclamer

---

1. MOTALON, *Revue pratique*, 1858, p. 215.— DALLOZ, *Droits civils*, n° 144.

2. LEGAT, p. 15.

3. COIN-DELISLE, n° 16.

le titre de Français même après l'année qui suit sa majorité. Il serait, en effet, contradictoire de traiter plus
rigoureusement celui qui est né d'un ex-Français, parce
qu'il est né en France et non à l'étranger ; il y a, au
contraire, deux circonstances favorables qui viennent
concourir et militer en sa faveur mais qui ne suffisent
pas cependant, en l'absence d'un texte formel, pour le
faire déclarer Français de naissance. On doit raisonner
par *a fortiori* et étendre l'art. 10, qui a statué *de eo quod
plerumque fit*, dans le cas plus fréquent du séjour définitif
à l'étranger de celui qui a perdu la qualité de Français[1].

La loi de 1851 (art. 1er) n'a pas modifié l'art. 10,
§ 2, C. civ., comme certains auteurs l'ont prétendu[2].
Cette loi déclare Français de plein droit l'enfant né en
France d'un étranger qui lui-même y est né ; or, disent
les partisans de l'opinion que nous combattons, cette
disposition doit s'appliquer *a fortiori* à l'enfant né en
France d'un ci-devant Français qui sera généralement
lui-même né en France et que la loi traite ordinairement
plus favorablement que l'enfant de l'étranger, parce qu'il
a du sang français dans les veines. Il n'aurait plus dans
ce système à remplir les formalités de l'art. 9, il serait
Français de naissance, sauf à réclamer, s'il le veut, la
nationalité étrangère dans l'année qui suit l'époque de
sa majorité. Nous ne saurions admettre cette manière de
voir ; le but de la loi de 1851 était de nationaliser les fils
d'étrangers que l'on doit supposer, par la naissance de
deux générations sur notre sol, avoir adopté notre patrie,
s'être fixés définitivement parmi nous, et auxquels on trou-

---

1. A et R. I, § 70, note 18. — DURANTON, I, 127. — TAULIER, I,
101. — DEMOLOMBE, I, 166. — RICHELOT, I, n° 68. — SZRRIGNY, I,
p. 148.

2. MOURLON, *Rép. écrites*, C. c., I, p. 158, 159.

vait juste de faire supporter nos charges; mais il est certain qu'on n'a pas eu en vue l'hypothèse prévue par l'art. 10, § 2, C. civ., situation toute différente. Si l'enfant de l'ex-Français veut recouvrer la patrie de ses ancêtres, la loi lui en offre les moyens; mais pourquoi, par une extension arbitraire, vouloir lui imposer une nationalité que déjà son père a répudiée et lorsqu'il est probablement fixé avec lui à l'étranger?

Parfois l'art. 10 ne pourra plus être appliqué ou devra être interprété restrictivement. Ainsi la fille d'un ex-Français, mariée à un étranger, ne peut pas réclamer la qualité de Française, même avec l'autorisation de son mari, son mariage est un obstacle infranchissable, tant qu'il subsiste; de même que pour la femme née en France de parents étrangers et mariée à un étranger, il s'oppose à ce qu'elle puisse invoquer le bénéfice de l'art. 9. D'autre part, la loi, en accordant à l'enfant de l'ex-Français un privilége fondé sur le sang, n'a pas entendu prendre le mot *enfant* dans le sens large de cette expression; il ne comprend pas tous les descendants, mais seulement et exclusivement le descendant direct du premier degré. Ce n'est donc que dans le cas où votre père ou votre mère aura eu la qualité de Français que vous avez le droit de demander l'application de l'art. 10, sans pouvoir remonter au delà.

Les termes de la loi des 9-15 décembre 1790 (art. 22), confirmés par la Constitution de 1791[1], sont plus étendus : « Toutes personnes qui, nées en pays étranger, descendent, en quelque degré que ce soit, d'un Français ou d'une Française expatriés pour cause de religion, sont déclarées naturels Français, et jouiront des droits attachés

----

1. Art. 2, tit. II.

à cette qualité, si elles reviennent en France, y fixent leur domicile, et prêtent le serment civique. Les fils de famille ne pourront user de ce droit sans le consentement de leur père, mère, aïeul ou aïeule, qu'autant qu'ils seront majeurs et maitres de leurs droits. » Nous avons déjà dit quelques mots de ces fameux édits, dont on voulut annuler les effets en donnant la qualité de Français aux descendants d'expatriés pour cause de religion ; cette loi équitable n'a pas été explicitement abrogée, elle subsiste donc comme loi spéciale, elle est une véritable exception à notre règle ; les dernières applications qui en ont été faites depuis 1801 sont de 1825, pour l'élection de Benjamin Constant, et pour MM. Romand et Odier. Quelle portée et quel sens doit-on donner à cette mesure législative ?

On a voulu, selon nous, réparer une injustice en déclarant naturels Français toutes les personnes nées à l'époque où la loi a été rendue, sous la condition de pouvoir justifier leur descendance de religionnaires fugitifs ; on les a en même temps relevées des incapacités pouvant provenir d'actes accomplis depuis leur exil volontaire, et qui, suivant le droit commun, leur auraient fait perdre la nationalité française. Mais, en faisant table rase du passé, on n'a pas voulu créer à perpétuité, pour l'avenir, une caste privilégiée ; il faut admettre qu'à partir de la loi du 15 décembre 1790 tous ces individus, réintégrés de plein droit dans leur qualité de Français, sont rentrés sous la loi commune et ont été dès lors régis par elle, c'est-à-dire que, pour conserver leur droit, il faut qu'ils n'aient rien fait depuis qui aurait pu faire perdre à tout autre national le titre de Français. Si donc on n'a rien à reprocher à des descendants de religionnaires, existant à la date de la loi, de nature à emporter perte de nationalité, ils peuvent encore aujourd'hui se prévaloir de la loi, et leurs enfants sont Français de naissance ; mais s'ils se sont mis dans le cas d'encourir une déchéance, ils ne peuvent se faire réintégrer que comme les ex-Français, et leurs enfants naissent étrangers, seulement ils ont le droit d'invoquer le bénéfice de l'art. 10 du Code civil. La jurisprudence de la Cour de cassation a consacré cette sage interprétation[1]. Cette loi a ceci de particulier qu'elle a pu être invoquée par les descendants, à quelque génération qu'ils appartinssent, par les mineurs, et cela avec effet rétroactif non contesté.

Une question déjà examinée se représente de nouveau sur l'art. 10, al. 2. Est-il nécessaire, en dehors des formes exigées par l'art. 9, que l'on obtienne une autorisation administrative, des lettres de naturalisation ? Nous avons déjà répondu sur ce point qu'il fallait se borner aux exigences des articles spéciaux ; dans le système contraire[2], on arrive, en s'appuyant sur une simple discussion du Conseil d'État, à attribuer au gouvernement la prérogative de naturaliser qu'il n'avait pas lors de cette discussion et qu'il n'a recouvrée que par le décret du 17 mars 1809 ; il faudrait un texte formel pour établir un droit de cette importance. Lorsqu'on a dit que le gouvernement pourrait toujours repousser la demande de ceux dont la présence lui paraîtrait dangereuse[3], on a sans doute voulu parler des mesures de police et d'expulsion qu'il peut toujours prendre pour la sûreté générale[4].

---

1. C. de Cass., 13 juin 1811, rejet. — ALAUZET, nos 39 et 10. — *Contra*, Aix, 15 mars 1866.
2. DALLOZ, *Droits civils*, n° 148.—GUICHARD, *Tr. des dr. civ.*, n° 72.
3. LOCRÉ, *Législ. civile*, II, art. 10.
4. DEMOL., I, 171.— ALAUZET, *de la qual. de Fr.*, n° 32.— RICHELOT, I, n° 68, note 18. — COIN-DELISLE, n° 14.—SERRIGNY, p. 115.

§ 3. — Enfant de l'étranger naturalisé depuis sa naissance.

L'article 2 de la loi des 7-12 février 1851 introduit une nouvelle cause de naturalisation privilégiée. L'enfant de l'étranger naturalisé, qui est né en France après la naturalisation, est Français d'origine; mais si les lettres de naturalisation n'ont été délivrées que postérieurement à la naissance, en principe l'acquisition de la nouvelle nationalité du père n'avait aucune influence sur ses enfants déjà nés. On a pensé « qu'il était désirable que l'enfant n'ait pas une autre patrie que son père, parce que des nationalités différentes tendent à diviser les membres d'une même famille en y créant de regrettables oppositions d'intérêts. Comment d'ailleurs révoquer en doute l'affection et la fidélité à sa nouvelle patrie d'un fils qui, à l'exemple de son père, imbu des mêmes idées, pénétré des mêmes sentiments, revendique cette patrie d'adoption de préférence à celle où il a vu le jour[1]? » Ces motifs déterminèrent le législateur de 1851 à accorder à l'enfant, né même hors de France, d'un étranger qui s'est fait naturaliser Français depuis sa naissance, le droit d'acquérir la nouvelle nationalité de son père en remplissant les formalités de l'art. 9 dans l'année qui suit l'époque de sa majorité, s'il était encore mineur lors de la naturalisation; s'il était majeur, il jouit du même bienfait, pourvu qu'il fasse sa déclaration dans l'année qui suit la naturalisation de son père. Il ne faut pas s'attacher littéralement au texte, comme le fait M. Demante[2], et accorder pour se décider une année *après*

---

1. *Rapport de M.* Benoît-Champy; loi de 1851.
2. Demante, II, 316 *bis*. — *Contra*, Demol. I, 165 *sexto*.

celle de ladite naturalisation, mais s'en tenir à l'intention certaine du législateur en corrigeant une inadvertance.

A ces conditions, l'enfant de l'étranger naturalisé acquiert pour l'avenir la nationalité française.

§ 4. — Mariage d'une étrangère avec un Français.

L'article 12 du Code civil a établi pour la femme un mode particulier de naturalisation : « L'étrangère qui épouse un Français suit la condition de son mari. » Le fait seul du mariage fait acquérir à la femme étrangère la qualité de Française, malgré toute stipulation ou protestation contraire ; c'est une conséquence, un des effets directs du mariage, et une disposition d'ordre public à laquelle les parties ne peuvent déroger par des conventions[1]. La loi française a pensé que le mari et la femme devaient être régis par une même loi, n'avoir qu'une nationalité, et nous verrons aussi que l'art. 19 donne à la femme française qui épouse un étranger la condition de son mari. Contrairement à la règle générale, le changement de nationalité s'opère même pour la femme mineure ; c'est une conséquence des art. 1309 et 1398 : le mariage du mineur, valablement assisté, produit tous les effets légaux, comme s'il avait été majeur : *habilis ad nuptias, habilis ad matrimonii consequentias*[2]. C'est donc une conséquence du mariage de conférer à la femme la nationalité de son époux, l'art. 12 ne distingue pas et ne la laisse pas libre de s'y opposer, comme certains auteurs l'ont prétendu. Mais, après le mariage, le mari pourrait-il seul changer la nationalité commune ? Ainsi une femme étran-

---

1. DEMOLOMBE, IV, 3. — A et R. I, § 73, note 1.
2. LEGAT, p. 43. — DURANTON, I, 188. — RICHELOT, n° 70. — DEMOLOMBE, I, 163, 184.

gère épouse un étranger, acquerra-t-elle la qualité de
Française par cela seul que son mari se sera fait naturaliser en France après leur mariage? M. Alauzet le
pense[1] et n'admet aucune distinction; il est d'avis qu'en
toute circonstance et à toute époque la condition de la
femme doit être celle du mari, qu'il est impossible
qu'elle ait une nationalité différente; il invoque la généralité des termes de l'article dont l'application ne doit
pas être restreinte au moment de la célébration du mariage, mais durer autant que lui. Nous comprenons très-
bien qu'on fasse résulter du mariage un changement de
nationalité; il y a en effet, dans le fait lui-même d'épouser
un Français, manifestation certaine de la part de la femme
de son consentement à devenir Française, mais on ne peut
plus en dire autant lorsque le mari se fait naturaliser
après coup : elle peut être complétement étrangère à sa
demande. Ne serait-il pas étrange de donner au mari le
droit de changer à son gré et malgré elle la nationalité
de sa femme? Toutes les fois qu'il n'y a pas de texte formel, nous pensons qu'on doit en revenir au principe que
toute naturalisation est personnelle[2]. Du reste, les
art. 12 et 19 indiquent par les mots « la femme qui
épousera, qui aura épousé » que les effets qu'ils produisent sont exclusivement attachés au fait du mariage.

Le changement de nationalité imprimé par le mariage
de l'étrangère avec un Français est subordonné à la validité de l'union conjugale[3]. Certains auteurs[4] pensent

---

1. ALAUZET, *De la qualité de Fr.*, n° 120.

2. DALLOZ, *Droits civils*, n° 153. — LEGAT, p. 102. — RICHELOT,
n° 74.

3. A. et R., I, § 73, note 4. — *Contra*, Cass., 18 février 1819. —
Agen, 6 juin 1860.

4. DELVINCOURT, p. 15, note 7. — GUICHARD, n° 74. — COIN-DE-
LISLE, sur l'art. 12, n° 2.

qu'en cas de mariage putatif, la femme, si elle est de bonne foi, reste Française, puisque conformément aux art. 201 et 202 du Code civil, elle peut invoquer tous les effets de son mariage; mais, selon eux, elle reste étrangère si elle est de mauvaise foi, parce que le mariage putatif ne produit d'effets que pour l'époux de bonne foi. Nous pensons que, même dans cette dernière hypothèse, la femme doit être considérée comme Française tant que son mariage n'a pas été annulé. « Le mariage n'est pas nul de plein droit, dit Merlin, et tant que la nullité n'en a pas été prononcée par un jugement, la femme doit être considérée en tout comme mariée et, par conséquent, comme Française. » Cette solution est adoptée par MM. Dalloz, Alauzet[1], et elle est en effet conforme aux principes: Tant que le mariage putatif n'est pas déclaré nul, il existe et produit jusque-là tous ses effets. Or, la nationalité du mari, conférée à la femme par le mariage, puisque c'en est un des effets, doit subsister tant qu'il n'est pas annulé. La Cour suprême s'est, du reste, prononcée en ce sens[2].

L'acte de mariage de la femme étrangère est le titre qui constate son droit, elle n'a pas besoin de remplir d'autres formalités.

La qualité de Française est accordée pleinement et irrévocablement à la femme à la suite de son union avec un Français, en ce sens qu'elle ne perd pas de droit la nationalité française pour redevenir étrangère à la dissolution du mariage. Une fois naturalisée, son titre ne peut plus lui être ravi ou être perdu que par un des modes légaux applicables à tous les Français. En dehors du silence de

---

1. MERLIN, *Répert.*, v° Mariage, sect. 6, § 2. — DALLOZ, *Droits civils*, n° 155. — ALAUZET, n° 120.

2. Cour de Cassation, 18 février 1819, *ch. crim.*, rejet.

la loi, on peut tirer encore un argument par analogie de l'art. 19, al. 2, qui décide que la Française, devenue étrangère par son mariage avec un étranger, ne recouvre pas sa première nationalité par le seul fait de son veuvage [1].

§ 5. — Réunion d'un territoire étranger à la France.

Le Code civil ne parle pas de la naturalisation par l'annexion; c'est cependant un mode d'assimilation reconnu par le droit des gens et consacré par nos usages; ce silence s'explique facilement : on aurait craint en traitant ce sujet d'éveiller les susceptibilités et la défiance des voisins, de montrer le désir d'étendre nos frontières. Il sera en général suppléé à cette lacune par les conventions diplomatiques; à leur défaut, et lorsque des difficultés s'élèveront, on devra recourir aux principes du droit des gens.

Autrefois on faisait aux peuples conquis des conditions plus ou moins dures, mais on peut dire qu'en général ils étaient placés dans un état d'infériorité à l'égard des nationaux; avec les progrès de la civilisation et pour se les assimiler plus rapidement, on en vint peu à peu à leur appliquer la loi commune, et déjà très-anciennement le droit des gens avait admis cette fiction : qu'un pays annexé est censé avoir toujours fait partie de la nation à laquelle il est incorporé, et que ses habitants sont regardés comme des naturels du pays. Il en était ainsi dans notre ancienne législation. Suivant Pothier [2]: « Lorsqu'une province est réunie à la couronne, ses habitants doivent être regardés comme naturels Français

---

1. Cass., 22 juillet 1863.
2. POTHIER, *Tr. des pers.*, 1re p., tit. II. sect. 1re.

soit qu'ils y soient nés avant ou après la réunion. Il y a même lieu de penser que les étrangers qui seraient établis dans ces provinces et y auraient obtenu, suivant les lois qui y sont en vigueur, les droits de citoyen, devraient, après la réunion, être considérés comme citoyens, ainsi que les habitants originaires de ces provinces, ou du moins comme des étrangers naturalisés en France. » Ces conséquences de l'annexion sont encore admises de nos jours.

La réunion peut avoir lieu par voie de conquête consommée (la simple invasion ne l'opère pas), ou par l'effet de cession de territoire en vertu d'un traité. L'effet se produit, dans ce dernier cas, du jour de la signature des parties contractantes; et s'il n'intervient aucune convention diplomatique pour sanctionner la réunion, il faut décider que chaque partie du pays devient française à mesure que, par suite de la conquête, l'autorité française s'y établit [1]. La Cour de Paris a, avec raison, appliqué ces principes pour l'Algérie qui dépendait de notre souveraineté bien avant le traité de la Tafna avec l'émir et la déclaration du roi Louis-Philippe en 1841 [2]. La Constitution du 4 novembre 1848, art. 109, exige, pour consacrer l'annexion, une déclaration de la France.

Les conquêtes de la République et du premier Empire donnèrent lieu à une application fréquente de ces règles; la réunion avait pour effet de conférer de plein droit la qualité de Français aux habitants du territoire conquis; les derniers traités de ce genre ont appliqué les conséquences jusqu'alors généralement admises de l'annexion; ils s'attachent, en dehors de l'origine, à la question de domicile et assimilent à nos nationaux tous

---

1. RODIÈRE, *Rev. de lég.*, I, p. 306 et suiv.
2. Cour de Paris, 2 fév. 1839. — *Moniteur* du 28 déc. 1841.

ceux qui étaient domiciliés dans le territoire réuni, originaires ou non de ce pays.

Ce principe a servi de base pour le traité de réunion de la République de Mulhouse[1], de celle de Genève[2], enfin en 1860 pour la Savoie et le comté de Nice. Nous ne pensons pas cependant, comme M. Demolombe[3] et d'autres auteurs, qu'on puisse considérer comme devenant Français, sans exception, tous les domiciliés ; c'est être trop absolu, et il faut notamment qu'ils fassent partie des nationaux de l'État démembré ; ainsi on ne pourrait pas considérer comme englobés les étrangers domiciliés dans le pays réuni, ils doivent rester pour la nation cessionnaire dans leur situation antérieure de simples domiciliés ; la conquête ou la cession ne peut avoir d'influence par rapport à eux, ils ne dépendent pas en effet de la souveraineté du cédant, ils ne sont pas ses sujets.

Le traité pour la réunion de la Savoie et de Nice a admis une autre extension notable : il confère de plein droit la qualité de Français aux anciens sujets sardes originaires des pays cédés, même qui n'y étaient plus domiciliés. Nous examinerons plus loin quels principes devraient régir cette matière, constatons ici qu'en fait des règles différentes ont été suivies et que la condition des habitants des pays réunis varie suivant l'acte volontaire de cession ou le traité fait après la conquête. Ceux que l'annexion fait changer de patrie peuvent, en général, éviter les résultats de la cession : tout en conservant leurs propriétés, ils gardent leur ancienne nationalité en faisant dans un certain délai déterminé la déclaration d'option et

1. Art. 1er, 11 vent. an VI.
2. Art. 1er, 28 floréal an VI.
3. DEMOL., I, 157.

en émigrant. On a été amené à décider que la réunion d'un pays à un autre État avait pour effet de faire changer de nationalité à ses habitants; sans cela il se serait présenté un résultat inadmissible : on n'aurait rencontré dans cette province que des étrangers dépendant de la loi du pays dont ils ont été détachés. Cependant on peut se demander si un peuple qui perd ou aliène une partie de son territoire, peut, par son fait, imposer une nouvelle nationalité à ses habitants sans leur consentement; au moyen âge, on l'admettait, lorsque des concessions de terres étaient faites entre seigneurs, mais aujourd'hui il ne doit plus en être ainsi, et, d'après l'esprit de nos lois, on devrait toujours avoir le consentement des intéressés pour les faire changer de nationalité. Ce consentement, comme on l'a fait souvent remarquer, est présumé chez ceux qui restent, mais ce raisonnement n'est pas à l'abri de toute critique quand on songe à quel prix on conserve sa nationalité; la France, en 1860, a pensé comme nous, et, avant de s'adjoindre des provinces étrangères, elle a fait appel au suffrage des populations, elle a voulu que l'annexion fût sanctionnée par leur vote. Hélas! elle n'a pas trouvé d'imitateurs, son exemple a sans doute paru dangereux à suivre; n'est-il pas naturel cependant de s'en rapporter aux vœux des peuples, de les consulter? ne devrait-on pas faire passer l'intérêt et le désir de tous avant le hasard des armes et le caprice d'un souverain? Nous aurons une idée plus exacte de la matière et des conséquences de l'annexion d'un pays à la France, en disant quelques mots du traité de 1860, relatif à la réunion de la Savoie et du comté de Nice, concédés par la Sardaigne.

L'article 1er pose tout d'abord comme condition du traité : « Que la réunion sera effectuée sans nulle contrainte de la volonté des populations, et que les gouvernements de l'empereur des Français et du roi de Sardaigne se concerteront sur les moyens d'apprécier et de constater les manifestations de cette volonté. » L'annexion est donc avant tout sanctionnée par l'assentiment de la majorité des intéressés.

Quels sont les effets du traité? L'art. 6 porte : « Les sujets sardes, originaires de la Savoie et de l'arrondissement de Nice, ou domiciliés actuellement dans ces provinces, qui entendront conserver la nationalité sarde, jouiront pendant l'espace d'un an, à partir de l'échange des ratifications, et moyennant une déclaration préalable faite à l'autorité compétente, de la faculté de transporter leur domicile en Italie et de s'y fixer; duquel cas la qualité de citoyen sarde leur sera maintenue. Ils seront libres de conserver leurs immeubles situés sur les territoires réunis à la France. » Tous les individus visés par l'art. 6 sont donc *a priori* investis de la qualité de Français, tels sont les effets ordinaires des démembrements politiques; et pour échapper aux conséquences du traité, il faut qu'une déclaration ait été faite dans le délai d'un an, par laquelle on manifeste le désir de conserver son ancienne nationalité, et qu'on fasse élection de domicile en dehors des pays cédés. Toutes les personnes qui n'ont pas satisfait à ces conditions et qui étaient originaires de la Savoie et du comté de Nice sont restées Françaises; on ne distingue pas si elles étaient domiciliées ou non dans les contrées annexées, et ceci nous paraît juste : en effet, ce pays est censé avoir toujours appartenu à la France. Or, le seul fait d'être domicilié dans un pays étranger ne fait pas perdre notre nationalité; on doit, jusqu'à preuve certaine du contraire, présumer l'esprit de retour. Nous approuvons donc cette disposition qui déclare Français tous les originaires du pays qui n'y étaient même plus domiciliés.

Cette première proposition n'a souffert aucune difficulté dans son application quant aux majeurs avant l'expiration du délai d'option ; ils ont été libres d'éviter les conséquences du traité ; mais quelle a été la condition des mineurs ? ont-ils conservé le droit d'opter dans l'année qui suit leur majorité, ou bien ont-ils suivi sans appel possible la nationalité choisie par leur père ou tuteur ?

On ne pouvait admettre, sans se trouver en contradiction avec les principes admis par nos lois, que le mineur eût le droit de se prononcer en état de minorité, même avec l'assistance de ses représentants légaux ; aussi nous sommes d'avis que la Cour de Chambéry a justement décidé que de telles déclarations étaient nulles et non avenues. Comment en effet reconnaître comme capable d'accomplir un acte aussi important que le choix d'une nationalité, celui qui est incapable d'actes bien moins graves de la vie civile ? D'un autre côté, il est certain que le mineur une fois conçu, sa condition nationale est indépendante de celle de son père et *a fortiori* de son tuteur ; notre Code n'admet pas que le changement de patrie de l'un ou de l'autre puisse influer sur l'état de leur pupille ; en fait de réclamation ou de mutation de nationalité, il veut la manifestation libre et raisonnée, à l'époque de la majorité, de la volonté de l'intéressé lui-même. Nous aurions voulu voir admettre cette doctrine jusqu'au bout et permettre aux mineurs, à l'époque du traité, de faire une option valable dans l'année après leur majorité, ils n'auraient pas été annexés malgré eux, leur état serait resté en suspens jusqu'à ce que l'âge leur permît de faire une déclaration régulière. Nous avons trop bien compris depuis ce qu'il doit en coûter de changer de patrie, de se voir forcé d'adopter une autre nationalité, pour ne pas laisser au moins intacte pour chacun la liberté d'émigrer! On a décidé autrement dans la pratique. La Cour de Chambéry [1], ayant à se prononcer dans plusieurs espèces, a constamment jugé que le droit d'option n'avait pas existé pour les mineurs, elle a fait dépendre irrévocablement leur nationalité de celle acceptée par le père ou le tuteur, permettant ainsi que le mauvais vouloir, l'intérêt ou l'indifférence pût avoir pour autrui des conséquences d'une telle gravité. Le droit d'option, a dit la Cour, devait, pour le mineur, se confondre avec celui du père de famille, son représentant et son organe légal; si celui-ci, en gardant son domicile en Savoie, imposait à son fils une nationalité nouvelle, ce n'était là qu'une conséquence naturelle des convenances de la famille, qu'un effet de l'autorité de la loi et de celle du traité puisant à la même source le pouvoir de statuer souverainement sur l'état des personnes. Il eût été préférable, selon nous, et plus conforme au droit, d'adopter la contre-partie du décret des 30 juin-12 juillet 1860; ce décret, dans son art. 2, permet aux mineurs nés en Savoie et dans l'arrondissement de Nice, qui sont restés sujets sardes par suite de l'option de leurs parents ou tuteur, de réclamer la qualité de Français dans l'année qui suit leur majorité, en se conformant aux dispositions de l'art. 9 du Code civil. N'aurait-on pas dû permettre aux mineurs devenus Français, par suite de l'option de leurs représentants légaux, de réclamer la nationalité sarde à leur majorité?

Les mineurs sardes, nés dans les pays cédés, admis à

---

1. Cour de Chambéry, 3 décisions du 22 déc. 1862.

réclamer la nationalité française dans l'année qui suit l'époque de leur majorité, pourraient aussi, à notre avis, se prévaloir de la disposition favorable de la loi du 22 mars 1849, s'ils ont servi dans les armées françaises ou même simplement satisfait à la loi du recrutement. Ces deux dispositions sont pour ainsi dire connexes et, quand on a le droit de réclamer l'application de l'art. 9, il nous semble qu'on peut aussi invoquer la loi de 1849, qui en est le corollaire, lorsqu'on en a rempli les conditions.

D'après l'art. 6 du traité, sont encore devenus Français tous sujets sardes, qu'elle que fût leur origine ou le lieu de leur naissance, domiciliés dans la Savoie ou le comté de Nice au moment de la convention, et qui ne se sont pas conformés aux dispositions de l'article pour conserver la nationalité sarde. Nous croyons devoir critiquer cette seconde proposition, car le fait d'un domicile à l'étranger ne peut faire perdre la nationalité d'origine, y porter la moindre atteinte. Le traité de 1860 a conféré la nationalité française à ceux qui étaient originaires des territoires cédés, sans distinction et bien qu'ils eussent cessé d'y résider. Nous avons approuvé cette extension, parce que le fait d'avoir quitté un pays ne suffit pas pour vous en faire perdre la nationalité, mais comment justifier qu'on ait englobé les sujets sardes simplement domiciliés?

Cette disposition est tout à fait contraire aux principes du droit public admis par tous et à ceux de notre législation; sans le texte spécial et exprès qui en autorise l'application, on n'aurait pu songer à l'invoquer. On raisonne en effet en cette matière en s'appuyant sur une fiction introduite par le droit des gens, en vertu de laquelle le pays cédé est censé avoir toujours appartenu à la nation à laquelle il est incorporé; or, supposons qu'il en en ait été toujours ainsi, le fait d'un étranger, d'un Sarde, d'avoir établi son domicile en France, même avec l'autorisation du gouvernement, n'emporterait pas pour lui naturalisation, quelle qu'ait été d'ailleurs la durée de son séjour, et c'est cependant ce résultat que consacre le traité; et ici encore, par voie de conséquence, les mineurs ont suivi la condition de leur père ou tuteur! Sans doute, on peut dire qu'on n'a pas voulu que ceux qui étaient depuis longtemps fixés dans le pays et qui s'y étaient attachés fussent tout à coup considérés comme étrangers au milieu de leurs anciens compatriotes; il fallait certainement prendre en considération cette situation intéressante, mais on aurait entièrement satisfait à cette nécessité en se bornant à la disposition postérieure du décret du 30 juin 1860. L'art. 1er est ainsi conçu : « Les sujets sardes majeurs, et dont le domicile est établi dans les territoires réunis à la France par le traité du 24 mars 1860, pourront, pendant le cours d'une année à dater des présentes, réclamer la qualité de Français. Les demandes adressées à cet effet aux préfets des départements où se trouve leur résidence seront, après information, transmises à notre Garde des sceaux, Ministre de la justice, sur le rapport duquel la naturalisation sera, s'il y échet, accordée sans formalités et sans paiement de droits. » Au premier abord ce décret semble en contradiction avec le texte même du traité; il n'y aurait plus en effet, d'après l'article que nous venons de citer, qu'une pure faculté pour les simples domiciliés de devenir Français, en en manifestant le désir. Cette décision serait conforme à notre opinion et à nos vœux, mais la contradiction n'est qu'apparente et le décret n'a pas pu et n'a certainement pas voulu restreindre la portée des termes plus larges de l'art. 6 du traité. On peut l'expliquer comme une mesure mise à la disposition de ceux qui, pour être définitivement reconnus Français, ne voulaient pas attendre l'expiration de l'année accordée pour opter en faveur de la Sardaigne, ou qui craignaient que leur domicile ne fût pas facilement constaté.

On ne peut en aucun cas opposer aux habitants des provinces cédées les faits ou actes qui ont précédé l'annexion ; toutefois, le traité ne donne pas la nationalité française aux Sardes de naissance qui, avant la réunion, ont perdu leur nationalité d'origine ; devenus étrangers pour la Sardaigne, ils sont restés tels pour la France, comme si, Français de naissance, ils avaient perdu cette qualité ; seulement ils pourront à l'avenir recouvrer le titre de Français, substitué à celui de Sarde, en se conformant aux dispositions de l'art. 18 de notre Code.

Nous nous bornerons à présenter ici ces quelques considérations ; nous aurons d'ailleurs l'occasion de revenir sur ce sujet dans notre prochain chapitre, lorsque nous examinerons les effets du démembrement d'une province française, par rapport à la nationalité des habitants : notamment les conditions des traités de 1814 et 1815, et du traité d'annexion de l'Alsace-Lorraine à l'Allemagne en 1871.

SECTION II.

De la naturalisation proprement dite.

Nous entendons plus spécialement par naturalisation l'acte par lequel un étranger, ne pouvant pas invoquer une des circonstances favorables que nous avons examinées, obtient la qualité de Français, en se conformant aux conditions de droit commun ; ce n'est plus un droit qu'il peut réclamer à son gré, sans qu'on puisse repousser sa prétention, c'est une faveur qu'il sollicite du gouvernement, après avoir rempli les formalités légales, et celui-ci admet ou rejette souverainement sa demande. Nous avons vu cependant qu'une législation tout autre avait été suivie en cette matière pendant la période intermédiaire, et cette définition, exacte aujourd'hui, vraie dans l'ancien Droit, n'a plus trouvé son application lorsque la naturalisation fut acquise de plein droit, en règle générale, par l'accomplissement seul de conditions potestatives de la part de l'intéressé. Nous nous sommes arrêté notamment à la Constitution du 22 frimaire an VIII : elle impose un stage de dix ans, qui court de la déclaration faite au maire du domicile de l'intention de se fixer en France, mais le délai une fois expiré, la naturalisation s'opère de plein droit. Le Code civil ne s'est pas expliqué sur la naturalisation de droit commun, seulement l'art. 7 déclare que la qualité de citoyen ne s'acquiert que conformément à la loi constitutionnelle; on a donc voulu s'en référer à ce sujet à la Constitution de frimaire an VIII, restée en vigueur; c'est elle qui a continué à former la base de la législation en cette matière, jusqu'au décret du 28 mars 1848. Toutefois, dans cet intervalle, de nouvelles dispositions furent introduites dans le but d'étendre l'action du gouvernement et de le rendre juge de l'opportunité des admissions, et en réalité elles modifièrent complétement les principes de la Constitution; nous allons les signaler.

L'art. 13 du Code civil, en accordant la jouissance des droits civils à celui qui a obtenu du gouvernement l'autorisation d'établir son domicile en France, a eu surtout pour but de rendre le stage moins pénible à celui qui veut se faire naturaliser ; on a décidé, avec assez de raison, que celui qui avait été admis à se domicilier devait être dispensé de la déclaration de l'art. 3 de la Constitution de l'an vIII ; qu'il avait manifesté suffisamment l'intention de se fixer en France, et qu'il pourrait en conséquence demander la naturalisation en faisant courir les années du stage de la date de la concession gouvernementale. Certains auteurs ont été plus loin ; ils ne se sont pas contentés d'assimiler l'admission à domicile à la déclaration légale jusque-là usitée, ils ont prétendu que cette dernière forme avait été implicitement abrogée et remplacée par la nécessité d'obtenir du gouvernement l'autorisation de se domicilier. Il ne suffit donc plus, dans ce système, de manifester sa volonté de s'établir en France, il faut y être préalablement autorisé pour faire courir les années du stage. Les partisans de cette opinion s'appuient sur un avis interprétatif de l'art. 13 du Code civil donné par le Conseil d'État, le 20 prairial an xI, ainsi conçu :« Le Conseil d'État, consulté sur la question de savoir si l'étranger qui veut devenir citoyen français par la voie qu'indique l'art. 3 de l'acte du 22 frimaire an vIII, est assujetti à la disposition de l'art. 13 du Code civil, qui ne donne à l'étranger la jouissance des droits civils en France que lorsqu'il aura été admis à y résider, est d'avis que, dans tous les cas où un étranger veut s'établir en France, il est tenu d'obtenir la permission du gouvernement, et que les conditions pouvant être, suivant les circonstances, sujettes à des modifications, à des restrictions, et même à des révocations, ne sauraient être déterminées par des règles ou des formules générales. » L'interprétation du Conseil d'État est loin d'être nette et de trancher la difficulté sans contestation possible ; nous la supposons cependant formelle, comme l'ont comprise nos adversaires[1], dont l'opinion est encore confirmée par une Ordonnance du Conseil d'État du 11 avril 1831, qui, se référant à l'avis précité, proclame explicitement cette doctrine : qu'à la place d'une simple déclaration on a substitué l'autorisation préalable de se domicilier. Nous ferons remarquer que ce ne sont jamais là que des interprétations, et que l'avis de l'an xi n'ayant pas été inséré au *Bulletin des lois*, n'a jamais été obligatoire. Ces décisions peuvent-elles donc suffire, en l'absence de tout texte législatif, car l'art. 13 est muet à cet égard, pour abroger une disposition de la Constitution en vigueur? Nous ne le pensons pas, et il ressort, à notre avis, des lois suivantes sur la naturalisation que le législateur suppose toujours applicable l'art. 3 de la Constitution du 22 frimaire an viii : sans parler de la loi du 14 octobre 1814, de deux circulaires du Ministre de l'intérieur, du 16 janvier 1827 et du 27 mars 1831, sur la forme en laquelle ces déclarations doivent être faites, qui supposent évidemment l'existence de cette formalité, il nous suffit, pour être convaincu, de nous reporter à la loi du 3 décembre 1849. D'après son art. 6 : « L'étranger qui aura fait, avant la promulgation de la présente loi, la déclaration prescrite par l'art. 3 de la Constitution de l'an viii, pourra, après une résidence de dix années, obtenir la naturalisation, suivant la forme indiquée par l'art. 1ᵉʳ. » N'est-ce pas dire formellement que jusqu'à la loi du 3 décembre 1849, la déclaration était usitée, qu'elle suffisait pour faire courir les délais du stage et qu'il y a droit acquis pour tous ceux qui se sont conformés à cette législation antérieure? Il est d'ailleurs

---

1. A. et R., I, § 71, p. 251. — DALLOZ, *Dr. c.*, n° 99.

constant que l'administration s'est toujours conformée à cette interprétation. En résumé, nous pensons qu'à partir du Code civil, pour faire courir le délai du stage exigé pour être naturalisé, il a suffi soit de la déclaration de la Constitution de l'an viii, soit de l'ordonnance d'autorisation de se domicilier; ce n'est que la loi du 3 décembre 1849 qui, par son art. 1er, alin. 4, a rendu cette autorisation préalable seule efficace et nécessaire pour l'avenir [1].

Le décret du 17 mars 1809 porta une véritable atteinte aux principes constitutionnels suivis pendant toute la période intermédiaire depuis 1789; jusqu'à cette époque, le Pouvoir législatif avait été investi du privilége de naturaliser, le décret lui enlève ce droit qui retourne, comme au temps de la monarchie, au chef de l'État; il ne suffira plus désormais de se conformer à quelques formalités potestatives pour avoir droit, après un certain temps, au titre de Français; après avoir rempli les conditions du stage, il faut obtenir des lettres de naturalisation que le gouvernement, après examen de l'opportunité de la demande, est libre de refuser ou d'accorder à son gré; en un mot, la naturalisation ne peut plus être réclamée comme un droit, c'est une faveur dépendant de la volonté du souverain. — « Art. 1er. Lorsqu'un étranger, dit ce décret, en se conformant aux dispositions de l'acte des Constitutions de l'Empire, du 22 frimaire an viii, aura rempli les conditions exigées pour devenir citoyen français, sa naturalisation sera prononcée par Nous. — Art. 2. Sa demande en naturalisation et les pièces à l'appui seront transmises par le maire du domicile du pétitionnaire au

----

1. ALAUZET, *de la qual. de Fr.*, n°* 103 et 142.

préfet, qui les adressera, avec son avis, à notre grand-juge, Ministre de la justice. »

Il est à remarquer, et notre observation s'applique toutes les fois qu'une modification a été admise dans la législation sur la naturalisation, qu'en raison du principe de la non-rétroactivité des lois, ceux qui ont acquis la qualité de Français, en vertu de dispositions antérieures souvent plus favorables, l'ont obtenue définitivement, sans que les lois postérieures aient pu modifier leur situation[1]. Ainsi, aujourd'hui les dispositions abrogées peuvent encore être invoquées pour déterminer la nationalité des individus encore existants qui s'y étaient conformés lorsqu'elles étaient en vigueur, ou celle de leurs enfants dont on contesterait la qualité. Il n'est pas douteux en effet, dit M. de Serrigny[2], que ceux qui ont une fois acquis la qualité de Français par l'un des moyens énoncés dans nos lois intermédiaires, l'ont conservée, s'ils sont encore existants, et l'ont transmise à leurs descendants par la naissance. Mais, tant que la naturalisation n'est pas acquise, l'étranger ne peut se prévaloir d'une législation antérieure, sous l'empire de laquelle il aurait commencé son stage; il doit remplir toutes les conditions de la loi en vigueur au moment où il adresse sa requête. Il nous semble cependant découler de la règle de la non-rétroactivité, que celui qui, par une simple déclaration, a fait courir les délais de son stage, n'a pu, bien qu'il ne fût pas encore terminé, être privé du droit qui en résultait par une loi postérieure plus rigoureuse. L'art. 6 de la loi du 3 décembre 1849 a consacré cette interprétation[3].

----

1. Paris, 11 juin 1812; Riom, 7 avril 1835.
2. De Serrigny. I, p. 153. — Alauzet, *de la qual. de Fr.*, n° 101.
3. Dalloz, *Dr. c.*, n°s 85 et 2. — A. et R., I, § 71, notes 22 et 27.

D'après la Constitution du 22 frimaire an VIII, l'intention de se fixer en France ne peut pas être présumée, la déclaration et les conditions exigées pour devenir Français sont regardées comme substantielles, leur accomplissement ne peut être supposé ni remplacé. Nous avons signalé cependant que l'art. 13 du Code civil avait fait considérer l'admission à domicile comme pouvant, sinon devant suppléer à la déclaration formelle de la loi de frimaire an VIII; cette exception, en réalité, n'en est pas une, et on peut dire que dans aucun cas la Constitution n'avait admis d'équivalent, tant pour le point de départ que pour la durée du stage; l'étranger ne pouvait donc, pour demander la qualité de Français, invoquer le seul fait d'un séjour, quelque prolongé qu'il fût, ni son mariage en France, ni l'acceptation de fonctions publiques, ou même le service dans les armées[1]. Les Constitutions de 1791 et de 1793 avaient admis une naturalisation privilégiée sans condition de stage, lorsque des services signalés seraient rendus, mais ce principe avait été rejeté par les Constitutions de l'an III et de l'an VIII. Cette rigueur, en présence de la longueur du stage, avait soulevé de nombreuses réclamations, et le 4 fructidor an IX, M. Rœderer critiquait, au Conseil d'État, la Constitution de l'an VIII en ces termes : « C'est un défaut dans la Constitution de ne pas autoriser la concession de lettres de naturalité. Il en résultera que des hommes d'un rare mérite, tels que Franklin, par exemple, ne pourront jamais devenir Français, parce qu'ils seront d'un âge trop avancé pour espérer d'accomplir leur stage politique[2] ». On fit droit à ces justes

---

1. Avis du Conseil d'État du 15 oct. 1833.
2. FENET, *Recueil des trav. prép. du C. c.*, t. VII, p. 127.

réclamations, et le sénatus-consulte du 26 vendémiaire an xi eut pour but de remédier à cet inconvénient; mais, tout en facilitant dans certains cas exceptionnels la naturalisation de l'étranger, il déroge au droit en vigueur que réformera seulement le décret de 1809, et donne à l'administration et non pas au Pouvoir législatif le privilége de prononcer cette naturalisation extraordinaire. « Pendant cinq ans, dit le sénatus-consulte, à compter de la publication du présent sénatus-consulte organique, les étrangers qui rendront ou qui auraient rendu des services importants à la République; qui apporteront dans son sein des talents, des inventions ou une industrie utile ; ou qui formeront de grands établissements, pourront, après un an de domicile, être admis à jouir des droits de citoyen français. — Art. 2. Ce droit leur sera conféré par un arrêté du gouvernement pris sur le rapport du Ministre de l'intérieur, le Conseil d'État entendu. » Le pouvoir de naturaliser dans les cas énumérés, accordé d'abord au gouvernement pour cinq ans, fut renouvelé dans les mêmes termes par un autre sénatus-consulte du 19 février 1808 et concédé à perpétuité. Nous verrons la naturalisation extraordinaire maintenue sous les législations suivantes. — Remarquons que le sénatus-consulte ne peut être appliqué qu'après une année de domicile, il faudra donc préalablement avoir obtenu l'autorisation de se domicilier conformément à l'art. 13 du Code civil; il ne suffirait pas d'une simple déclaration, l'article est formel. Contrairement au texte de l'art. 2 , c'est sur le rapport du Ministre de la justice qu'en pratique les naturalisations sont accordées, et le Conseil d'État est consulté, mais son avis n'est pas obligatoire.

La naturalisation avait pour effet d'assimiler complétement les naturalisés aux nationaux ; l'Ordonnance du

4 juin 1814 introduisit une différence importante : l'étranger naturalisé n'a plus, comme le Français d'origine, le droit de siéger aux Assemblées législatives, soit à la Chambre des pairs, soit à la Chambre des députés. Pour être admis à cet honneur, l'Ordonnance exige une naturalisation spéciale et l'étranger devra mériter par d'importants services la délivrance de lettres de grande naturalisation. Ces lettres étaient aussi délivrées par le Souverain, mais devaient être vérifiées par les deux Chambres, et cette vérification, nous dit M. Duvergier[1], n'était pas une simple formalité. Aucune autre condition préalable n'était exigée pour la concession ; c'est, du moins, ce qui a été admis en pratique. Masséna est le premier à qui l'Ordonnance ait été appliquée ; des lettres semblables furent octroyées le 28 avril 1828 au prince d'Aremberg, le 4 novembre 1829 au prince de Hohenlohe-Barteinstein, maréchal de France, mais vingt et un étrangers seulement obtinrent cette faveur jusqu'au 24 février 1848. Cette mesure, restrictive des effets de la naturalisation, n'a pu atteindre ceux qui étaient déjà naturalisés avant 1814, sous peine de violer la règle de la non-rétroactivité des lois ; ils avaient, en effet, acquis définitivement la plénitude des droits de citoyen. La grande naturalisation fut abrogée implicitement par le décret du 5 mars 1848 et l'instruction conforme du 8 du même mois ; on y déclare éligibles tous les Français âgés de vingt-cinq ans, sans distinguer entre les indigènes et les naturalisés.

Le Gouvernement provisoire, dans un but libéral et égalitaire, avait supprimé la grande naturalisation ; il voulut aussi simplifier les règles établies pour la natura-

---

1. Duvergier, XXVIII, p. 1, 2ᵉ p.

lisation simple, et la faciliter, tout en maintenant cependant pour le gouvernement la faculté de l'accorder ou de la refuser à son gré.

Le décret du 28 mars 1848 déclare que : « Le Ministre de la justice est provisoirement autorisé à accorder la naturalisation à tous les étrangers qui la demanderont et qui justifieront par actes officiels ou authentiques qu'ils résident en France depuis cinq ans au moins, et qui, en outre, produiront à l'appui de leur demande l'attestation par le maire de Paris ou le préfet de police pour le département de la Seine, et par les commissaires du gouvernement pour les autres départements, qu'ils sont dignes à tous les rapports d'être admis à jouir des droits de citoyen français. » Ce décret, rendu surtout pour préparer les élections générales, devait entraîner des abus considérables; c'était, en effet, accorder à la fois trop de facilités : le stage réduit à cinq ans, la simple résidence suffisant, sans l'autorisation de domicile, et pouvant être établie non-seulement pour l'avenir, mais aussi dans le passé, augmentèrent le nombre des naturalisations dans une proportion effrayante. Dans un laps de temps de deux mois, près de trois mille étrangers obtinrent la qualité de Français, tandis qu'avant cette époque la moyenne ne dépassait pas cent par année[1]; le nombre des demandes devint tel que le Ministre de la justice dut suspendre l'exercice de ce droit[2], et bientôt une loi nouvelle vint abroger cette disposition transitoire et exorbitante.

Ces changements successifs avaient complétement modifié les principes mêmes de la Constitution du 22 frimaire an VIII; on sentit la nécessité de supprimer le décret

---

1. *Rapport* de M. Monthonx sur la loi de 1849, le 8 novembre.
2. Décret ministériel du 29 juin 1848.

du 28 mars 1848 et de faire une nouvelle loi sur la naturalisation.

La loi du 3 décembre 1849 reproduit à peu de choses près la législation en vigueur avant le décret du gouvernement provisoire; elle abroge, il est vrai, les autres lois antérieures pour l'avenir, mais ce n'est pas pour innover beaucoup : elle forme plutôt un tout de la Constitution de l'an viii, en y introduisant les modifications apportées depuis à ses dispositions. Cette loi est encore celle qui forme la base de notre législation actuelle, seulement nous verrons qu'elle a subi quelques changements, surtout en 1867; il importe de bien en préciser l'esprit et les conditions.

La loi de 1849 était appelée à restreindre les facilités accordées pour la naturalisation; la qualité de citoyen était devenue plus importante par l'extension des droits politiques et le suffrage universel, il fallait mettre un frein aux concessions politiques et exagérées du gouvernement provisoire [1].

C'est sous l'empire de ces idées éminemment sages que fut voté l'art. 1 pour abroger la loi du 14 octobre 1814, arbitrairement étendue et qui était encore appliquée aux habitants des pays annexés puis séparés de la France. La loi nouvelle écarte tout d'abord le système de la naturalisation de plein droit des législations intermédiaires, par le seul fait de l'accomplissement de certaines conditions; la qualité de Français ne pourra être conférée que par un acte libre de la souveraineté nationale qui délègue au Président de la République le pouvoir de statuer, à raison de la nature personnelle et des applications réitérées de cet acte. C'est donc une faveur que l'étranger

---

1. *Rapport* de M. de Montigny sur la loi de 1849.

sollicite et qui est laissée à l'appréciation du chef de l'État comme en 1809 ; seulement, pour plus de garanties, on exige d'abord une enquête du gouvernement sur la moralité du postulant et un avis favorable du Conseil d'État, disposition déjà insérée dans le décret du 19 février 1808 pour la naturalisation extraordinaire. Toutefois remarquons bien ici la situation faite au chef de l'État : si les conclusions du Conseil d'État sont favorables à la naturalisation, le Président de la République peut à son gré l'accorder ou la refuser ; mais si elles sont opposées à la demande, il ne peut pas passer outre. Cette règle, destinée à assurer un contrôle des actes du Pouvoir exécutif, s'est trouvée modifiée avec notre constitution politique, sous le régime impérial ; le Conseil d'État n'était plus un corps indépendant, nommé par l'Assemblée nationale, mais un simple Conseil du chef de l'État, dont celui-ci était libre de suivre ou rejeter les avis. La loi de 1867, art. 1er, ne laisse subsister aucun doute à cet égard.

Pour que la naturalisation puisse être prononcée, il faut, en outre, que le postulant remplisse certaines conditions. Il doit tout d'abord, pour faire courir les délais du stage, obtenir l'autorisation de fixer son domicile en France, conformément à l'art. 13 du Code Napoléon. L'art. 1er de la loi de 1849 a donc ainsi modifié l'art. 3 de la Constitution de frimaire an VIII ; nous avons vu que certains auteurs ne voyaient pas là une innovation, mais la consécration du droit existant ; nous avons admis, au contraire, que jusqu'à la loi de 1849, la simple déclaration de vouloir se fixer suffisait, et nous en avons surtout trouvé la preuve dans l'art. 6 de la loi que nous examinons. Le stage exigé est toujours de dix ans de résidence, il ne compte qu'à partir du décret d'autorisation de se domicilier, faveur qui ne peut s'accorder qu'au majeur de vingt et un ans.

L'article 2 a admis la naturalisation extraordinaire pour ceux qui ont rendu des services signalés; les mêmes conditions du droit commun sont exigées, seulement le stage est réduit à une année. C'est la reproduction du sénatus-consulte du 19 février 1808; toutefois, sous la République, l'avis contraire du Conseil d'État était obligatoire pour le Chef de l'État comme pour les autres naturalisations. Il faudra donc que l'étranger obtienne une autorisation préalable de se domicilier, et au bout d'un an, sur sa requête, le gouvernement décidera, après enquête et avis du Conseil d'État, s'il y a lieu de l'admettre au nombre des nationaux.

Lors de la discussion de la loi de 1849, la question qui souleva le plus de débats fut celle de savoir si la naturalisation conférée par le Chef de l'État entraînerait le droit d'éligibilité à l'Assemblée nationale; en un mot, si la grande naturalisation serait rétablie. Le rapport de la Commission était muet sur ce point; on devait en conclure au maintien de la suppression de l'Ordonnance de 1814, déjà abrogée le 5 mars 1848. Une proposition de M. Mauguin, tendant à faire revivre les anciennes incapacités, fit naître la discussion. La Commission se rallia à l'amendement présenté, expliquant son silence par la crainte de violer la Constitution qui déclare, dans l'article 26, que tout Français jouissant de ses droits politiques est électeur, et tout électeur éligible; si elle accepta cependant la modification proposée, c'est que, suivant elle, les mots : *tout Français*, ne s'appliquent qu'aux Français d'origine, de naissance, non aux naturalisés, et que la Constitution elle-même admet que des lois peuvent enlever à des électeurs le droit d'éligibilité.

Quel que soit le mérite de ces motifs, la Chambre consacra cette interprétation par son vote, et la grande naturalisation fut rétablie, sans préjudice toutefois des droits de ceux qui, déjà naturalisés, avaient, par l'application des lois antérieures, obtenu le droit à l'éligibilité. Comme l'a très-bien fait remarquer M. Valette dans la discussion : « Ces naturalisés ont eu la plénitude des droits de citoyen, et, ce qui le prouve, c'est que ceux d'entre eux qui ont été élus ont été simplement vérifiés comme députés nommés ; on ne leur a pas accordé de lettres de grande naturalisation. Puis est venue la Constitution, qui les a saisis et qui a dit : Sont éligibles, sans condition de cens et de domicile, tous les électeurs âgés de vingt-cinq ans. — On ne niera pas qu'ils ne fussent électeurs. Ils ont été éligibles en vertu de la Constitution ; ils ont acquis le droit, et ce droit une fois acquis, vous ne pouvez pas l'enlever. Vous pouvez bien réglementer comment et dans quelle proportion vous accorderez ce droit à ceux que vous agréerez à l'avenir ; mais quant à faire un demi-citoyen de celui qui est citoyen complet, c'est ce que vous ne ferez jamais sans violer la règle de l'effet rétroactif[1]. » Ce n'est donc que celui qui est encore étranger qui devra désormais, pour être admis à siéger dans la Chambre législative, obtenir la grande naturalisation et être revêtu de l'éligibilité en vertu d'une loi.

Cette disposition a-t-elle subsisté après la Constitution de 1852? La question n'a plus aujourd'hui qu'un intérêt historique, elle mérite cependant d'être examinée à cause des vives controverses qu'elle a soulevées, notamment en 1863 pour l'élection de M. de La Valette. Sans doute on ne peut citer un texte positif, abrogeant expli-

---

1. *Moniteur* du 1er déc. 1849.

citement la loi de 1849, mais on pourrait en dire autant
des différentes législations qui se sont succédées en matière
de naturalization; l'abrogation d'une loi précédente résulte des dispositions postérieures qui l'excluent; on doit
en décider de même ici : l'art. 20 de la Constitution du 14
janvier 1852 a donné à l'Empereur le droit de choisir les
sénateurs parmi tous les citoyens, les art. 12 et 26 du décret organique du 2 février 1852 établissent le principe du
suffrage universel et décident que tous les Français âgés de
vingt-cinq ans et jouissant de leurs droits civils et politiques, sont éligibles au Corps législatif; ne faut-il pas en
conclure que les lois antérieures contraires à ces principes
avaient cessé d'exister et que la grande naturalisation était
incompatible avec notre constitution politique? Ces raisons
n'ont pas été comprises par tous les auteurs, mais le Sénat
d'abord, puis le Corps législatif, ont admis dans leurs décisions cette manière de voir, et il est certain que, du
moins en fait, la loi de 1849, relativement à l'éligibilité
des Français naturalisés, n'a plus été appliquée. En tous
cas, la loi de 1867 a formellement sanctionné cette abrogation, car, reproduisant textuellement l'art. 1er de la loi
de 1849, elle en a retranché le dernier paragraphe relatif
à la grande naturalisation, et son art. 3 abroge l'art. 5 de
la loi de 1849; enfin un amendement proposé pour restreindre aux étrangers naturalisés par une loi l'admission au Corps législatif, fut repoussé; aujourd'hui donc,
au moins, il n'y a plus de distinction à faire entre les
Français. M. le rapporteur l'a dit : « Contraire à la
liberté du suffrage universel, à l'esprit de la Constitution,
au texte du décret organique du 2 février 1852 sur les
élections, reconnue enfin par un vote récent du Corps
législatif n'être plus en vigueur, cette disposition ne
pouvait à aucun titre être maintenue dans la loi nou-

velle. Le Gouvernement, en proposant d'en *consacrer* l'abrogation, donne satisfaction à un principe constitutionnel en même temps qu'il se conforme à un précédent créé par la Chambre [1]. »

Lorsque le pouvoir de naturaliser était l'apanage du Corps législatif, il appartenait aux tribunaux de juger les contestations; depuis que le Chef du gouvernement a ce privilége, le Conseil d'État entendu, c'est à ce Conseil, saisi par la voie contentieuse, à trancher les difficultés sur l'existence des conditions légales exigées.

Avant d'entreprendre l'étude de la loi de 1867, qui introduisit d'importantes modifications pour les conditions de la naturalisation en général, nous devons mentionner quelques exceptions à la loi de 1849. Le décret du 30 juin 1860, que nous avons déjà examiné, contient des dispositions transitoires, plus favorables que celles du droit commun, en faveur des sujets sardes. Un sénatus-consulte du 14 juillet 1865 permet (art. 3) aux étrangers établis en Algérie, après trois années de résidence, de demander la naturalisation, sans avoir à justifier qu'ils ont préalablement obtenu une autorisation de se domicilier. D'après l'art. 4 du même acte, la qualité de Français ne peut être obtenue qu'à l'âge de vingt et un ans accomplis; elle est conférée par décret rendu en Conseil d'État [2]. Enfin, un décret du 24 octobre 1870, relatif à la naturalisation des étrangers résidant en Algérie, déclare (art. 3) que le gouverneur civil prononce sur les demandes en naturalisation, après avis du comité consultatif [3].

La rigueur de la loi de 1849 donnait lieu à de nom-

---

1. Rapport sur la loi de 1867.
2. *B. des lois*, 1865, n° 1315, p. 177.
3. *B. des lois*, 1870, n° 8, p. 109.

breuses réclamations; cette longue épreuve n'était plus nécessaire, car si l'état de la France avait pu nécessiter des mesures sévères, elles étaient devenues sans motifs, et les relations internationales augmentant de jour en jour, une réforme était indispensable. « L'état des relations de la France avec l'Europe, dit le rapporteur [1], devait inspirer de légitimes défiances envers celui qui, pour devenir Français, se séparait d'une nation en armes contre la France. Aussi la législation de cette époque semble-t-elle attester de la part des pouvoirs publics une préoccupation plus vive de garder nos frontières que d'élargir notre hospitalité. Les mêmes défiances n'existent plus, les communications sont devenues plus rapides, les relations plus fréquentes et plus suivies. Le délai de dix ans est excessif, il est un empêchement aux demandes de naturalisation à cause de la longue attente. Les étrangers se contentent d'une autorisation de domicile; aussi les décrets d'admission à domicile sont-ils plus nombreux que les décrets de naturalisation. Les premiers donnent la jouissance de tous les droits civils (art. 13, C. N.), et ceux qui les ont obtenus possèdent les avantages du regnicole sans supporter ses charges. » Le législateur, pénétré de ces idées, sans modifier toutefois les principes fondamentaux de la législation antérieure, voulut atténuer certaines exigences de la loi de 1819 devenues superflues, tout en conservant les autres garanties essentielles pour l'honneur et l'intérêt général de la nation.

La loi nouvelle du 29 juin 1867 repousse aussi la naturalisation de plein droit, et conserve au chef de l'État le privilége d'accueillir ou de repousser les demandes des étrangers. Il faut, comme auparavant, obtenir tout

---

1. *Rapport* de M. CHADENET, 17 mai 1867, sur le projet de loi.

d'abord une autorisation de domicile du gouvernement et être âgé de vingt-un ans; lorsque le temps du stage est expiré, intervient, après enquête et avis du Conseil d'État, si le Chef de l'État juge devoir faire droit à la requête du postulant, un décret de naturalisation. Les modifications introduites se réfèrent à la durée du stage, à son point de départ et à quelques-uns des effets de la naturalisation.

L'article 1er est ainsi conçu : « Les art. 1 et 2 de la loi du 3 décembre 1849, sont remplacés par les dispositions suivantes :

Art. 1er. L'étranger qui, après l'âge de vingt-un ans accomplis, a, conformément à l'art. 13 du Code Napoléon, obtenu l'autorisation d'établir son domicile en France, et y a résidé pendant trois années, peut être admis à jouir de tous les droits de citoyen français.

Les trois années courront à partir du jour où la demande d'autorisation aura été enregistrée au Ministère de la justice.

Est assimilé à la résidence en France le séjour en pays étranger pour l'exercice d'une fonction conférée par le gouvernement français.

Il est statué sur la demande en naturalisation, après enquête sur la moralité de l'étranger, par un décret de l'Empereur, rendu sur le rapport du Ministre de la justice, le Conseil d'État entendu. »

La première modification à signaler c'est la réduction du stage à trois années, il a paru suffisant pour que l'épreuve fût encore concluante et sérieuse, il est conforme à celui exigé pour l'Algérie par le sénatus-consulte du 14 juillet 1865, enfin l'épreuve est complétée par d'autres garanties qui assurent l'adoption de ceux-là seuls qui en sont dignes.

Depuis la loi du 3 décembre 1849, le délai fixé pour le stage comptait de la date du décret qui avait admis l'étranger à établir son domicile en France ; la loi de 1867 fixe le point de départ du jour où la demande d'autorisation aura été enregistrée au Ministère de la justice. Cette disposition toute de procédure ne s'applique qu'aux demandes de domicile postérieures à la loi, elle n'est pas applicable à celles qui avaient déjà été formées.

Le même article contient une innovation heureuse en assimilant à la résidence en France le séjour en pays étranger pour l'exercice d'une fonction conférée par le gouvernement français. Jusque-là on était dans l'impossibilité d'accorder la naturalisation à certains de nos agents dévoués, tels que les drogmans et commis de chancellerie, étrangers employés dans nos légations et consulats ; ils servent la France tout en restant dans leur pays, et leurs fonctions mêmes les empêchaient d'être gratifiés du titre de Français, puisqu'ils ne pouvaient avoir la résidence effective en France, exigée par la loi de 1849. Désormais, grâce à la disposition favorable de la loi de 1867, on pourra reconnaître ainsi leurs services et faire droit à leur demande ; après trois ans, à dater du jour de l'enregistrement de l'autorisation de domicile au Ministère de la justice, il leur sera possible de réclamer cette faveur, qui leur sera accordée, s'ils la méritent, après enquête et avis du Conseil d'État. Cette innovation est un encouragement donné à tous nos agents étrangers, car outre l'honneur conféré par notre nationalité, le titre de Français rend ces personnes aptes aux fonctions diplomatiques pour lesquelles on exige la qualité de Français de naissance ou d'adoption [1].

---

1. Ord. royales des 30 août, 17 sept. 1831, art. 39 et 40.

Article 2 de la loi de 1867 : « Le délai de trois ans, fixé par l'article précédent, pourra être réduit à une seule année en faveur des étrangers qui auront rendu à la France des services importants; qui auront introduit en France soit une industrie, soit des inventions utiles; qui y auront apporté des talents distingués; qui y auront formé de grands établissements ou créé de grandes exploitations agricoles. » C'est la reproduction à peu près identique de l'art. 2 de la loi de 1819; seulement le législateur, pour favoriser l'agriculture, a ajouté une nouvelle cause de naturalisation extraordinaire, c'est la création de grandes exploitations agricoles. En dehors de la réduction du stage à un an, les mêmes formalités et conditions doivent être remplies pour la naturalisation extraordinaire et pour celle du droit commun.

L'article 3 et dernier de la loi nouvelle porte : « L'article 5 de la loi du 3 décembre 1819 est abrogé. » Nous avons déjà dit que la loi de 1867 a fait cesser toute espèce de doute au sujet de la grande naturalisation, et qu'elle en consacre l'abrogation. En effet, elle a omis le dernier paragraphe de l'art. 1er de la loi de 1819 où il en était question, et elle abroge l'art. 5 de la même loi qui, par une disposition transitoire, maintenait le droit d'égilibilité acquis par les naturalisés avant sa promulgation; cet article était devenu sans objet, puisqu'on écartait la disposition à laquelle il se référait. Du reste, l'exposé des motifs et le rapport de M. Chadenet sont formels sur ce point.

Pendant la dernière guerre, le gouvernement de la Défense nationale, pour faciliter la naturalisation, promulgua un décret, le 12 septembre 1870, permettant provisoirement au Ministre de la justice « de statuer, sans prendre l'avis du Conseil d'État, sur les demandes de naturalisation formées par les étrangers qui ont obtenu l'autorisation d'établir leur domicile en France, conformément aux dispositions de l'art. 13 du Code civil, ou qui auront fait, antérieurement à la promulgation de la loi du 3 décembre 1849, la déclaration prescrite par l'art. 3 de la Constitution de l'an VIII[1] » Ce décret cessa d'être en vigueur aussitôt que la raison qui y avait donné lieu disparut. A la même époque, deux autres décrets plus importants vinrent établir une dérogation favorable à l'art. 2 de la loi de 1867. Aux termes de cette loi, le stage exigé pour la naturalisation exceptionnelle est d'un an; cette épreuve est supprimée en faveur des étrangers qui ont rendu à la France des services pendant la dernière guerre contre l'Allemagne. Le premier décret du 26 octobre 1870 est ainsi conçu : « Art. 1er. — Le délai d'un an exigé par l'art. 2 de la loi du 3 décembre 1849, modifié par la loi du 29 juin 1867, pour la naturalisation exceptionnelle, ne sera pas imposé aux étrangers qui auront pris part à la guerre actuelle pour la défense de la France. En conséquence, ces étrangers pourront être naturalisés aussitôt après leur admission à domicile, sauf l'enquête prescrite par la loi. — Art. 3. Les dispositions qui précèdent ne seront applicables qu'aux demandes formées avant l'expiration des deux mois qui suivront la cessation de la guerre[2]. » Le second décret du 19 novembre 1870 vient réglementer l'application du premier et spécifier les conditions de cette naturalisation exceptionnelle. En voici les termes : « Art. 1er. — Sera considéré comme ayant pris part à la guerre, tout étranger qui se sera engagé au service militaire ou maritime,

---

1. *B. des lois*, 1870, n° 5, p. 35.
2. *B. des lois*, n° 25, p. 137.

ou aura obtenu un grade ou brevet dans l'armée auxiliaire, ou une légion étrangère, ou qui aura rempli une fonction conférée par le Gouvernement de la République, soit aux armées, soit dans un service public assimilé au service militaire, ou qui aura accepté ou rempli une mission conférée par l'autorité compétente, pour l'armement et la fabrication des armes ou munitions, ou pour les hôpitaux militaires et les soins des blessés....., ou pour d'autres actes utiles aux armées françaises, autorisés et convenus avec l'autorité et constituant une action personnelle et directe, à l'exclusion d'une simple coopération pécuniaire. — Art. 2. Si l'étranger a déjà été admis à domicile, la naturalisation pourra être prononcée aussitôt après la clôture de l'enquête ordinaire, où il aura été justifié de l'accomplissement des conditions spéciales spécifiées en l'art. 1er. — Art. 3. Si l'admission à domicile n'a pas encore été accordée, une seule enquête suffira pour prononcer simultanément, et par une même décision, l'admission à domicile et l'admission à la jouissance des droits de citoyen français. — Art. 4. Sont considérées comme formées dans le délai de deux mois, imparti par l'art. 3 du décret du 26 octobre, les demandes enregistrées, soit au Ministère de la justice, soit à la préfecture du département où réside l'étranger, et qui auront ainsi acquis une date certaine[1]. » Ces dispositions tout à fait temporaires et exceptionnelles devaient nécessairement disparaître avec les motifs qui les avaient inspirées : nous sommes encore aujourd'hui régis par la loi de 1819 modifiée par la loi de 1867.

En dehors des circonstances où la naturalisation est accordée par bienfait de la loi, la nationalité française

---

1. *B. des lois*, n° 13, p. 191.

ne peut s'obtenir qu'en remplissant les conditions spécifiées par la loi de 1867. Ainsi, le séjour prolongé en
France ne peut suffire à lui seul pour donner la qualité
de Français. La question cependant a été discutée.
Quelques-uns ont prétendu que la naturalisation pouvait s'acquérir par la prescription trentenaire, mais ils ne
tenaient pas compte de l'art. 2226 du Code civil, qui dit
qu'on ne peut prescrire le domaine des choses qui ne
sont pas dans le commerce.[1] D'autres auteurs ont trouvé
dans l'art. 726, C. c., un système de réciprocité qu'ils
appliquent à notre hypothèse : d'après l'art. 17, 3°, disent-ils, le Français qui s'établit en pays étranger sans
esprit de retour, perd sa qualité; on doit admettre réciproquement que l'étranger qui s'établit en France à
perpétuelle demeure, acquiert la nationalité française,
surtout lorsqu'il a accepté les charges de nos lois sans
exciper de son extranéité. Cette opinion n'est pas admissible; et d'abord la déduction que l'on tire de l'art. 17
n'est pas exacte, car s'il est vrai que la qualité de Français
est perdue par l'établissement à l'étranger, il n'en résulte pas qu'on acquière en même temps une nationalité
nouvelle; remarquons ensuite que plusieurs législations étrangères n'admettent pas qu'un établissement à
l'étranger fasse perdre la nationalité; dès lors comment
appliquer le principe de réciprocité? D'ailleurs la controverse n'est plus guère possible depuis les lois de 1819
et de 1851 exclusives de la naturalisation par prescription. Une autre opinion encore fait résulter d'une longue résidence en France une qualité intermédiaire, sous
le nom d'incolat; nous ne croyons pas nécessaire de nous
y arrêter, le moindre défaut de ce système est d'être com-

---

1. Cour d'Agen, 30 mai 1834.

plétement arbitraire et il se trouve contredit par toute notre législation[1].

A différentes reprises, on a proposé au Corps législatif des modifications tendant à introduire une nouvelle cause d'acquisition de la qualité de Français par l'incolat, afin surtout de ne pas voir indéfiniment exempts du service militaire les individus qui s'établissent en France pendant plusieurs générations, et sont admis à partager tous les avantages de notre nationalité sans en supporter les charges[2]. Est-il à désirer qu'une semblable réforme soit introduite dans notre législation? Notre réponse peut se déduire facilement de tout ce que nous avons dit précédemment : nous avons critiqué la loi de 1851 qui confère la nationalité française à celui qui est né en France d'un étranger, qui lui-même y est né, et qui attribue ainsi à la naissance sur le sol des effets, selon nous, beaucoup trop étendus et d'une autre époque; et cependant, dans ce cas, l'enfant d'origine étrangère peut encore réclamer la qualité d'étranger à sa majorité; *a fortiori* nous sommes opposé à ce qu'au bout d'un certain temps, de plusieurs générations même, on incorpore définitivement des étrangers dans la grande famille française. Je ne saurais mieux faire pour répondre aux partisans de la nationalité par l'incolat que de citer les paroles de M. Cauwès[3] : « La qualité de Français, dit-il, impose des devoirs qui doivent être librement acceptés, puis le législateur doit se garder d'entraver, en aucune mesure, les établissements créés par des étrangers

---

1. Art. 9 du Code civil.

2. Loi du 21 mars 1832, amendements de MM. Teste et Poulle, de M. Passy.— *Travaux préparatoires* de la loi de 1851. — Loi de 1867 sur la nat. — Loi de 1868 sur l'armée. — Loi de 1869 sur le recrutement, amend. de MM. Des Rotours et marquis D'Andelarre.

3. *Modifications à introduire à la loi du recrutement*, p. 26.

en France ; or la crainte de perdre leur nationalité pourrait en détourner beaucoup de venir importer chez nous leurs capitaux et leur industrie. N'oublions pas qu'en déclarant Français des étrangers établis en France, nous exposerions des Français en pays étranger à perdre une qualité qui leur est chère. Enfin, au nom de l'intérêt de la France, on doit s'opposer à cette incorporation rendue obligatoire pour les familles d'origine étrangère : certaines régions frontières de notre pays n'ont plus, par suite des nombreuses familles étrangères qui s'y sont établies, une population parfaitement homogène ; tant qu'il subsiste une certaine démarcation entre les sujets étrangers et les Français, par la naissance ou par la volonté, un même esprit de patriotisme anime ceux-ci ; mais qu'on rende Français malgré eux les sujets étrangers, et le sentiment national s'affaiblira dans ces contrées. » En tout cas, si l'on avait voulu remédier à la législation antérieure qui appelait au tirage ces individus, Français sous condition résolutoire, et qui, suivant la réponse du sort, restaient des nôtres ou excipaient de leur extranéité, il aurait suffi, comme le propose le même auteur, de ne les comprendre sur les listes du contingent qu'après leur 22e année, lorsque par leur silence ils auraient définitivement acquis la qualité de Français. Mais il n'est pas nécessaire d'admettre un nouveau mode pour acquérir la qualité de Français ; le caractère de notre législation est que, loin de vouloir s'imposer à l'étranger, elle lui demande toujours une manifestation, soit expresse soit tacite de sa volonté ; il faut persister dans cette voie. Jusqu'ici on a repoussé toute réforme, parce que, comme l'a dit M. Benoît-Champy au nom de la Commission : « Adopter purement et simplement la proposition et rendre Français de plein droit l'étranger né en France, même à la seconde génération, n'était-ce pas encourir le reproche qu'on adressait à notre ancienne législation de faire des Français malgré eux[1]? » La même remarque s'applique à la naturalisation qui résulterait de droit d'un séjour plus ou moins prolongé en France; nous désirons voir le législateur persévérer dans l'idée qui a constamment guidé ses devanciers, c'est-à-dire que la naturalisation ne s'impose pas, mais s'accorde à ceux qui la demandent et en sont jugés dignes.

Il nous reste, pour terminer ce chapitre, à dire quelques mots des effets et de la preuve de la naturalisation. Elle a pour effet d'assimiler complétement le naturalisé au national, du moins depuis la loi de 1867. Nous devons toutefois rappeler qu'une disposition de notre ancien Droit est passée dans les articles organiques de notre droit ecclésiastique actuel (art. 16) : « L'on ne pourra être nommé évêque si l'on n'est originaire français[2]. »

De tout temps, la naturalisation accordée à l'étranger n'a produit d'effets que quant à lui, c'est un droit purement personnel qu'il ne peut communiquer à d'autres par son seul fait. Nous avons déjà admis cette règle pour la femme : elle suit par exception la condition de son mari au moment du mariage, mais après, sa nationalité est indépendante, elle la conserve malgré les changements de celle de son mari ; il en est de même pour les enfants nés avant la naturalisation de leur père, ils gardent leur première nationalité de naissance. C'est à tort que quelques auteurs avaient voulu distinguer entre les majeurs et les mineurs, imposant à ces derniers le changement de nationalité ; sur quoi s'appuierait cette décision arbitraire? Notre ancien Droit n'ad-

---

1. *Moniteur* du 6 janv. 1850.
2. DUPUY, *Preuve des libertés gallicanes.*

mettait aucune distinction[1] et aucun texte n'a modifié cette règle. Au contraire, la loi de 1851 est venue régler la condition des enfants d'un étranger naturalisé après leur naissance; ce n'est que sur leur demande et en remplissant les formalités de l'art. 9 qu'ils deviennent Français, ils n'acquièrent donc pas de plein droit cette qualité par suite de la naturalisation de leur auteur. On doit conclure en sens inverse que la perte de la nationalité française par le père ne doit pas par elle-même influer sur l'état de ses enfants déjà nés, majeurs ou mineurs[2]. Du reste, l'art. 10 indiquant comment l'enfant né à l'étranger d'un ci-devant Français pourra acquérir cette qualité, ne parle pas des enfants nés avant la perte de la nationalité du père, ce qui prouve bien qu'on les considère comme restés Français.

Il serait aussi injuste de faire profiter les enfants de l'accomplissement de conditions qu'ils n'ont pas personnellement remplies, que de donner au père le droit de renoncer pour eux à son gré à leur nationalité d'origine[3].

Dans l'ancien Droit français la preuve de la naturalisation se faisait par les lettres de naturalité délivrées par le souverain. Ces lettres ont été abolies par la Révolution; les naturalisations conférées sous les Constitutions du droit intermédiaire n'étaient plus établies par aucun acte particulier; en cas de contestation, c'était aux tribunaux judiciaires à apprécier si les conditions imposées par la loi avaient été remplies; leur jugement

1. Por., *des pers.*, 1re p., tit II, sect. 3.
2. Merlin, *Rép.*, v° Légitime, S. 3, § 1, n° 9. — Cass., 13 janv. 1815.
3. A. et R., I, § 71, note 31. — Dur., I, 120. — Richelot, I, 71. — Dexol., I, 175. — Grenoble, 16 déc. 1828. — Douai, 28 mars 1831. — Nancy, 29 nov. 1819. — Paris, 23 juin 1859. — Cass., 5 mai 1869. *Contra,* Duvergier, *Consult.* — Taulier, I, p. 111. — Arrêts.

déterminait la nationalité. Le décret du 17 mars 1809 rendit au gouvernement le privilége de naturaliser; la naturalisation fut alors accordée par décret qui devenait définitif par son insertion au *Bulletin des lois;* une ampliation en était délivrée à la partie intéressée. Les tribunaux n'eurent plus à examiner les questions de validité de l'acte; s'ils interviennent encore quelquefois, c'est seulement pour déterminer les effets de la mesure régulièrement octroyée; le Conseil d'État peut seul décider si l'acte a été régulièrement rendu et sous les conditions légales, le jugement ne peut plus en effet tenir lieu de l'autorisation administrative. L'Ordonnance du 8 octobre 1814 rétablit l'ancienne forme des lettres de naturalité; la délivrance de ces lettres patentes conféra comme autrefois la naturalisation et elles servirent seules à en faire preuve. Elles furent de nouveau et définitivement supprimées par décret du 24 février 1848, et on en revint à la forme du décret qui devient parfait par l'insertion au *Bulletin des lois* et dont copie est délivrée à l'impétrant. Cette législation est encore en vigueur; l'insertion seule rend la naturalisation définitive, jusque-là elle peut être révoquée. Il en est de même de l'autorisation de domicile; d'après l'art. 3 de la loi du 3 décembre 1849 : «Tant que la naturalisation n'aura pas été prononcée, l'autorisation accordée à l'étranger d'établir son domicile en France pourra toujours être révoquée ou modifiée par décision du gouvernement, qui devra prendre l'avis du Conseil d'État. »

Autrefois, les lettres de naturalité, quoique délivrées, pouvaient cependant encore être annulées, et les titulaires durent à plusieurs reprises les renouveler sous Henri IV et Louis XIV, à peine de déchéance. La législation intermédiaire, regardant la naturalisation non plus comme une faveur, mais comme un droit acquis par l'accomplissement des formalités légales, devait les déclarer irrévocables. Aujourd'hui, bien qu'on ait écarté le système de la naturalisation de plein droit, on a conservé le principe de l'irrévocabilité ; la nationalité française une fois conférée, le naturalisé Français ne peut plus devenir étranger que pour une des causes qui feraient perdre à tout autre Français sa nationalité.

Jetons un instant les yeux en arrière, avant de continuer ce travail, afin de considérer les époques successives que nous avons parcourues. Combien est différente la condition de l'étranger, combien la naturalisation telle qu'on la comprend, telle qu'on la pratique aujourd'hui, est loin du mépris et de la dureté persistants à son égard chez tous les peuples pendant des siècles ! Les mesures rigoureuses que les rédacteurs de notre Code avaient édictées par nécessité[1] se sont modifiées en faveur de l'étranger, et cette fois les autres nations du globe nous ont suivis dans la voie du progrès : chez presque toutes nous pouvons constater avec bonheur la marche ascendante de la civilisation. Comment nous expliquer ces changements presque subits et inattendus, comment concevoir d'un autre côté qu'on soit resté si longtemps dans une véritable barbarie ? Il fallait que l'impulsion fût donnée et c'est à notre grande Révolution que l'on doit ce bienfait, c'est à elle que revient cette gloire toute pacifique. Il est certain que les anciens n'avaient pas l'idée d'un droit universel ; leurs législateurs n'avaient pu s'inspirer à l'idée chrétienne de la fraternité, qui seule peut conduire les peuples à la vraie civilisation : dès lors on ne saurait s'étonner que « les lois de Manou, de Minos, de

---

1. Disc. du tribun GARY.

Solon, de Lycurgue, de Numa, les institutions les plus célèbres gisent à terre, monuments brisés d'une vertu trop médiocre pour avoir réfléchi suffisamment l'éternelle physionomie de la justice incréée[1]. » Sous le régime féodal ensuite, la France se trouve divisée en une foule de petits États dont les souverains luttent pour leur indépendance, et cherchent naturellement à augmenter leurs serfs et leurs vassaux afin de pouvoir résister à leurs voisins. Ces idées, profondément enracinées dans notre pays et adoptées par les autres nations, ne pouvaient disparaître avec tous les préjugés et les priviléges que par une révolution générale ; elles s'appropriaient du reste à la position qu'occupait la France en Europe, elles convenaient à l'esprit égoïste et dominateur qui gouvernait le pays. L'Assemblée constituante, rompant avec tout ce qui rappelait le passé, alors qu'elle proclamait non-seulement l'égalité des citoyens mais l'égalité de tous les hommes, ne pouvait pas, sans se déjuger, rester en arrière sur ce terrain. Les principes rétrogrades adoptés par les législateurs du Code civil dans un moment de réaction ne devaient pas non plus subsister longtemps, ou du moins être entièrement conservés au milieu des idées nouvelles qui se sont fait jour, des besoins actuels qui iront toujours croissants. On ne peut se le dissimuler, une modification profonde s'est produite dans les conditions de l'existence et de l'activité humaine. Par suite des inventions nouvelles, des créations dues au génie de l'homme, des prodiges véritables accomplis, dont l'idée seule eût été naguère taxée de folie, aujourd'hui, on peut le dire, on ne connaît plus les distances, les plus larges fleuves unissent

---

1. LACORDAIRE, t. III, p. 77.

leurs rives, les mers se rejoignent, les obstacles les plus insurmontables sont aplanis, la pensée s'échange en quelques instants avec la rapidité de l'éclair, d'une partie du monde à l'autre, en un mot, l'homme ne connait plus ni le temps ni l'espace. Comment s'étonner qu'un tel changement soit survenu dans l'ordre des choses, lorsqu'on a su tirer des armes aussi puissantes de ces forces jusqu'alors inconnues. N'est-il pas naturel que l'ouvrier, qui le peut à son gré, aille demander au pays voisin un salaire plus rémunérateur, que le commerçant étende le cercle de ses affaires, que l'industriel transporte à l'étranger ses inventions mieux accueillies, que le spéculateur cherche à y réaliser ses espérances, y porte ses téméraires entreprises? Est-il étonnant enfin que le désir intelligent de voir, de comparer, de s'instruire se soit emparé des meilleurs esprits? Pour satisfaire tous ces instincts devenus aujourd'hui communs à tous les peuples du globe, l'émigration s'est accrue dans des proportions effrayantes, loi fatale pour certains peuples, lucrative pour d'autres. Mais aussi, par suite de cette modification dans la vie et dans les mœurs, l'isolement est devenu impossible entre les nations; les rapports et les points de contact sont devenus incessants par l'industrie, le commerce, les alliances, les luttes pacifiques de l'univers entier organisées à chaque instant dans les grandes capitales du monde civilisé, pour toutes les branches de la production, pour les sciences, les lettres, les arts. Comment, sous l'empire de cette ère nouvelle, les peuples pourraient-ils professer un exclusivisme indifférent ou égoïste? Ils ont tous un intérêt quelconque à se rapprocher, à retenir chez eux l'étranger; les uns, moins favorisés, pour attirer les habitants des contrées plus avancées en civilisation; les autres, pour augmenter les produits et les richesses de leur pays plus fortuné. Aussi, chaque nation, dans son propre intérêt, est arrivée à rendre la position de l'étranger des plus favorables : il est, en général, pour la jouissance des droits civils, assimilé au national lui-même, et après l'avoir engagé à se fixer, on lui facilite, pour l'attacher définitivement, l'accès de sa patrie d'adoption.

Mais il faut se garder, sous prétexte de fraternité, de tomber dans un excès dangereux ; il faut savoir en toutes choses éviter de se laisser entraîner par des sentiments qui ne reposent souvent que sur des mots ou de pures abstractions et qui nous feraient rechercher un idéal vers lequel on ne peut tendre sans les plus grands périls pour soi-même. Gardons-nous à notre tour de vouloir réaliser cette sublime niaiserie des hommes de la Révolution qui se promettaient ainsi de régénérer le monde, de faire triompher la vertu et ramener le bonheur sur la terre. Les projets d'Anacharsis Clootz ont encore des partisans : « La souveraineté, disait-il, réside essentiellement dans le genre humain entier ; le genre humain régénéré est le peuple-Dieu dont la France constitue le berceau et le point de ralliement[1]. » L'abbé de Saint-Pierre n'a-t-il pas proposé un projet de paix perpétuelle que Rousseau, en admettant qu'il fût praticable, jugeait devoir faire plus de mal qu'il n'en préviendrait, pour des siècles ? Dans ces derniers temps ne parlait-on pas, à la veille de luttes sanglantes, de la paix universelle, du désarmement de tous les peuples, de la fondation des États-Unis d'Europe ! Ce sont là, à notre avis, des idées chimériques qu'ont pu émettre de bonne foi certains hommes enthou-

---

[1]. Disc. pron. à la Conv. le 24 av. 1792. — Disc. de M. CHAMIOT, 21 nov. 1849.

siastes, mais qui sont surtout l'œuvre du socialisme et dont doit se défendre tout homme honnête et sensé. Comme l'a dit le conseiller Treilhard[1] : « Le projet de détruire les barrières qui séparent tous les peuples, de confondre tous leurs intérêts et de ne plus former, s'il est permis de le dire, qu'une seule nation sur la terre, est sans doute une conception également hardie et généreuse; mais ceux qui en ont été capables ont-ils vu les hommes tels qu'ils sont ou tels qu'ils le désirent? — Consultons l'histoire de tous les temps, de tous les peuples, et jetons surtout nos regards autour de nous. Si l'on fit tant d'efforts pénibles et trop souvent inutiles pour maintenir l'harmonie dans une seule nation, dans une seule famille, pouvons-nous raisonnablement espérer la réalisation d'une harmonie universelle, et le monde moral doit-il être plus que le monde physique à l'abri des ouragans et des tempêtes? — Au lieu de se livrer aux illusions trop souvent trompeuses des théories, ne vaut-il pas mieux faire des lois qui s'appliquent aux caractères et aux esprits que nous connaissons? » Sans doute, il faut applaudir aux progrès de la civilisation, qui facilitent les rapports entre les nations, qui rendent meilleure la situation de l'étranger, qui lui permettent d'entrer dans une nouvelle patrie lorsqu'il en est reconnu digne; cependant la naturalisation ne doit pas être en général un droit mais une faveur, un privilége dont la concession est en principe limitée.

« La communication facile, établie pour nous enrichir de la population et de l'industrie des autres nations, pourrait aussi quelquefois nous apporter leur écume. Tout n'est pas toujours bénéfice dans un pareil commerce, et l'on ne trouvera quelquefois que des germes de cor-

---

1. *Exposé des motifs*, 14 ventôse an XL

ruption et d'anarchie où l'on avait droit d'espérer des principes de prospérité et de vie. — L'admission indéfinie des étrangers peut avoir quelques avantages; mais nous ne savons que trop qu'on ne s'enrichit pas toujours des pertes ou des désertions de ses voisins, et qu'un ennemi peut faire quelquefois des présents bien funestes[1]. »

Au point de vue social et économique, les opinions ont beaucoup varié. Cette question était débattue dès l'antiquité la plus reculée. Nous avons vu l'exclusivisme contribuer à la décadence de Sparte et d'Athènes ; d'un autre côté, la prodigalité de Rome fut cause de sa ruine. Aussi nous pensons que l'on doit user du bienfait de la naturalisation, mais il faut le faire sagement et à bon escient, ne pas se laisser emporter par le courant de théories qui vous amènent échouer contre un écueil redoutable : la naturalisation d'indignes ou d'indifférents. Il faut que ceux qu'on accueille adoptent leur nouvelle patrie du fond du cœur, non par intérêt; il faut qu'on ne voie plus s'immiscer parmi les nationaux de faux frères qui, au jour des revers, vous abandonnent, souvent pour devenir des espions et des ennemis acharnés; il faut éviter que le flot des étrangers vienne partager les avantages de notre nationalité sans en supporter les charges, et envahisse nos attrayantes contrées qui souvent déjà s'en sont émues à juste titre; il faut enfin que l'on considère toujours comme un honneur, une récompense à obtenir, le titre de Français. Pour cela, il ne faut pas le prodiguer, ce qui pourrait le déconsidérer, diminuer du moins nécessairement sa valeur aux yeux de ceux qui le

---

1. *Exposé des motifs*, par TREILHARD, 14 ventôse an XI. — SIMÉON, 21 nov. 1819.

portent. M. Beudant l'a dit avec raison [1]: le vrai caractère de la naturalisation ne se trouve « qu'aux époques où elle est rare, où elle est pour les nations ce qu'est l'adoption pour la famille, et je comprends mieux encore l'orgueil d'une nation que d'une famille. » N'est-il pas vrai en effet « que l'on affaiblit les affections en les généralisant trop, que la patrie n'est guère plus rien pour celui qui n'a que le monde pour patrie [2]? » Conservons le culte du foyer domestique, du toit des ancêtres, du clocher de la ville natale, source inépuisable et assurée « d'où découlent l'honneur et le respect du drapeau, le patriotisme, ces deux grands fleuves où se désaltère le cœur humain [3]. »

Le Français n'a pas encore cette indifférence cosmopolite qu'on peut remarquer chez d'autres peuples ; même sur les plages lointaines où le retiennent ses affaires ou le service du pays, il songe toujours à sa France bien-aimée, il aspire à y rentrer pour achever d'y vivre et y mourir ; nos compatriotes d'Alsace-Lorraine ne l'ont-ils pas énergiquement prouvé ? A côté de ces consolations que nous ont fait connaître nos malheurs, les événements de ces dernières années, de triste mémoire, ne doivent-ils pas nous ouvrir les yeux ? ne sont-ils pas des enseignements au point de vue de la naturalisation trop légèrement concédée ; oserais-je dire qu'ils sont venus autoriser la critique ? Le problème n'est du reste pas de ceux dont la solution puisse être facilement connue, cependant nous penchons à croire que nos lois actuelles ont dépassé la limite vraie, qu'elles ne sauvegardent pas assez l'intérêt des nationaux ; sauf à être taxé, par quelques-uns, d'esprit rétrograde, de ne pas croire à la fraternité uni-

1. BEUDANT, *de la Natur.*, § 32.
2 et 3. Disc. du trib. MALHERBE, tit. Ier, C. c.

verselle, telle est notre pensée; peut-on au reste nous faire un crime d'être jaloux et orgueilleux de notre qualité de Français que l'annexion nous a fait revendiquer au prix du plus grand sacrifice, l'abandon du pays natal !

CHAPITRE III.

Des causes qui font perdre la qualité de Français.

De certaines circonstances découle une présomption absolue et invincible de renonciation à la qualité de Français; le Code civil, dans les art. 17, 19 et 21, a énuméré limitativement les causes qui produisent ce résultat, ce sont : 1° la naturalisation en pays étranger; 2° l'acceptation non autorisée par le gouvernement français de fonctions publiques conférées par un gouvernement étranger; 3° le service militaire à l'étranger ou l'affiliation à une corporation militaire étrangère sans autorisation du gouvernement; 4° l'établissement fait en pays étranger sans esprit de retour; 5° le mariage d'une Française avec un étranger. « Il est assez évident, a dit le rapporteur, que dans tous ces cas la qualité de Français ne peut plus se conserver : on ne peut avoir deux patries. Comment celui qui s'est fait naturaliser en pays étranger, celui qui a accepté du service ou des fonctions publiques chez une nation rivale, celui qui a abjuré le principe le plus sacré de notre pacte social en courant après des distinctions incompatibles avec l'égalité, celui enfin qui aurait abandonné la France sans retour, aurait-il pu conserver le titre de Français[1] ? » Il faut y

---

1. *Exposé des motifs*, du C. d'État. TREILHARD, 11 ventôse an XI.

ajouter la perte de la nationalité résultant du démembrement d'une partie du territoire, en vertu d'un principe du droit des gens, ou encourue par le trafic des esclaves, cas prévu par le décret du 27 avril 1848 et la loi du 28 mai 1858. Nous allons étudier successivement chacune de ces hypothèses, en tenant compte des modifications importantes introduites depuis la promulgation du Code civil.

§ 1er. — Naturalisation en pays étranger.

La perte de la qualité de Français par la naturalisation en pays étranger avait déjà été prononcée par l'art. 6 de la Constitution de 1791, par l'art. 5 de celle de 1793, par l'art. 12 de la Constitution de l'an iii, enfin par l'art. 4 de celle de l'an viii. Le Code civil, dans son art. 17, al. 1er, porte: « La qualité de Français se perdra : 1° par la naturalisation acquise en pays étranger. » Il est en effet un principe de droit naturel, reconnu par la plupart des nations, qui permet à tout individu de quitter son pays natal pour adopter une autre patrie; il n'est donc pas étonnant que notre Code ait consacré cette faculté, lui qui, en matière de nationalité, laisse en général les intéressés maîtres de leur choix, sans jamais imposer la nôtre; l'attachement à la patrie, et non la nécessité, doit nous faire conserver notre nationalité. Toutefois, la simple abdication ne suffit pas pour que le Français perde sa qualité, il faut plus qu'une manifestation même expresse de sa volonté en ce sens; la loi veut qu'il adopte une nouvelle patrie, que la naturalisation « soit acquise » par lui en pays étranger. Ce n'est, en effet, qu'à partir de ce moment qu'il cesse d'appartenir à la France en devenant sujet d'un autre

État ; mais, d'autre part, dès qu'il accepte une nouvelle nationalité, il perd la première, car on ne peut avoir à la fois deux patries. La pensée du législateur sur ces différents points est certaine ; en dehors des termes de l'article, rappelons que le projet du Code portait comme une cause de perte de la nationalité l'abdication expresse, et que le Conseil d'État retrancha cette disposition, parce qu'il reconnut que pour s'expatrier il fallait ou une naturalisation formellement conférée, ou, comme nous le verrons, un certain nombre de circonstances excluant l'esprit de retour[1]. Nous conclurons de ces considérations, que les actes préparatoires pour obtenir la naturalisation étrangère n'enlèvent pas encore la nationalité, que notamment la demande formée mais encore pendante n'a aucun effet ; tant qu'elle n'est pas octroyée, il n'y a pas encore perte de la qualité de Français ; il faut, pour qu'elle produise ce résultat, que la naturalisation soit acquise, parfaite, suivant les lois du pays que veut adopter le Français.

En cas de contestations, c'est aux tribunaux judiciaires à décider si la naturalisation est ou non acquise en pays étranger.

La perte de la nationalité française résulte de la naturalisation en pays étranger, sans qu'il y ait à distinguer si elle a été sollicitée ou si, d'après certaines législations, elle est le résultat d'un séjour prolongé. Dans cette dernière hypothèse, le Français est censé avoir connu la loi étrangère et s'y être volontairement soumis par son inaction ; il y a acceptation tacite de sa part, de la nouvelle nationalité, présomption invincible, bien qu'il n'ait agi que dans un but d'intérêt ou de commerce, et qu'en réa-

---

1. Locré, *Lég.*, II, p. 82 ; art. 13, p. 211, n° 6. — Demol., I, 179. — A. et R., I, § 74, note 5.

lité il ait conservé l'esprit de retour et même manifesté son intention à cet égard. La discussion au Conseil d'État ne peut laisser aucun doute à ce sujet, et les auteurs sont presqu'unanimes sur ce point[1]. Sans doute, ceux qui vont ainsi chercher fortune ont souvent l'intention de revenir en France avec les fruits de leur travail et de leurs économies, mais d'abord on ne pouvait se fonder sur une simple probabilité, tandis qu'on avait un fait certain, la naturalisation; or, comme l'a très-bien fait remarquer Treilhard, dans l'*Exposé des motifs*, une personne ne peut avoir à la fois deux patries, en en acceptant une nouvelle elle renonce nécessairement à la première, que ce soit le résultat d'une acceptation tacite présumée, ou qu'elle ait manifesté par une demande le désir de l'obtenir. C'eût été d'ailleurs admettre une source évidente de fraudes nombreuses.

La disposition qui prononce la perte de la qualité de Français est pénale, elle doit par conséquent être interprétée restrictivement. Il ne faudrait donc pas assimiler à la naturalisation tout acte par lequel un Français obtiendrait dans un pays étranger la jouissance de certains droits civils[2]. Ainsi la déchéance, attachée à la naturalisation accomplie, ne devrait pas être encourue par la simple concession, par le gouvernement étranger, de certains droits ou avantages qui, tout en plaçant le Français dans une position plus favorable que les autres étrangers, ne l'assimilent pas encore cependant tout à fait aux nationaux; il doit en être pour les Français en pays étranger comme de l'étranger

---

1. MALEVILLE, I, p. 31. — TOULLIER, I, n° 268. — PROUDHON, I, p. 125. — Note *a* de VALETTE — DURANTON, I, n° 171. — COIN-DELISLE, art. 17, n° 5. — DALLOZ, *Droits civils*, n° 513. Contra. — DEMOL. I. 179.

2. LEGAT, p. 22

autorisé à se domicilier en France, qui, tout en obtenant la jouissance de nos droits civils et même politiques, conserve néanmoins sa nationalité. La question avait déjà été décidée en ce sens par l'ancienne jurisprudence. Aujourd'hui encore on peut, sans perdre le titre de Français, obtenir, en Angleterre, la dénization qui, sans vous assimiler aux naturels du pays, vous donne certains priviléges[1], ou bien la concession du certificat déterminé par le statut Victoria de 1844 ; on peut aussi impunément se faire recevoir bourgeois d'une ville étrangère, pourvu que ce titre soit honorifique et ne confère pas une véritable naturalisation, comme en Sardaigne, à Hambourg[2].

Une modification importante à la généralité des termes de l'art. 17, alinéa 1er, a été apportée par les décrets du 6 avril 1809 et du 26 août 1811. A cette époque, la France avait besoin de tous ses enfants capables de porter les armes pou ésister à l'Europe coalisée ; quitter la patrie devenait une désertion. On n'alla pas cependant jusqu'à supprimer complétement la liberté de changer de nationalité, seulement on prit des mesures rigoureuses pour empêcher les défections, et on exigea une autorisation préalable du gouvernement. Quelques auteurs discutent sur le point de savoir si ces décrets sont encore en vigueur ; nous ne les suivrons pas dans cette discussion, et nous admettrons, avec le plus grand nombre et la jurisprudence, que n'ayant pas été attaqués pour leur inconstitutionalité, ni abrogés, ils subsistent aujourd'hui, quant aux dispositions non

---

1. BLACKSTONE, III, ch. XV, p. 71. — Cass., 19 janv. 1819 ; 29 août 1822.

2. Ord. en Conseil d'État, 18 nov. 1812.

contraires à des lois postérieures[1]. Ils ont en effet été confirmés et appliqués sous la Restauration ; les ordonnances du 8 octobre 1814 et du 10 avril 1823, la loi de finances de 1816, les considèrent comme existants, et le Conseil d'État, le 26 mai 1812, persista dans cette interprétation. Ces décrets établissent de nombreuses différences quant aux conséquences produites par la naturalisation acquise à l'étranger, suivant que le Français en a obtenu ou non l'autorisation préalable du gouvernement français. Nous sortirions de notre cadre en recherchant les distinctions en résultant et les pénalités encore applicables aujourd'hui ; à notre point de vue, le résultat est toujours le même, dans les deux cas il y a perte de la nationalité française ; celui-là même qui a obtenu l'autorisation est bien à l'abri des peines édictées par la législation spéciale, mais il reste soumis au droit commun, comme tout Français à l'art. 17 du Code civil. Au premier abord, on pourrait douter et croire qu'il n'en fut pas toujours ainsi, d'après la rédaction vicieuse de certains actes d'autorisation ainsi libellés : « Sans qu'à raison de ce, il perde la qualité et les priviléges de citoyen français, dont il continuera de jouir, nonobstant cette naturalisation. » Cette formule, différente de celle du décret de 1811, a disparu depuis longtemps, mais déjà auparavant elle ne pouvait abroger la loi même, et elle n'avait pour effet que de réserver en faveur de l'autorisé les droits de posséder, de transmettre et de succéder.

---

1. Art. 21 et 37 de la Cons. an VIII. — DELVINCOURT, I, p. 15. — DUR., I, 173 et 179. — LEGAT, p. 35. — COIN-DELISLE, p. 60, n° 8. — TAULIER, I, p. 120. — VALETTE, I, p. 182 et s. — DEMOL., I, 186 à 188. — A. et R., I, § 74, note 2. — DEMANGEAT, p. 416 et s. — Cass., 14 mars 1834, rejet. — Toulouse, 18 juin 1841. — Poitiers, 25 juillet 1843.

§ 2. — Acceptation non autorisée de fonctions publiques.

Les Constitutions de 1793, de l'an III et de l'an VIII, privaient de la qualité de Français tout citoyen qui acceptait des fonctions ou pensions offertes par un gouvernement étranger[1]. Le paragraphe 2 de l'art. 17 du Code civil reproduit une disposition analogue; la perte de la nationalité française résulte « de l'acceptation non autorisée par le roi de fonctions publiques conférées par un gouvernement étranger. » Constatons toutefois une innovation importante: sous la législation intermédiaire, on ne pouvait jamais être autorisé à accepter un emploi, dans tous les cas la déchéance était encourue; aujourd'hui, au contraire, le gouvernement peut toujours, en accordant une autorisation préalable, empêcher l'application rigoureuse de l'art. 17; on a pensé qu'il pouvait parfois être utile, même pour la France, de concéder cette faveur, et alors celui qui en est l'objet conserve sa nationalité. Il est du reste mis comme condition de l'autorisation que le gratifié cessera immédiatement tout emploi, en cas de guerre du pays qu'il sert, avec la France, ou en cas de rappel, et fera constater son retour dans un délai déterminé, sous les peines les plus sévères. Les décrets du 6 avril 1809 et du 16 août 1811 sont venus réglementer cette matière et ils servent pour l'interprétation et la sanction du Code civil.

Quels sont les différents emplois qu'un Français ne peut remplir à l'étranger sans permission préalable et sous peine de perdre sa qualité? Si nous nous en rapportons à un avis du Conseil d'État du 21 janvier 1812 (5e question), il faut comprendre dans les fonctions publiques tombant

---

1. Arrêté du Directoire du 22 pluv. an VII. — Const. de 1793, art. 5; de l'an III, art. 12; de l'an VIII, art. 4.

sous l'application de l'art. 17 du Code civil et du décret de 1811, non-seulement les fonctions politiques, administratives ou judiciaires proprement dites, mais encore tout service, soit près de la personne, soit près d'un des membres de la famille d'un prince étranger, fût-ce un service d'honneur; toute fonction dans une administration publique étrangère, même en qualité de commis de bureaux, et bien qu'elle ne soit pas conférée par le gouvernement.

Cette interprétation sévère a été dictée sous l'impression des idées et des faits qui avaient nécessité les décrets de 1809 et 1811, mais à notre avis elle est trop extensive et n'est pas obligatoire pour les tribunaux. Ceux-ci ont, pour se prononcer, à se renfermer avant tout dans les termes de l'art. 17; or, il exige deux conditions indispensables pour faire perdre la qualité de Français lorsqu'il n'y a pas eu autorisation : la première, c'est que les fonctions soient publiques; la seconde, c'est qu'elles aient été conférées par un gouvernement étranger; si une des deux fait défaut, l'acceptation sans permission ne peut plus avoir par elle-même pour effet la privation de la nationalité. Il faut donc considérer comme insuffisantes toutes distinctions purement honorifiques, toutes dignités qui ne constituent pas des fonctions publiques, tous emplois qui ne sont pas conférés par le gouvernement. Nous admettons d'ailleurs qu'on peut gratifier en France des étrangers de certains honneurs, de décorations, sans entraîner pour cela la perte de leur nationalité, c'est en général un hommage que l'on veut rendre à leur mérite; il faut être logique et admettre la réciproque pour nos nationaux. Si la Cour de cassation [1] a déclaré déchu de sa qualité un Français qui avait accepté sans autorisation les titres

_____

1. 14 mai 1834, rejet.

d'assesseur de collége et de conseiller aulique qui confè-
rent la noblesse russe, il faut remarquer que cette distinction n'est pas purement honorifique, mais constitue une
véritable fonction qui exige une prestation de serment
entre les mains de l'Empereur, incompatible avec les
devoirs d'un Français envers sa patrie.

Il arrive parfois que des Français sont chargés de représenter en France une puissance étrangère, en qualité de
consuls; une décision ministérielle du 28 vendémiaire
an ix décide que le titre de commissaire des relations
commerciales peut être accepté sans autorisation, sans emporter perte de la qualité de Français. Certains auteurs ont
prétendu que ces fonctions étaient comprises dans les
termes de l'art. 17, et comme telles sujettes à autorisation
préalable; nous pensons au contraire que dans le doute on
ne doit pas étendre une disposition pénale, et nous croyons
avec M. Legat que la décision de vendémiaire doit toujours être suivie; les mêmes motifs existent qu'à cette
époque, ce sont des fonctions qui ne nécessitent pas la
résidence en pays étranger, et ceux qui les reçoivent ne
sont en quelque sorte que des mandataires des puissances
étrangères dans l'intérêt du commerce. Du reste, lorsque
le chef de l'État délivre l'*exequatur* nécessaire pour que
les consuls étrangers puissent exercer leurs fonctions sur
notre territoire, si c'est un Français qui est chargé de
veiller aux intérêts commerciaux d'une nation étrangère,
l'Ordonnance y met comme condition qu'il ne s'en pré-
vaudra pas pour se soustraire à ses obligations de Français;
ne faut-il pas en conclure qu'il est réputé conserver sa
nationalité? L'acte qui le revêt du droit d'exercer les
attributions de consul étranger en France contient en
lui-même l'autorisation du gouvernement français d'accepter ces fonctions.

On ne pourrait plus en décider de même dans le cas où un Français serait chargé d'exercer, même en France, des fonctions diplomatiques en qualité de représentant d'un gouvernement étranger; en effet, l'agent diplomatique n'est plus un simple mandataire pour des affaires spéciales, il représente réellement le gouvernement étranger, il se trouve dans une position privilégiée que rien ne peut atteindre et qui lui crée une immunité personnelle. Bien plus, une autorisation préalable ne peut pas empêcher la perte de la nationalité française pour celui qui accepterait de remplir des fonctions diplomatiques en France; l'art. 24 du décret de 1811 ne laisse aucun doute sur ce point: « Les Français au service d'une puissance étrangère ne pourront jamais être accrédités comme ambassadeurs, ministres ou envoyés auprès de notre personne, ni reçus comme chargés de missions d'apparat qui les mettraient dans le cas de paraître devant nous avec leur costume étranger. » M. Legat fait remarquer avec raison que cette disposition paraît être tombée en désuétude, car M. Pozzo di Borgo, né en Corse et Français, a rempli pendant plusieurs années les fonctions d'ambassadeur de Russie en France, sans que l'on ait songé à invoquer contre lui cet article. En tout cas, le texte ne comprend pas de simples attachés ou secrétaires de légation, et on pourrait leur accorder des autorisations sans violer la loi. Le gouvernement peut aussi permettre, sur la proposition du Ministre de la justice, d'accepter la position de consul ou d'ambassadeur d'un gouvernement étranger près d'une puissance autre que la France; toutefois, l'art. 20 du décret précité défend encore que ces Français agissent comme ministres plénipotentiaires dans un traité où les intérêts de la France sont en jeu, sous peine, en cas de

contravention, de la nullité de toute autorisation antérieure et de la perte, par conséquent, de la nationalité
française.

L'acceptation de fonctions ecclésiastiques peut aussi
donner lieu à l'application de l'art. 17 ; il faut distinguer
suivant l'état de dépendance dans lequel le prêtre se
trouve placé vis-à-vis du gouvernement étranger; dans
tous les cas, il sera plus prudent de se munir d'une autorisation. Si l'emploi est uniquement relatif au culte et
au ministère religieux, et n'emporte soumission qu'à
l'autorité ecclésiastique du pays, le défaut d'autorisation
n'entraîne pas la perte de la qualité de Français ; c'est
du reste ce qu'a décidé la Cour de cassation le 17 novembre 1818 et le 15 novembre 1836. Mais si, d'après
les lois du pays, le prêtre est considéré comme un fonctionnaire public, soumis à l'autorité publique, payé par
l'État, et obligé de prêter un serment de fidélité au roi,
il perd la nationalité française [1] en ne faisant pas préalablement acte de soumission. Aucun doute ne peut s'élever pour les fonctions d'évêque *in partibus;* un décret du
7 janvier 1808, art. 1er, est formel : « En exécution de
l'art. 17 du Code civil, nul ecclésiastique français ne
pourra poursuivre ni obtenir la collation d'un évêché *in
partibus* faite par le pape, s'il n'y a été préalablement
autorisé par Nous, sur le rapport de notre Ministre des
cultes. » Ces fonctions étant bien moins importantes que
celles d'un évêque ordinaire, il faut en conclure que
l'art. 17 doit s'appliquer à ces derniers lorsqu'ils ne se
sont pas mis en règle avant d'accepter leur nomination.

A priori, l'exercice de la profession d'avocat hors de
France, n'emporte pas par lui-même perte de la nationa-

---

1. MERLIN, *Rép.*, v° Français, § 1, n° 3. — GUICHARD, *Traité des
droits civ.*, n° 311. — DEMOLOMBE, I, 180.

lité, c'est une profession libérale, indépendante de tout gouvernement, et non une fonction publique ; quant au diplôme délivré, et il n'est pas exigé partout, c'est plutôt un certificat de capacité, une preuve à donner dans l'intérêt général, que l'investiture d'une fonction[1]. La même solution est applicable aux professions de médecin, chirurgien ; en thèse générale, ils peuvent exercer librement leur état à l'étranger sans autorisation préalable ou perte de nationalité ; toutefois, dans certaines circonstances particulières, le juge pourrait décider que, à raison des faits, l'espèce rentre dans les termes de l'article 17, lorsque l'avocat ou le médecin ont été investis, même dans les limites de leur profession, d'une position qui a un caractère public. Ainsi, par exemple, lorsque le médecin a été placé par un gouvernement étranger dans les armées ou à la tête d'un hospice, il semble bien, malgré l'opinion contraire de MM. Coin-Delisle et Alauzet[2], qu'il y a lieu alors de faire application de la loi à défaut d'autorisation ; le médecin est revêtu d'un caractère public, il est investi par le gouvernement d'une fonction publique, il en reçoit un traitement, il y a là tous les éléments exigés par le texte de l'art. 17[3].

Nous n'en dirons pas autant de la nomination en qualité d'instituteur : cette profession n'est pas une fonction publique proprement dite, bien que les nominations se fassent par le gouvernement ; le professeur, en effet, est complétement en dehors de l'administration et n'a à prêter aucun serment de sujétion, il pourrait donc accep-

---

1. Montpellier, 12 juil. 1826.
2. COIN-DELISLE, art. 17, n° 14. — ALAUZET, *de la qualité de Français*, n° 58.
3. MERLIN, *Rép.*, v° Français, § 4. — GUICHARD, n° 311. — LEGAT, p. 27. — DALLOZ, *Droits civils*, n° 542.

ter cette position sans encourir la perte de sa nationalité[1].
Nous serions d'un avis différent si l'enseignement confié
était de nature à donner une place dans l'administration
et à constituer par conséquent une fonction publique.

Dans bien des cas il y aura une question d'appréciation
pour le juge, et pour déterminer sa conviction il devra
tenir compte de ce qu'il ne s'agit que d'une formalité,
d'un serment professionnel, ou au contraire de ce que
l'emploi est rétribué et exige un serment de fidélité et
politique au souverain du gouvernement étranger. Ce
seront là des éléments de nature à caractériser la fonction acceptée, mais ces circonstances à elles seules ne
suffiraient même pas pour faire prononcer nécessairement
la déchéance; il ne faut pas être plus exigeant que le
Code, et on doit toujours interpréter restrictivement
les pénalités édictées. Il est facile de prouver que la
prestation de serment n'a pas par elle-même cette conséquence; et d'abord, celui qui est autorisé à accepter
des fonctions publiques peut prêter ce serment[2]; on
admet d'autre part que le dénizé en Angleterre jure
fidélité au souverain, et cependant il est constant qu'il
garde néanmoins la nationalité française[3]. On doit en
conclure que la qualité de Français n'est pas nécessairement incompatible avec le serment de sujétion prêté à
un gouvernement étranger. Cette doctrine a été consacrée par la jurisprudence[4] : « Attendu, a dit la Cour de
Bordeaux, que la qualité de Français, en accordant des

---

1. COIN-DELISLE, art. 17, n° 14. — DEMOL., I, 180. — *Contrà*
LEGAT, p. 27. — Douai, 12 nov. 1811.

2. Art. 18 du décret de 1811.

3. Cass., 19 janv. 1819; 29 août 1822, rejet. — Paris, 27
juillet 1859.

4. Bordeaux, 14 déc. 1811; 25 janv. 1838; rejet, C. Cass. — Bordeaux, 14 mars 1850.

droits, impose des devoirs auxquels le Français ne peut se soustraire par le seul effet de sa volonté; attendu que si l'intimé a pris la qualité d'Espagnol dans son contrat de mariage, et s'il a prêté serment à la Constitution d'Espagne, cette erreur, qu'il a pu commettre de bonne foi, n'a pu effacer la qualité qu'il tient de sa naissance....» La Cour de cassation s'était déjà prononcée en ce sens en s'appuyant sur ce que la qualité de Français ne se perd que par certains actes limitativement énoncés dans l'article 17. Il faut donc d'abord que la fonction acceptée sans autorisation puisse être considérée comme tenant à l'administration publique; il est ensuite nécessaire qu'elle ait été conférée par un gouvernement étranger, c'est-à-dire reconnu par la France.

La formalité de l'autorisation accomplie avant toute acceptation a pour effet d'empêcher la privation de la nationalité française encourue par celui qui ne l'a pas remplie. D'après le décret de 1811, elle ne pouvait être accordée, comme la demande pour se faire naturaliser, que par lettres patentes dressées par le Grand-Juge, signées par l'Empereur, contresignées par le Ministre secrétaire d'État, visées par le prince Archi-Chancelier, insérées au *Bulletin des lois*, et enregistrées à la Cour d'appel du dernier domicile de l'impétrant[1]. Ceux qui remplissaient déjà des fonctions à l'étranger au moment de la publication du décret, durent se munir de ces lettres patentes, bien qu'ils aient antérieurement obtenu la permission de les accepter[2]. Depuis la République, les lettres patentes ont été supprimées et remplacées par un décret rendu sur la proposition du Ministère de la justice, qui

---

1. Art. 2 et 19 du décret de 1811.

2. Art. 26 du même décret. — Avis du Conseil d'État du 21 janv. 1812.

devient parfait par l'insertion au *Bulletin des lois*, et dont expédition est envoyée à l'intéressé moyennant certains droits de sceau exigés depuis l'ordonnance du 8 octobre 1814 et par la loi du 28 avril 1816.

L'article 21, al. 1, du Code civil n'est en réalité qu'une application, à un cas spécial, du principe émis dans l'art. 17, 2°, en vertu duquel l'acceptation sans autorisation d'un service public à l'étranger fait perdre la qualité de Français. « Le Français, dit l'article, qui, sans autorisation du Roi, prendrait du service militaire chez l'étranger ou s'affilierait à une corporation militaire étrangère, perdra sa qualité de Français. » La fin de l'article contient des dispositions plus rigoureuses que dans les autres cas, quant aux moyens donnés à cet ex-Français pour recouvrer sa nationalité perdue. Cette sévérité avait été approuvée par le Tribunat : « La politique, l'intérêt de la nation, celui des alliés, peuvent exiger que des Français aillent servir dans leurs armées. Ceux qui partent avec l'autorisation du gouvernement sont irréprochables ; mais ceux-là sont coupables qui n'ont pas cette autorisation. Ils se placent dans une position qui peut devenir hostile envers leur pays, s'exposent à porter les armes contre leur patrie. Il n'y a que des cœurs ingrats et dénaturés qui bravent un pareil danger[1]. » Nous nous occuperons de cette seconde partie de l'article dans le chapitre suivant.

Le service militaire chez l'étranger comprend tout service obligatoire dans les armées ou l'engagement dans un

---

1. Disc. du trib. Garat, 17 ventôse an xi.

corps de troupe [1], mais il ne faudrait pas étendre ces expressions à toute milice même urbaine, comme les gardes nationales, simplement chargées du maintien de l'ordre et de la police intérieure. Nous sommes sur ce point en contradiction avec M. Guichard [2], mais nous trouvons qu'il y a en notre faveur un argument décisif : c'est que, pendant longtemps en France, on a soumis les étrangers au service de la garde nationale, sans que pour cela leur nationalité en souffrît ; or, il est juste d'admettre la réciprocité et de permettre à nos voisins d'exiger de nos nationaux, en résidence chez eux, le même service établi pour la sécurité générale [3]. La garde nationale perdrait ce caractère, si elle était mobilisée et servait à la défense du territoire étranger, car alors le Français pourrait être amené à porter les armes contre sa patrie ; ce changement de destination donnerait lieu à la nécessité de l'autorisation préalable. Pour qu'on soit réputé servir une puissance étrangère, il faut qu'elle ait été reconnue par la France ; on ne pourrait pas considérer comme compris dans les termes de la loi celui qui s'est mis sous les ordres d'un prétendant, comme don Miguel ou don Carlos [4], ou qui a combattu dans un mouvement insurrectionnel [5].

Le décret du 30 juillet 1791 déclare que tout Français qui demandera ou obtiendra l'admission, ou qui conservera l'affiliation à un Ordre de chevalerie ou autre, ou corporation établie en pays étranger, fondée sur des distinctions de naissance, perdra les qualités et les droits

---

1. COIN-DELISLE, art. 21, n° 2. — DALLOZ, *Droits civ.*, n°° 569 et 572.

2. GUICHARD, n° 315. — En sens contraire, Bordeaux, 11 mars 1850.

3. Art. 10, loi du 22 mars 1831. — Art. 19, loi du 13 juin 1851. — Art. 3, décret du 11 janv. 1851.

4. Toulouse, 18 juin 1811. — Général Clouet.

5. Paris, 14 mars 1816. — Cass., 2 fév. 1817.

de citoyen français. Une disposition semblable se trouve reproduite dans les Constitutions du 3 septembre 1791 (art. 6), de l'an III (art. 12) et de l'an VIII (art. 4). Toute affiliation à une corporation, même non militaire, établie sur des distinctions de naissance, entraînait la perte de la qualité de Français; lorsque la noblesse fut rétablie, cette disposition fut abrogée. Le Code a maintenu la législation intermédiaire quant aux corporations militaires; on avait encore vivants à l'esprit les anciens Ordres de chevalerie, autrefois si puissants, tels que ceux de Malte ou de l'Ordre Teutonique, dont les membres étaient étroitement liés par serment et qui faisaient passer l'intérêt de la corporation avant tout; on a voulu que le Français ne pût en aucun cas partager son dévouement, il ne doit fidélité et soumission qu'à sa patrie. Aujourd'hui cette disposition n'a que peu ou point d'application. Il fut question, il y a peu de temps, d'édicter une pénalité analogue et de prononcer la perte de la qualité de Français contre ceux qui s'affilieraient ou resteraient affiliés à l'Internationale; mais cette proposition fut rejetée[1].

L'autorisation préalable du gouvernement français de servir dans les armées étrangères, ou de s'affilier à une corporation militaire, a aussi pour effet d'empêcher la perte de la nationalité. Celui qui forme une demande a fait acte de soumission, il a par cela même manifesté son désir de rester attaché à sa patrie et de lui revenir si l'intérêt de la France l'exige; d'autre part, il peut être utile au gouvernement d'envoyer des subsides à des nations alliées, aussi on comprend très-bien que l'autorisation préserve de toute déchéance. D'ailleurs le

---

1. Loi votée le 23 mars 1872.

gouvernement conserve toujours le droit de rappeler celui qu'il a autorisé, et il doit même rentrer de son propre mouvement si le pays où il a obtenu de servir est en guerre avec la France. L'ordre de rappel peut être adressé directement ou résulter d'une disposition générale [1]. Il a même été jugé que l'ex-Français pourrait être relevé de la déchéance encourue, par une autorisation obtenue ultérieurement ou une nomination postérieure à des fonctions publiques; nous ne saurions approuver cette décision [2].

L'autorisation, nous l'avons vu, d'abord délivrée par lettres patentes, le fut par décret, depuis la République; elle doit être spéciale et individuelle, et un avis du Conseil d'État, du 21 janvier 1812, a décidé qu'il ne suffirait pas qu'un prince étranger, qui désirerait garder des Français à son service, en fît une demande collective par un état général. L'autorisation doit être demandée avant de prendre du service ou de s'affilier; obtenue postérieurement, elle serait sans effet, car la perte de la qualité de Français résulte *ipso facto* de l'engagement contracté, et elle ne peut plus être recouvrée qu'en se conformant aux prescriptions de l'art. 21, alinéa 2.

Nous n'avons pas à examiner les pénalités encourues par ceux qui n'obéissent pas à l'ordre de rappel, ce serait sortir de notre sujet; signalons toutefois une ordonnance plus sévère du 16 décembre 1814, qui déclare déchus de leur nationalité tous les Français qui n'auraient pas fait constater leur rentrée sur le territoire avant le 15 avril 1815, et qui avaient

---

1. Déc. du 6 avril 1809, art. 23 et 27. — Du 26 août 1811, T. 4, art. 17.

2. Paris, 8 fév. 1845. — Amiens, 24 janvier 1849, *contrá.* — Toulouse, 1er août 1851.

pris du service à l'étranger sans autorisation du nouveau gouvernement ; ce délai fut prorogé jusqu'au 1er mars 1817. Un autre ordre de rappel est contenu dans une Ordonnance du 10 avril 1823 pour tous les Français servant en Espagne en vertu d'une autorisation antérieure, et leur désobéissance les rend passibles de l'application des décrets de 1809 et 1811. On peut contester la légalité de ces actes.

Quelle sera la position d'un mineur ayant pris du service à l'étranger sans autorisation ? Nous croyons, et nous l'avons déjà dit, que la loi française a voulu qu'on ne pût acquérir ou perdre une nationalité qu'à la majorité ; jusque-là elle ne suppose pas chez l'intéressé la raison suffisante pour accomplir un acte de cette gravité. Nous sommes donc d'avis que, de même qu'on restitue le mineur contre les actes qui lui préjudicient et qui ont une importance secondaire, on ne doit pas le rendre responsable, en état de minorité, de ceux qui peuvent le mettre sous le coup de l'art. 21 ; mais il ne serait plus à l'abri s'il avait continué son service militaire à l'étranger sans se mettre en règle après l'âge de vingt et un ans [1].

§ 4. — Établissement fait en pays étranger sans esprit de retour.

La qualité de Français dans notre ancienne législation se perdait par le seul changement de chastellenie ou de diocèse ; puis on n'attacha bientôt plus cette conséquence rigoureuse qu'au fait de quitter le territoire, et on admit enfin, avec l'extension des relations commerciales, l'absence avec esprit de retour. Pothier nous signale déjà ce progrès, mais on trouve encore des traces de

---

1. Metz, 25 avril et 10 juill. 1819. — Amiens, 24 janv. 1819.

l'ancien Droit jusque sous la législation intermédiaire; en dehors des lois de proscription contre les émigrés, qui rappellent les édits trop célèbres de Louis XIV contre les religionnaires fugitifs, nous voyons que l'art. 15 de la Constitution de l'an III déclare étranger tout citoyen français qui aura résidé pendant sept années consécutives hors du territoire de la République, sans mission ou autorisation; cette disposition a été abrogée par la Constitution de l'an VIII et n'a pas été reproduite par le Code civil. On a compris, en effet, qu'il était de l'intérêt de chaque nation de faciliter les relations avec les peuples voisins, et aujourd'hui le fait seul de la résidence en pays étranger, sans naturalisation, quelle qu'en soit la cause et la durée, ne fait plus perdre la qualité de Français, à moins qu'on y fasse un établissement sans esprit de retour. L'art. 17, 3°, signale cette cause de déchéance en ces termes: la qualité de Français se perdra « par tout établissement fait en pays étranger sans esprit de retour. Les établissements de commerce ne pourront jamais être considérés comme ayant été faits sans esprit de retour. » Pour se trouver sous le coup de l'article, il faut deux choses: le fait d'un établissement à l'étranger et l'intention démontrée de ne plus revenir. Cette volonté fermement décidée d'abdiquer sa patrie est difficile à établir, la loi ne la présume jamais; au contraire, elle suppose toujours que l'on a conservé l'esprit de retour, c'est à celui qui prétend qu'il a été perdu à en faire la justification[1]. C'est du reste le principe posé par la Cour de cassation[2], il ne cède que devant la

---

1. Poitiers, 26 juin 1829. — DURANTON, I, 185. — COIN-DELISLE, art. 17, n° 17.

2. 13 juin 1811, rejet. — MERLIN, *Rép.* v° Français, § 1, n° 3. — GUICHARD, n° 312. — DALLOZ, *Droits civ.*, n° 552. — LEGAT, p. 32. — COIN-DELISLE, n° 18. — DEMOL., I, 181. — MARCADÉ, art. 17, n° 2.

preuve contraire. La présomption tomberait s'il était démontré que l'établissement était en quelque sorte incompatible avec l'intention de revoir sa patrie[1], ou s'il était accompagné de circonstances de nature à fonder la conviction du juge. Le Code a gardé le silence sur ce qu'on devait entendre par établissements faits sans esprit de retour, il a voulu laisser aux tribunaux une liberté entière d'appréciation; il y a là avant tout une question de fait à résoudre[2]. Les magistats pourront prendre en considération la vente des propriétés situées en France pour en acquérir à l'étranger, le mariage contracté à l'étranger sans les publications exigées en France, la cessation de toutes relations du Français et de sa famille avec son pays d'origine, un changement de religion, la longueur du séjour à l'étranger, etc.[3]; mais aucun de ces faits n'emporte nécessairement par lui-même perte de nationalité, ils peuvent exister sans avoir cette portée et même, réunis, ne pas fournir une preuve complète[4]; seulement ils seront souvent des éléments à conviction et établiront dans l'esprit du juge d'une façon certaine l'intention de s'établir à l'étranger à perpétuelle demeure. La perte de la qualité de Français résulte de tout établissement reconnu fait sans esprit de retour; mais, dit la fin de l'article, les établissements de commerce ne pourront jamais être considérés comme ayant été faits sans esprit de retour.

« Le Tribunat a applaudi à cette disposition. C'est une disposition tout à la fois utile et conforme au caractère

---

1. Rennes, 1er juin 1832.
2. Locré, II, p. 203. — Cass., 15 nov. 1836, rejet.
3. Demol., I, 181.
4. Coin-Delisle, n° 18. — Delaporte, *Pandectes françaises,* art. 17, n° 85. — Locré, *Esprit du Code civil,* I, p. 253.

national; utile, puisqu'elle tend à multiplier les entreprises commerciales en conservant à ceux qui les forment, quelle que soit leur durée et dans quelques lieux éloignés qu'ils les portent, une qualité dont ils sont si jaloux; conforme au caractère national, car, de tous les peuples de l'univers, le Français est celui qui reste le plus fidèlement attaché à sa patrie. Si des vues de fortune l'entraînent loin d'elle, il ne chérit ses succès que par l'espérance de retourner en jouir dans son sein. Toujours ses regards se dirigent vers elle; c'est pour elle que sont ses plus tendres souvenirs. Le Français a surtout besoin d'espérer et le bonheur de passer ses dernières années et la consolation de mourir sur le sol qui l'a vu naître[1]. » Quelle est la portée de cette restriction? On pourrait d'abord en conclure *a contrario* que tout établissement non commercial est réputé fait sans esprit de retour. Telle n'a pas été la pensée du législateur, car si ce raisonnement était exact, il se serait exprimé plus clairement et plus simplement en disant: tout établissement non commercial fait perdre la qualité de Français, à moins qu'on établisse qu'on avait l'esprit de retour; s'il ne l'a pas fait, c'est qu'il avait pour but d'exiger deux choses pour entraîner la perte de la nationalité: un établissement à l'étranger et l'intention de ne plus revenir, qui n'en découle pas nécessairement. Seulement il peut arriver que le juge trouve dans la nature de l'établissement des éléments suffisants pour en déduire la perte de l'esprit de retour; or, ce que déclare l'art. 17, c'est que la création d'un établissement de commerce ne peut jamais suffire à elle seule pour qu'on en tire cette conséquence[2]. Mais, d'autre part, a-t-on voulu, en

---

1. Disc. du trib. GARY, 17 ventôse an x.
2. DALLOZ, *Droits civ.*, n° 554.

faveur du commerce, créer une immunité complète, c'est-à-dire que si, en dehors de son établissement, on peut conclure d'autres circonstances que le commerçant avait l'intention formelle de se fixer définitivement à l'étranger, pourra-t-il néanmoins invoquer une fin de non-recevoir? Quelques auteurs l'ont pensé.

Sans doute les termes de l'article ne sont pas contraires à cette interprétation, mais on arrive dans ce système à ce résultat impossible à accepter, c'est qu'un individu qui a créé un établissement commercial à l'étranger peut ensuite se fixer à perpétuelle demeure et sans esprit de retour sans encourir de déchéance. Nous pensons au contraire que, d'une part, si un établissement non commercial n'est pas nécessairement fait sans esprit de retour, et doit dans le doute être présumé tel, par contre, un établissement de commerce peut parfois être jugé fait à perpétuelle demeure, lorsque, en dehors de ce fait, se trouvent d'autres circonstances propres à déterminer la conviction du juge, quant à l'intention qui a présidé à sa formation. Nous partageons, sur l'interprétation de cette partie de l'article, le sentiment de M. Marcadé[1] : « Si, à cette circonstance qu'un Français a formé en pays étranger un établissement de commerce, venaient se joindre d'autres circonstances qui, réunies à la première, prouveraient la perte de l'esprit de retour, il est clair que l'on pourrait argumenter de cette circonstance tout aussi bien que des autres. Ce qu'a voulu dire le législateur, et ce à quoi se réduit la différence qu'il signale ici entre l'établissement de commerce et tout autre établissement, c'est que l'établissement de commerce ne suffira jamais, tant qu'il sera seul, pour

----

1. Marcadé, art. 17, n° 2.

prouver l'absence de l'esprit de retour, tandis qu'un autre établissement pourrait suffire par lui-même. » Et en définitive si le Français ne devient pas étranger comme commerçant, il peut le devenir quoique commerçant[1]. L'établissement fait en pays étranger sans esprit de retour fait perdre la nationalité française, mais il n'a pas nécessairement pour résultat de faire acquérir la naturalisation du pays où s'est fixé l'ex-Français; tout dépend des modes de naturalisation admis par la législation étrangère, qui est indépendante de la nôtre. Il est même certain que le législateur s'est placé dans l'hypothèse où il n'y a pas acquisition d'une nouvelle nationalité, sans cela le cas prévu par l'art. 17, 3°, se confondrait avec le 1° du même article. Il faut donc en conclure que la perte de la nationalité par l'établissement en pays étranger sans esprit de retour ne rend pas passible des pénalités du décret de 1811, comme lorsqu'il y a eu naturalisation acquise à l'étranger sans autorisation.

§ 5. — Mariage d'une Française avec un étranger.

Nous avons vu que l'art. 12 du Code civil déclarait Française, aux yeux de nos lois, l'étrangère qui épousait un Français; l'art. 19 contient la contre-partie de cette disposition : « La femme française qui épouse un étranger suivra la condition de son mari. » Quel est le sens et la portée de cet article ? Il en ressort, sans aucun doute possible, que la Française perd sa nationalité, elle sera dorénavant considérée comme étrangère en France ; mais il n'en résulte pas, ce qu'on pourrait supposer à la lecture du texte que nous venons de citer,

---

1. A. et R., I, § 74, note 19. — Coin-Delisle, art. 17, n° 17. — Richelot, I, 95, note 7. — Dalloz, *Droits civ.*, n° 559. — *Contrd*, Demol., I, 182.

qu'elle prenne toujours la nationalité de son mari; cette seconde conséquence du mariage avec un étranger dépendra de la législation en vigueur dans le pays de l'époux, suivant qu'elle se trouvera en conformité avec notre art. 12, ou qu'elle n'en admettra pas les effets. Les lois de chaque nation sont indépendantes les unes des autres, et si nous pouvons enlever dans certains cas à des nationaux leur qualité de Français, nous ne pouvons, de notre propre autorité, leur attribuer la nationalité d'un autre État. Ainsi supposons qu'une Française se marie avec un Anglais, elle cesse d'appartenir à la France, mais son mariage ne la rend pas toujours Anglaise, elle se trouvera parfois sans patrie[1]; seulement, aux yeux de notre loi, elle suit dans tous les cas la condition de son mari, c'est-à-dire que tant qu'elle est en France, elle est considérée par nous comme Anglaise, on lui applique les lois de notre pays pour régler sa capacité et ce qui concerne le *status* personnel[2].

L'effet produit par le mariage s'applique à la femme encore mineure comme à celle qui est majeure; l'art. 19 ne distingue pas, et il est d'ailleurs de règle que la femme *habilis ad nuptias, habilis est ad matrimonii consequentias*[3].

Après le mariage, nous avons décidé que l'état de la femme est indépendant et qu'elle ne subit plus nécessairement les changements qui surviendraient dans la nationalité de son mari, à moins qu'elle y ait consenti. Si on décide que la femme suit la condition de son époux au moment du mariage, ce n'est pas contraire aux principes du Code, car en l'acceptant pour mari la femme fait

---

1. C'est seulement depuis 1870 que la loi anglaise admet que la femme française *peut* devenir anglaise par son mariage.
2. MERLIN, v° Loi, § 6, n° 4. — DALLOZ, *Droits civ.*, n° 561.
3. Arg. tiré des art. 1309 et 1398.

acte de volonté, elle sait à quoi elle s'engage, elle était libre, en refusant de s'unir à un étranger, de conserver sa nationalité; on ne pourrait plus en dire autant si tout changement arrivé par la faute ou au gré du mari seul devait ensuite influer sur sa condition. Il faut qu'il y ait de sa part un fait personnel, et si elle était restée Française par son mariage, elle ne deviendra étrangère qu'en se faisant naturaliser individuellement, ou en étant comprise dans l'acte de naturalisation de son mari, mais avec son consentement. Si la femme subit les conséquences de ce que le pays de son époux est réuni à la France ou en est démembré, ce n'est pas en vertu de la règle que la femme suit la condition de son mari, c'est qu'elle est personnellement comprise dans l'annexion. Nous pensons donc qu'il n'y a plus lieu d'appliquer l'art. 19 lorsque la perte de la nationalité du mari, après le mariage, résulte d'un fait purement volontaire de sa part; il suffit, pour s'en convaincre, de suivre la discussion au Conseil d'État sur l'article précité, et lorsque Regnaud de Saint-Jean-d'Angely énonça que le mari n'a pas le droit de faire de sa femme une étrangère, personne ne le contredit. D'ailleurs la perte d'une nationalité est une peine, il serait injuste de l'infliger à une personne qui n'a rien fait pour l'encourir. [1] M. Duranton [2] a imaginé un autre système et distingue suivant que la femme, qui suit son mari à l'étranger, a ou non conservé l'esprit de retour; cette distinction est pour le moins arbitraire, et on arrive toujours à punir l'épouse

---

1. Locré, *Lég.*, IV, p. 393, 395 et 396; I, p. 167. — Delvincourt, I, p. 20 et 21. — Legat, p. 54. — Coin-Delisle, p. 61. — Demol., I, 175. — A. et R., I, § 74, note 21. — *Contrd* Alauzet, n° 80. — Proudhon, I, 452. — Cass., 16 déc. 1845, rejet. — Douai, 3 mai 1858. — Paris, 7 août 1840.

2. Duranton, I, 189.

qui fait son devoir en accompagnant son mari même à l'étranger (art. 214 Code civil). Cette interprétation a été repoussée par tous les auteurs [1].

Si le mariage contracté par une Française avec un étranger était annulé, la femme recouvrerait *ipso facto* sa qualité sans avoir à remplir aucune formalité, car elle n'a en réalité jamais cessé d'être Française. Sans doute, on peut objecter que le fait de la célébration du mariage fait perdre la nationalité, mais, étant déclaré nul, il est censé n'avoir jamais existé; or, *quod nullum est nullum producit effectum* [2]. C'est à tort que M. Duranton établit une distinction suivant que la femme peut ou non être considérée comme s'étant établie à l'étranger sans esprit de retour; en effet, dans le cas même où on suppose qu'elle n'avait nullement l'intention de revenir, il faut remarquer que si elle a consenti à s'expatrier et à perdre sa nationalité, c'est à condition de suivre celle de son mari par le mariage; or, le mariage est déclaré nul, la condition n'est donc pas remplie, et puisqu'il ne peut produire aucun effet direct, on ne peut sans contradiction décider qu'il a pour résultat indirect de faire perdre la qualité de Française. Mais si, par exemple, comme le fait très-justement observer M. Demolombe, après la prononciation de la nullité du mariage, la femme forme un établissement à l'étranger de nature à exclure l'esprit de retour, on pourra lui opposer ces faits postérieurs; mais alors la déchéance qu'elle encourra n'est pas une conséquence de son mariage, on lui fait l'application du 3° de l'art. 17.

Dans le cas où la Française perd sa nationalité par sa

---

1. RICHELOT, I, n° 96.
2. LEGAT, p. 54. — COIN-DELISLE, art. 19, n° 4. — PROUDHON, I, p. 126. — DEMOL., *loc. cit.* — DALLOZ, *Droits civ.*, n° 565.

naturalisation à l'étranger, suivant un avis du Conseil d'État du 22 mai 1812, le défaut d'autorisation ne lui fait pas encourir les pénalités édictées par le décret du 26 août 1811.

§ 6. — Démembrement d'une portion du territoire français.

Nous avons déjà signalé le silence de notre législation quant à l'acquisition de la qualité de Français par la réunion d'un pays à la France; on aurait craint sans doute en en parlant de faire présumer des intentions hostiles à l'égard de nos voisins. Notre Code civil est aussi muet sur la perte de la nationalité française à la suite de la séparation, soit volontaire, soit forcée d'une de nos provinces : il eût été en effet contraire à l'orgueil national de supposer le démembrement du territoire. Cependant, de même que nous avons établi les effets de l'annexion pour les habitants du pays cédé ou conquis, il faut décider, pour être conséquent, que les habitants de la partie française démembrée au profit d'un souverain étranger, perdent leur nationalité *ipso facto* et deviennent étrangers. Ces deux principes résultent de la nature même des choses [1], ils sont corrélatifs, réciproquement admis par toutes les nations civilisées et consacrés par le droit des gens.

Depuis longtemps la perte de la nationalité française, à la suite de cession ou de conquête, est reconnue en fait. Pothier s'exprimait déjà ainsi : « Lorsqu'une province est démembrée de la couronne, lorsqu'un pays conquis est rendu par le traité de paix, les habitants changent de domination. De citoyens qu'ils étaient au moment de la conquête, ou depuis la conquête, s'ils sont nés

---

1. GUICHARD, n° 316.

depuis la réunion, de citoyens qu'ils étaient par leur naissance, jusqu'au temps du démembrement de la province, ils deviennent étrangers [1]. » Ces règles sont encore en vigueur aujourd'hui; seulement, lorsqu'un fait semblable se présente, il faut avant tout consulter la loi ou le traité d'annexion, car la situation faite aux habitants des provinces cédées ou conquises peut varier, surtout quant aux conditions qu'ils pourront remplir pour recouvrer leur nationalité perdue.

Pour déclarer étrangères les personnes comprises dans l'incorporation, on part de ce principe fondamental en cette matière : que le territoire séparé de la France est censé ne lui avoir jamais appartenu. Nous allons examiner les conséquences que logiquement on devrait, suivant nous, en faire découler, et les dérogations qu'on a admises et que nous critiquons.

Quels sont ceux qui doivent être considérés comme atteints dans leur nationalité par le démembrement d'une partie du territoire? La question est complexe, et pour y répondre il faut passer en revue les différentes catégories de personnes ayant des rapports avec le pays annexé. Il n'y a pas de difficulté quant aux individus qui sont originaires des contrées cédées ou conquises et qui y étaient encore domiciliés lors de la séparation : ils sont, sans contestation possible, frappés par l'annexion. Ceux qui étaient originaires de ces pays, mais qui les avaient quittés pour se domicilier ailleurs, doivent néanmoins être compris dans les annexés, car le fait d'avoir un domicile à l'étranger ne suffit pas pour faire perdre la nationalité d'origine, ils sont censés avoir toujours été et être restés étrangers. Par contre, la séparation ne doit

---

1. Poth., *Traité des pers.*, 1re partie, tit. n, sect. 1re.

pas faire perdre la qualité de Français aux naturalisés Français qui se seraient fixés dans les provinces démembrées; on doit admettre la même solution pour les naturels Français, originaires de pays conservés à la France, qui s'étaient domiciliés dans les portions incorporées; toutefois ces décisions ont trouvé des contradicteurs [1], et, en pratique, l'interprétation opposée à la nôtre a prévalu pour les derniers traités. Nous ne saurions cependant l'adopter comme logique; en effet, les Français d'origine ou naturalisés dont il s'agit n'ont contre eux que le fait d'un domicile fixé dans les parties annexées, c'est-à-dire dans un pays considéré comme étranger; or, la seule résidence dans un pays ne suffit pas pour rendre la personne qui l'habite sujet de cet État, le seul domicile à l'étranger n'entraîne pas perte de la nationalité française [2]. Nous ne pensons même pas, comme l'enseigne M. Fœlix, qu'il soit légal d'obliger ces domiciliés à quitter les contrées séparées, sous peine de rester étrangers, et que ce résultat soit la conséquence forcée de leur inaction pendant le délai accordé pour émigrer, bien qu'aucune déchéance ne soit prononcée contre ceux qui n'en ont pas profité. Nous croyons que dans ce cas les délais réservés ont eu pour but d'assurer le droit d'émigration dans son intégralité, mais non d'avoir par eux-mêmes pour effet de faire perdre la nationalité lorsqu'on les a laissés expirer sans quitter le pays. Un Français a le droit d'être domicilié en pays étranger, et, lorsqu'il est resté dans les provinces annexées, sa situation doit dépendre de ce qu'il a ou non conservé l'esprit de retour [3].

---

1. DEMOL., I, 178, 2°. — FŒLIX, n° 23.
2. A. et R., I, § 72, note 11.
3. Paris, 8 fév. 1845.

Quel est l'effet de la séparation d'un territoire de la France par rapport aux enfants d'un habitant originaire du pays? Au cas de démembrement, les personnes et les choses changent de nationalité; si donc les enfants sont majeurs et originaires du pays, ils subissent un changement de nationalité, et cela quand bien même leur père n'y serait ni né ni domicilié; par contre, la perte de la qualité de Français éprouvée par leur auteur n'a pas d'influence quant à eux, l'état des enfants majeurs est complétement indépendant de celui du père [1]. Que doit-on décider en ce qui concerne les mineurs? La règle généralement admise, nous devons le reconnaitre, c'est que le mineur suit la nationalité de ses représentants légaux. « La qualité de l'enfant dérivant, dit M. Coin-Delisle, de celle du père, la qualité de celui-ci changeant, celle du fils doit subir le même changement. » L'état de l'enfant serait donc complétement subordonné à celui du père ou tuteur, sa nationalité dépendrait de celle d'un autre, serait sujette aux mêmes modifications, et ce ne serait qu'autant que son représentant légal remplirait pour lui-même les formalités exigées pour reprendre la qualité de Français, que le mineur en profiterait. Cette manière de voir a reçu souvent des applications, mais nous ne saurions l'admettre comme découlant de dispositions de notre législation, qui, au contraire, nous espérons le démontrer, lui sont opposées. Et d'abord, c'est la loi seule qui a le pouvoir de déterminer les nationalités, elle n'en laisse pas le soin aux individus; on arrive cependant, dans le système que nous combattons, à mettre entre les mains d'un tiers la nationalité d'un autre individu, on la subordonne à sa

---

1. On interprète ici restrictivement le mot originaire.

volonté, à son caprice. Notre Code a toujours pris des mesures préservatrices dans l'intérêt du mineur, il veille à ce que ses droits soient sauvegardés et lui crée en général une situation de faveur; est-il naturel de penser qu'on ait voulu l'abandonner lorsqu'il s'agit de la question la plus importante, de celle de sa nationalité? Il ressort au contraire de plusieurs articles que l'intéressé seul a le droit de se prononcer et lorsqu'il est arrivé à sa majorité. La nationalité une fois déterminée par la naissance est indépendante de celle du père, et c'est toujours à la volonté de l'intéressé que l'on s'attache; nulle part il n'est écrit qu'on doive s'en rapporter à la décision du chef de famille, on exige dans tous les cas une manifestation, un acte de l'individu même dont la qualité est en cause. N'est-ce pas dans ce but qu'est écrit l'art. 9, et dans les cas où la loi déclare la qualité de Français perdue, n'y a-t-il pas toujours un fait qui démontre la volonté de l'intéressé? Décider que l'on peut ne pas tenir compte de cette volonté dans un cas particulier, sans qu'un texte de loi autorise cette dérogation, c'est méconnaître l'esprit de la loi et établir pour le moins une distinction arbitraire. On arrive, dans un tel système, à cette conséquence que le mineur, même né en France d'un Français, qui perd sa qualité par l'annexion, suit le sort de son père; mais cet enfant, né Français, a un droit qui lui est propre et un titre personnel, il ne peut le perdre que par son fait ou pour une cause personnelle; or, rien dans l'espèce ne remplit ces conditions. Nos adversaires conviennent en général que les enfants une fois conçus ne subissent plus les changements survenus dans la nationalité de leur père par les causes énumérées dans l'art. 17, pourquoi en serait-il autrement dans notre hypothèse? Il faut être conséquent.

Pour remédier à cette contradiction, M. Fœlix déclare que la qualité de Français est conditionnelle ; il regarde sa conservation comme subordonnée à cette condition que le pays où on est né restera à la France, n'en sera pas séparé par une cession volontaire ou forcée. « Si le père, dit-il, perd sa nationalité par l'annexion, il n'a pu conférer à son enfant plus de droits qu'il n'en avait lui-même, celui-ci n'a qu'un droit conditionnel comme son père, il perd donc aussi sa qualité de Français. » Ce raisonnement pèche par la base, car il suppose une condition là où il n'en existe pas. La France est arrivée à son unité par l'adjonction successive de petits États voisins, on ne peut pas dire que chacune de ces incorporations ait été conditionnelle, toute parcelle de territoire a toujours été censée réunie à perpétuité, et il n'est pas exact de dire, lorsqu'arrive un démembrement, que c'est une condition qui vient à défaillir ; il y avait un droit pur et simple et définitif résultant de la concession ou de la conquête, sans aucune restriction, seulement il est violemment anéanti par un événement de force majeure. Le mineur, originaire d'un pays annexé, devrait être considéré *ipso facto* comme étranger sans avoir à s'en rapporter à la nationalité du père ou du tuteur, seulement il devrait pouvoir exercer le droit d'option, s'il en est accordé un, à l'époque de sa majorité. C'est cette réserve que les différents traités ont omise et qui cependant serait plus équitable, puisqu'elle laisserait à chacun, dans une question si grave, la responsabilité et les conséquences de ses actes ; on ne devrait pas, par contre, faire subir à l'état du mineur les changements survenus, même à la suite d'un démembrement, dans la qualité de son représentant légal, lorsque rien ne le concerne personnellement et que son pays natal reste Français. Quelques auteurs admettent cette solution lorsque le père est décédé au moment de la séparation de sa patrie, car alors le démembrement ne pouvant influer rétroactivement sur l'état du défunt, celui de son fils reste intact[1]. Cette décision est conforme à notre manière de voir, seulement ce n'est pas le fait du décès du père qui doit la faire adopter, mais c'est que dans aucun cas la nationalité de l'un ne doit être subordonnée à celle de l'autre. Toutes ces distinctions, suggérées en désespoir de cause, ne reposent sur aucun texte ni aucun principe; où trouve-t-on, en effet, que les enfants mineurs suivent la condition de leur père ou tuteur, et pourquoi cela serait-il?

La jurisprudence est plutôt fixée contre nous, mais ses arrêts ne peuvent guère servir d'arguments, car ils sont intervenus plutôt sur des faits et ils n'ont en aucune manière tranché les questions de principe[2].

Nous avons admis, dans le paragraphe précédent, que la nationalité de la femme ne subit plus nécessairement, après le mariage, de changement lorsque celle de son mari vient à être modifiée; en effet, si l'art. 19 déclare que la femme suit la condition de son mari, il se place uniquement au moment du mariage, mais il ne faut pas en déduire qu'ils doivent toujours avoir une nationalité commune. Quel sera l'effet d'un démembrement du territoire à l'égard d'une femme mariée? Ici encore, croyons-nous, il faut partir de ce point que la nationalité de la femme est indépendante de celle de son mari; elle ne perdra donc sa qualité de Française que si elle doit elle-même, abstraction faite de son mariage, être comprise

---

1. Cass., 13 janv. 1845 et 11 déc. 1847.

2. Lyon, 1827. — Paris, 1831. — Douai, 1848, etc. — En notre faveur : Douai, 28 mars 1831.

dans les personnes annexées; elle peut et doit faire des démarches personnelles pour conserver sa nationalité; mais dans aucun cas on ne pourrait invoquer contre elle pour la déclarer étrangère les changements que les circonstances politiques auraient amenés dans la qualité de son mari; on ne peut lui opposer le motif tiré de l'art. 19, seulement elle peut être personnellement atteinte, comme elle l'eût été sans son mariage, par la séparation du territoire originaire qui a pour effet de faire changer de nationalité aux personnes et aux choses qui le composent.

Nous résumerons en quelques mots notre opinion sur les personnes que l'annexion doit comprendre, opinion qui nous paraît découler des principes. Ce sont toutes personnes, originaires du pays, domiciliées ou non dans les contrées cédées. La nationalité de la femme doit être indépendante de celle de son mari, celle des enfants majeurs ou mineurs de celle de leur père, et lorsqu'un droit d'option est accordé pour recouvrer la qualité perdue, c'est à chacun des intéressés à se mettre en règle pour son propre compte; seulement on devrait suspendre cette faculté d'opter pour les mineurs jusqu'au moment de leur majorité. Il nous semble logique, d'autre part, de ne pas considérer comme annexés ceux qui n'étaient que domiciliés dans le pays, mais originaires d'une partie restée française, ou qui, naturalisés en France, s'étaient fixés dans les provinces démembrées. Nous allons examiner succinctement les conditions faites aux habitants des territoires séparés par les traités de 1814 et 1815 et par celui de 1871, et nous signalerons les modifications que nous aurions voulu y voir introduites.

Après les conquêtes de courte durée du premier Empire, les traités de 1814 et de 1815 détachèrent de la France ces pays un instant incorporés ; ils eurent pour effet de faire perdre *ipso facto* la qualité de Français aux personnes originaires des pays séparés, qui y étaient encore domiciliées ; toutefois nous verrons que la loi du 14 octobre 1814 vint leur faciliter le recouvrement de la nationalité perdue. Le démembrement n'a pas fait encourir de déchéance aux naturalisés français fixés dans les contrées détachées et qui avaient obtenu leur naturalisation en dehors du fait de l'incorporation ; il n'a pas eu d'effet non plus à l'égard de naturels français fixés dans ces pays ; une simple résidence ne peut avoir pour résultat de vous rendre sujet d'un État [1], et la séparation ne peut enlever que ce que la réunion avait établi. Cependant cette solution pour les domiciliés non originaires est douteuse, et M. Fœlix pense, avec quelques auteurs, que les personnes françaises domiciliées seulement dans les pays démembrés, sont devenues étrangères si elles n'ont pas profité du délai de six années accordé pour quitter le territoire rétrocédé. L'art. 17 du traité du 30 mai 1814, dont la teneur se retrouve dans l'art. 7 du traité du 20 novembre 1815, est ainsi conçu : « Dans tous les pays qui doivent ou devront changer de maître, tant en vertu du présent traité que des arrangements qui doivent être faits en conséquence, il sera accordé aux habitants naturels et étrangers, de quelque condition et nation qu'ils soient, un espace de six ans, à compter de l'échange des ratifications, pour disposer, s'ils le jugent convenable, de leurs propriétés acquises, soit avant, soit depuis la guerre actuelle, et se retirer dans tel pays qu'il leur plaira de choisir. »

1. A. et R., I, § 72, note 11. — *Contrd*, DEMOL., I, 178, 2°. — FŒLIX, n° 23. — M. GAUWÈS à son cours. — Montpellier, 12 nov. 1872. — Douai, 19 mai 1835.

Quel est le but de cette disposition? On n'a pas entendu, comme le prétend M. Fœlix, trancher une question de nationalité et prononcer une déchéance contre ceux qui n'auront pas profité du délai ; c'est une mesure protectrice des personnes et des biens, prise de façon à ce qu'on ne puisse apporter aucune entrave à l'émigration; elle a permis aux naturels et étrangers de s'expatrier facilement, sans qu'aucune modification postérieure pût leur enlever ce droit. Pour savoir si un Français, originaire d'un pays resté à la France, est devenu étranger, il n'y a pas à s'occuper s'il est ou non parti des provinces séparées qu'il habitait, dans le délai de six années ; mais si, étant établi à l'étranger, il a ou non conservé l'esprit de retour. Les tribunaux ont jugé avec raison en ce sens[1].

On a décidé, en général, que les femmes et les enfants mineurs avaient suivi nécessairement la condition de leur mari ou de leur père. Nous nous sommes déjà élevé contre cette solution, car il est plus juste que la nationalité de chacun soit indépendante; toutefois cette décision n'a pas eu de conséquences pour les mineurs, car le délai de trois mois, fixé pour faire leur déclaration de l'intention de se fixer en France, ayant été déclaré comminatoire, ils ont pu se prononcer à leur majorité.

Les résultats douloureux de la guerre entreprise contre l'Allemagne ont amené le sacrifice de deux de nos plus belles provinces, de l'Alsace et de la Lorraine. Cette cession a soulevé de nouveau l'examen des questions que nous avons parcourues, mais, malgré les efforts de nos négociateurs pour faire prévaloir des solutions conformes aux principes de notre législation, on n'est pas toujours arrivé à les faire adopter. Malheureusement pour nous, on les

---

1. Paris, 8 fév. 1845. — ALAUZET, n° 108.

avait mises de côté dans des temps plus prospères, et on a pu invoquer contre nous les termes et l'interprétation du traité de 1860, lors de la réunion de la Savoie et de l'arrondissement de Nice à la France, dont, en définitive, on a fait l'application à nos compatriotes. La situation des habitants des territoires cédés est établie par l'art. 2 du traité de paix du 10 mai 1871 et par la convention additionnelle de Francfort, du 14 décembre suivant. D'après les termes de ces conventions diplomatiques on aurait pu espérer que l'on arriverait à des décisions conformes aux règles que nous avons essayé de faire découler de nos lois, et dont on n'aurait pas dû s'écarter, mais l'interprétation donnée par le gouvernement allemand est venue tromper notre attente, et elle se trouve souvent en désaccord avec celle adoptée aujourd'hui par le gouvernement français.

L'article 2 du traité de paix du 10 mai 1871 s'exprime ainsi : « Les sujets français, originaires des territoires cédés, domiciliés actuellement sur ce territoire, qui entendront conserver la nationalité française, jouiront jusqu'au 1er octobre 1872, et moyennant une déclaration préalable faite à l'autorité compétente, de la faculté de transporter leur domicile en France et de s'y fixer... » Le texte de l'article ne parle que des personnes originaires du pays et qui y étaient domiciliées au moment de l'annexion; on en avait d'abord conclu en France que celles-là seulement étaient considérées comme étrangères par le fait du démembrement, mais le doute a été levé par l'art. 1er de la convention additionnelle de Francfort, qui est ainsi conçu: « Pour les individus originaires des territoires cédés qui résident hors d'Europe, le terme fixé par l'art. 2 du traité de paix pour l'option entre la nationalité française et la nationalité allemande, est étendu jusqu'au 1er octobre 1873. » Il résulte de cet article que tous ceux qui sont originaires des territoires cédés, mais qui n'y étaient plus domiciliés, sont néanmoins frappés, par l'annexion, de la perte de leur qualité et doivent, pour redevenir Français, faire une déclaration ; c'est, du reste, une solution que nous avons considérée comme logique du moment que les provinces séparées de la France sont censées ne lui avoir jamais appartenu.

Quant à la signification du mot originaire, elle semblait nettement déterminée par les déclarations des plénipotentiaires allemands qui avaient fait savoir au gouvernement français, par l'intermédiaire de M. le comte d'Arnim « que la Chancellerie fédérale interprétait l'expression *originaires* comme s'appliquant à toute personne née dans les territoires cédés[1] ». M. le Ministre des affaires étrangères répondit à cette communication dans les termes suivants : « Répondant aux questions que j'avais eu l'honneur de vous adresser au sujet de la définition du terme *originaires des territoires cédés*, employé dans les conventions entre la France et l'Allemagne, vous voulez bien me faire savoir que votre gouvernement considérera comme originaires de l'Alsace-Lorraine tous ceux qui sont nés dans ces territoires. Je m'empresse de vous remercier de cette communication qui est destinée à résoudre de nombreuses difficultés pratiques, et d'où il résulte que les individus qui ne sont pas natifs des territoires cédés ne seront pas astreints à faire une déclaration d'option pour conserver leur nationalité française, quoiqu'ils puissent être issus de parents nés en Alsace-Lorraine ou qu'ils résident eux-mêmes dans ce pays[2]. » On devait donc s'attacher à l'origine seule, considérer

1. Dépêche de M. le comte d'Arnim, du 18 déc. 1871.
2. *Officiel* du 2 avril 1872.

les Alsaciens-Lorrains comme des indigènes spéciaux, et, devant ces déclarations, le gouvernement français avait pensé que, conformément au texte du traité, aucun doute ne pourrait plus s'élever au sujet des habitants domiciliés, mais non originaires des territoires cédés; que leur nationalité n'avait pas été atteinte par l'annexion et qu'ils étaient restés de plein droit Français. Cette solution était d'ailleurs juridique: la nationalité d'origine doit éprouver un changement; pour déterminer ceux qui le subissent, ne pouvant se fonder sur la filiation, on est obligé de s'attacher au principe territorial, à la naissance sur le sol; on ne doit pas, d'autre part, s'attacher au fait du domicile qui ne crée jamais à lui seul la nationalité. Le gouvernement allemand est revenu sur cette première interprétation, qui était la sienne, et a soutenu que si les domiciliés qui ne sont pas nés dans les territoires cédés n'ont pas à opter, ils sont du moins obligés, pour conserver la nationalité française, de transférer leur domicile en France avant le 1er octobre 1872. Cette opinion définitive du gouvernement allemand a été transmise par dépêche du 1er septembre 1872 : « Le gouvernement impérial a estimé dès le principe que par le fait même de la cession de l'Alsace et de la Lorraine à l'Allemagne, ses habitants de nationalité française devenaient Allemands, sans que cet effet dût même être expressément constaté dans le traité de paix, et l'art. 2 n'a eu à ses yeux ni d'autre sens ni d'autre but que de fixer les conditions par l'observation desquelles une certaine catégorie d'habitants pourrait se soustraire à cette conséquence naturelle de la cession. En exigeant de ces derniers une déclaration formelle d'option en faveur de la France et la translation de leur domicile effectif, il n'a cependant pas entendu dispenser

de toute formalité une autre catégorie de personnes qui,
devenues, elles aussi, Allemandes par suite de la cession
du pays, désireraient revendiquer leur ancienne nationalité[1]. »

Cette théorie, qui nous semble inadmissible d'après
les règles de notre législation, a été produite après coup
par le gouvernement allemand; nous trouvons en effet,
dans les procès-verbaux de la Commission chargée de
l'examen de la convention additionnelle de Francfort,
cette déclaration textuellement extraite des protocoles
de la convention : « Les originaires des territoires cédés
seront seuls astreints à l'option ; les non originaires,
même domiciliés dans les provinces, en sont dispensés,
ils sont considérés comme Français. » Sans doute on n'a
pas exigé des simples domiciliés une déclararation formelle d'option, mais enfin on a pris à leur égard une
décision qui les oblige à l'émigration pour conserver leur
nationalité; c'est une option tacite, et au lieu de leur
laisser le droit de rester domiciliés en Allemagne comme
aux autres étrangers, contrairement au traité de paix
qui ne les avait pas visés et à tous les documents connus,
on a fait des Allemands de citoyens Français[2]. Le conflit
élevé à ce sujet n'a pu être tranché, chaque gouvernement a maintenu son interprétation; il en résulte que
nombre de personnes qui n'auront pas transféré leur
domicile en France avant le 1er octobre 1872 pourront
avoir à la fois deux nationalités, être considérées comme
Allemandes par les Allemands, tandis que, d'après notre
loi, si elles ont conservé l'esprit de retour, la qualité de
Français n'aura pas cessé de leur appartenir[3].

1. *Officiel* du 14 septembre 1872.
2. On s'est servi contre nous du principe en vertu duquel les
étrangers n'ont pas en France un *droit* de séjour.
3. Lettre de M. Dufaure, ministre de la justice.

Des divergences d'opinion se sont produites aussi sans pouvoir être résolues au sujet des mineurs. Conformément à notre manière de voir, le gouvernement français, s'appuyant sur le texte du traité, n'a jamais considéré comme compris dans l'annexion que les mineurs originaires d'Alsace-Lorraine, et il essaya à plusieurs reprises de faire insérer dans la convention additionnelle de Francfort une clause leur réservant le droit de réclamer la qualité de Français à leur majorité. Malgré les efforts de nos plénipotentiaires, le gouvernement allemand ne fit pas droit à leur requête, et il fut répondu que le traité ne faisait aucune distinction entre les majeurs et les mineurs, que les conditions et les délais fixés étaient également applicables aux uns et aux autres; seulement, avaient-ils ajouté, des déclarations d'option pourront aussi être valablement faites par les mineurs avec l'assistance de leurs représentants légaux. Cette décision était certainement contraire à nos lois, car le Code civil exige qu'on soit majeur pour avoir la capacité de se prononcer sur une nationalité; aussi, M. le Garde des sceaux, dans sa circulaire du mois de mars, pense qu'il sera peut-être utile de mettre notre loi en harmonie avec cette déclaration du gouvernement allemand, et de conférer aux mineurs, par un texte spécial, le droit de faire acte de nationalité avec l'autorisation de leurs tuteurs; toutefois, comme cette mesure était favorable à nos anciens compatriotes, M. le Ministre dit qu'elle doit être de suite appliquée et que les déclarations seront reçues en cette forme par les autorités françaises. Les procès-verbaux des séances des 6 et 13 juillet constatent que les plénipotentiaires allemands avaient formellement reconnu aux mineurs, émancipés ou non, sans distinction à établir entre eux la faculté d'option avec le concours de leurs représentants légaux ; confiant dans ces déclarations, le gouvernement français a toujours pensé que le mineur originaire des territoires cédés peut opter s'il est légalement assisté, que c'est la seule condition apportée à l'exercice de ce droit, et qu'il a personnellement la faculté d'opter, de choisir sa nationalité, quelle que dût être d'ailleurs celle de ses parents. Cette interprétation d'après laquelle les mineurs peuvent acquérir une nationalité distincte de celle de leurs représentants, sans que les parents aient à opter pour leur compte, pourvu qu'ils autorisent, ne fût-ce que par écrit, semblait bien ressortir des négociations intervenues jusque-là ; plusieurs lettres de M. Dufaure sont écrites en ce sens [1] ; mais les Allemands firent connaître d'autres prétentions : inspirés sans doute par nos décisions judiciaires, interprétatives du traité de réunion de la Savoie et du comté de Nice, ils déclarèrent que le mineur suit nécessairement la nationalité de son père ou de son tuteur. Suivant une dépêche de M. d'Arnim, du 15 juillet 1872, « le gouvernement impérial n'a pas cru pouvoir reconnaître aux mineurs le droit d'option, mais devoir leur laisser, au contraire, la position que leur assigne en France le Code civil (art. 108), d'après lequel ils ont leur domicile chez leurs père et mère ou chez leur tuteur. Les mineurs émancipés, auxquels sont conférés, par le fait même de l'émancipation, certains droits limités, parmi lesquels se trouve le droit d'élire domicile, conserveront la nationalité française, dans le cas où la seule translation du domicile suffit à cet effet, c'est-à-dire lorsqu'ils ne sont pas nés en Alsace-Lorraine ; mais le gouvernement impérial ne saurait admettre qu'aux droits

---

1. Lettres du 26 juin 1872, du 10 juillet 1872, au préfet de Meurthe-et-Moselle.

limités que la loi accorde par suite de l'émancipation et qui tous concernent l'administration de la fortune, vienne se joindre, dans le cas présent, le droit de changer de nationalité[1]. » Dans une dernière communication du 1er septembre 1872, le gouvernement allemand a maintenu cette opinion; il a ajouté que dans sa pensée « il n'avait été question, dans les conférences de Francfort, que des mineurs émancipés; et que les plénipotentiaires allemands, en déclarant qu'il n'y avait point lieu de faire une distinction entre eux et les mineurs non émancipés, ont émis seulement l'opinion qu'ils ne devaient pas jouir d'avantages qui seraient refusés à ces derniers. » De ces communications assez obscures, il résulte qu'un dissentiment profond est survenu entre les parties en présence; que le gouvernement allemand est venu contester une solution qu'il avait admise et donnée en principe. En définitive, à ses yeux, les mineurs non émancipés, qu'ils soient ou non nés en Alsace-Lorraine, ne peuvent opter, ni par eux-mêmes, ni par l'intermédiaire de leurs représentants légaux en se séparant de ceux-ci; ils suivent la nationalité choisie par leur père ou tuteur. Cette disposition s'applique aussi aux mineurs émancipés s'ils sont nés en Alsace-Lorraine, car l'émancipation ne leur donne pas un droit d'option distinct, le pouvoir de changer de nationalité; ils suivent le sort de leur curateur[2]; quant aux mineurs émancipés, qui ne sont pas nés en Alsace-Lorraine, ils sont, en ce qui concerne le droit d'option, assimilés aux majeurs, c'est-à-dire qu'ils doivent comme eux transférer leur domicile en France[1],

---

1. Cette appréciation est critiquable, car, pour les actes que le mineur émancipé ne peut faire seul, il est entièrement capable assisté de son curateur. — M. CAUWÈS à son cours.

2. Circulaire du président de l'Alsace-Lorraine, du 16 mars 1872.

3. Le mineur émancipé n'ayant pas un droit d'option à lui propre,

s'ils avaient leur domicile dans les pays annexés. L'interprétation allemande peut paraître exacte dans le système de ceux qui soutiennent que le mineur suit dans tous les cas la condition de son représentant légal, mais nous l'avons rejeté et il suffit d'en voir les résultats pour le condamner[1]. Qu'on ne vienne pas dire au surplus que le mineur a son domicile chez son père ou son tuteur, d'abord il peut en avoir un différent lorsqu'il est émancipé, et ensuite, nous l'avons répété à satiété, un domicile à l'étranger n'est pas incompatible avec la nationalité française. Les négociations n'ont pu faire cesser ce désaccord entre les deux nations; le gouvernement français a continué à penser qu'une option n'était nécessaire que de la part des mineurs, émancipés ou non, originaires des pays cédés, mais qu'une fois légalement autorisés, il n'y avait plus à tenir compte de la condition personnelle choisie par leurs représentants légaux. Ce défaut d'entente aura pour résultat d'attribuer deux nationalités à bien des jeunes gens, et ils pourront, s'ils ne se trouvent pas en règle vis-à-vis des deux puissances, être appelés des deux côtés à la fois pour le recrutement et seront considérés inévitablement comme déserteurs par la nation à l'appel de laquelle ils ne satisferont pas.

Tout ce que nous venons de dire s'applique également aux personnes du sexe féminin, du moins en ce qui con-

---

bien que père de famille n'a pu faire une déclaration pour lui et ses enfants; c'est un résultat vraiment inique.

1. On exige dans ce système que le père, tuteur ou curateur opte lui-même en faveur de la France; *quid* s'ils n'ont pas personnellement à opter; le mineur reste-t-il nécessairement Allemand? On a par exception permis *au père* de faire une déclaration pour son enfant. — Il résulte encore, d'après les Allemands, que le sort du mineur, non originaire des pays annexés, est cependant lié à celui de son tuteur domicilié en Alsace-Lorraine! — M. Cauwès à son cours.

cerne les veuves et les femmes non mariées, majeures ou mineures. Que décider pour les femmes mariées ? Nous avons déclaré que les art. 12 et 19 du Code civil, en vertu desquels la femme suit la condition de son mari, n'étaient plus applicables après le mariage ; la femme a une nationalité indépendante, elle est donc obligée de faire une option pour conserver la nationalité française, si elle est personnellement comprise dans l'annexion comme originaire du pays ; mais elle ne devient pas Allemande de droit, par cela seul qu'elle avait épousé un Alsacien-Lorrain[1]. Toutefois, la question étant trop controversée, pour éviter toute contestation, la femme aura agi prudemment en optant dans les deux cas. Aux yeux des Allemands, si elle était domiciliée en Alsace-Lorraine et que le domicile de la maison conjugale n'ait pas été transféré en France, elle a dû rester Allemande, mais ce résultat n'a pas été admis par notre gouvernement et nous semble contraire aux principes.

En résumé donc, tous ceux qui sont nés dans les territoires cédés, quels que soient leur âge, leur sexe et leur domicile, sont tenus de faire une déclaration s'ils entendent recouvrer la qualité de Français ; à défaut de cette déclaration dans les délais prescrits, ils restent Allemands ; et au contraire, tous ceux qui ne sont pas nés dans ces territoires n'ont aucune déclaration à faire et sont Français de plein droit. Telle est du moins l'interprétation française et la plus logique ; les Allemands ont trouvé profitable de déroger à cette règle si simple pour les domiciliés non originaires et les mineurs, malheureusement c'est cette interprétation qui a dû faire la loi de nos

---

1. Les Allemands n'admettent pas que la femme puisse avoir une nationalité distincte de celle de son mari, et, même au cas de séparation, elle suivrait le sort de celui-ci.

compatriotes, il a fallu s'y conformer, car la force prime
le droit.

§ 7. — Traite des esclaves.

L'esclavage admis pendant des siècles, en vertu du
droit des gens, devait succomber devant les efforts du
christianisme. Sous l'impulsion donnée par des idées
chrétiennes et généreuses furent rendus les édits de 1315,
1318, 1553, qui proclamèrent comme principe que nul
n'est esclave en France; il suffit désormais de toucher
notre sol pour faire cesser toute servitude. L'abolition
de l'esclavage décrétée pour la France continentale ne
s'étendit pas d'abord jusqu'à nos colonies, et la Révolution de 1789 elle-même, qui établit en principe l'égalité
de tous les hommes, laissa subsister cette institution
barbare. Cet état de choses fut modifié par décret du 16
pluviôse an II et l'esclavage fut aboli, mais ce vestige
d'autres temps et d'autres mœurs ne devait pas encore
disparaître pour toujours de notre législation. Le généreux
élan de pluviôse trouva des adversaires, de nombreux
intéressés firent entendre de vives réclamations et on rétablit ce que la morale venait de condamner. Un décret
du 30 floréal an X abrogea celui de pluviôse. Ce retour
vers le passé ne devait pas être de longue durée, et les
partisans, nombreux aussi, de la suppression de cette
institution contre nature, finirent par faire triompher
leurs idées humanitaires; un décret rendu par le gouvernement provisoire, le 27 avril 1848, défendit à tout
Français, sous peine de perdre sa nationalité, de posséder
des esclaves, même en pays étranger, d'en acheter, d'en
vendre, de se mêler soit directement soit indirectement
à ce trafic (art. 8); la fin de l'article donnait seulement

un délai de trois ans pour affranchir ou aliéner les esclaves qu'on avait, ou dont on pourrait hériter. Cette mesure était trop absolue, le décret ne respectait pas les droits acquis et avait par conséquent pour résultat de ruiner les industriels de nos colonies qui voudraient conserver leur nationalité. On reconnut l'inconvénient de la décision de 1848 qui, si elle n'avait été revue, était aussi destinée à périr ; elle fut heureusement modifiée par le décret du 26 mars 1858, aujourd'hui en vigueur, qui assura son existence. Toute possession d'esclaves acquise avant le 27 avril 1848 est déclarée respectée et on permet de les conserver lorsqu'ils proviennent de successions, legs, donations ou conventions matrimoniales. Dans les autres cas, ce commerce honteux est prohibé : c'est ainsi que, sans brusquer les événements, on arrivera sûrement dans l'avenir à l'extinction de l'esclavage dans nos colonies.

CHAPITRE IV.

Moyens de recouvrer la qualité de Français.

La qualité de Français, perdue par l'une des causes que nous venons de passer en revue dans le chapitre précédent, peut en général se recouvrer plus facilement que lorsqu'il s'agit de l'acquérir par la naturalisation ordinaire ; on n'exigera pas pour la réintégration des ex-Français qu'ils se conforment toujours à toutes les formalités exigées pour l'admission des autres étrangers. « Ne peut-on pas supposer, a dit le rapporteur, qu'en quittant la France ils ont uniquement cédé à l'impulsion d'un caractère léger, qu'ils ont surtout

voulu améliorer leur situation par leur industrie, pour
jouir ensuite au milieu de leurs concitoyens de l'aisance
qu'ils se seront procurée? Ne doit-on pas supposer du
moins que leur désertion a été suivie de vifs regrets? Et
leurs frères pourront-ils être toujours insensibles quand
ces transfuges viendront se jeter dans leurs bras[1]? » On
a pris en considération le sang qui coule dans les veines
de cet expatrié et l'attachement qu'il peut avoir conservé
pour sa première patrie; on a pensé qu'après avoir sacri-
fié son devoir à ses intérêts, avoir transgressé les lois de
son pays ou obéi à la nécessité, il peut désirer ardem-
ment revoir le sol qui l'a vu naître, les lieux où s'est
passée sa jeunesse, le pays des ancêtres et de la famille,
et souhaiter mourir tranquillement au milieu des siens;
il peut regretter sa conduite, vouloir la réparer; pour
l'encourager dans cette voie, lorsqu'il semble en être
digne, on lui tend généreusement la main, on l'accueille
comme un frère. Parfois, cependant, la gravité de l'acte
qui a fait encourir une déchéance autorise des mesures
plus rigoureuses à l'égard de l'ex-Français, et il ne suffira plus alors de manifester d'une façon certaine son
désir de revenir en France, on exigera de lui, si on le
juge opportun, une preuve plus sûre de son repentir. En
un mot, les conditions à remplir pour recouvrer la qualité de Français peuvent varier suivant les causes qui
ont déterminé la perte de la nationalité. Nous allons
établir ces distinctions.

§ 1er. — Naturalisation autorisée en pays étranger. — Établissement
fait à l'étranger sans esprit de retour.

D'après l'article 18 du Code civil « le Français qui

---

1. *Exposé des motifs* du conseiller d'État TREILHARD, 14 ventôse
an XI.

aura perdu sa qualité de Français, pourra toujours la recouvrer en rentrant en France avec l'autorisation du Roi, et en déclarant qu'il veut s'y fixer, et qu'il renonce à toute distinction contraire à la loi française. » La place de cet article indique assez qu'il se réfère aux cas énoncés dans l'art. 17; toutefois les art. 12 et 23 du décret du 26 août 1811 sont venus restreindre l'application de cette disposition; elle ne peut plus être invoquée aujourd'hui par celui qui s'est fait naturaliser en pays étranger, sans autorisation préalable du gouvernement, ou dans le cas d'acceptation non autorisée de fonctions publiques conférées par un gouvernement étranger; l'art. 18 reste donc seulement applicable lorsqu'il y a eu perte de la nationalité française par la naturalisation acquise en pays étranger avec autorisation, ou par un établissement fait en pays étranger sans esprit de retour; encore des controverses se sont élevées sur ce dernier cas, mais nous ne pensons pas avec MM. Delaporte[1] et Coin-Delisle que, dans cette hypothèse, on puisse se passer de toute déclaration et ne pas obtenir l'autorisation préalable de rentrer, du Chef de l'État. Sur quoi s'appuie cette opinion adverse? La nationalité d'origine du Français n'a souffert, dit-on, aucune atteinte, il n'a pas reçu l'investissement d'une nationalité nouvelle, d'un gouvernement étranger, il n'y a donc rien à effacer, à faire disparaître, en contradiction avec la qualité de Français qu'il recouvre de plein droit; on peut comparer cet ex-Français à un absent qui par son retour fait tomber toutes les présomptions légales déduites de probabilités, il doit faire disparaître par sa présence la présomption de la perte de l'esprit de retour qui avait été

---

1. *Pandectes françaises*, sur l'art. 18, n° 85. — Coin-Delisle, n° 1.

tirée de son établissement en pays étranger et par conséquent rentrer dans ses droits sans formalités. Cette manière de raisonner est contredite par le texte et l'esprit de la loi. Et d'abord l'art. 18 est général dans ses termes, il s'applique, sans distinguer, à tous les cas où un Français a perdu sa qualité pour une des causes énumérées dans l'art. 17 et, à moins de texte formel qui n'existe pas pour le cas que nous examinons, on ne peut établir de sa propre autorité une dérogation sans être accusé à juste titre d'arbitraire. Bien plus, l'intention du législateur n'est-elle pas évidente? Il ressort, selon nous, sans contestation possible, qu'il faut que, dans tous les cas de réintégration, la volonté de l'intéressé soit manifestée; sans parler des termes des art. 18 et 21, on exige dans l'art. 19 que la Française devenue étrangère par son mariage, qui revient après son veuvage en France, fasse une déclaration, et y soit autorisée; elle est certainement dans une des situations les plus favorables, et cependant il faut une demande de sa part; ne serait-ce pas aller contre l'esprit de la loi de dispenser de toute condition celui qui est devenu étranger par un établissement sans esprit de retour, et, par cela seul qu'il est revenu, de lui rendre sa qualité perdue?

Nous l'avons déjà dit, on ne doit pas admettre facilement l'intention de ne plus revenir, elle doit résulter seulement de circonstances décisives; mais lorsqu'elle est démontrée et certaine, alors il est naturel d'imposer au moins à celui qui s'est mis sous le coup d'une déchéance, de faire connaître son désir de recouvrer son ancien titre. Cette opinion que nous avons adoptée est celle d'un grand nombre d'auteurs[1].

---

1. M. Duranton, 1, 193. — Demol., 1, 169. — Dalloz, *Droits civ.*, n° 161.

Le Français qui a perdu sa qualité par suite de sa participation dans le trafic des esclaves, doit aussi pouvoir la recouvrer en remplissant les formalités de l'art. 18.

Dans les cas qui se trouvent encore aujourd'hui régis par l'art. 18, l'ex-Français doit, pour recouvrer sa qualité, remplir trois conditions : 1° en faire la demande formelle au gouvernement ; 2° déclarer qu'il veut se fixer en France ; 3° renoncer à toute distinction contraire à la loi française. La demande pour obtenir l'autorisation de rentrer en France doit être adressée au Ministre de la justice, ce qui semble résulter par analogie d'un avis du Conseil d'État du 21 janvier 1812 : « Aucun Français, ni aucun sujet des pays réunis, qui est ou entrera au service d'une puissance étrangère, ne pourra, pour quelque cause que ce soit, venir en France qu'avec une permission spéciale de Sa Majesté, laquelle sera nécessaire à ceux même d'entre eux qui auront quitté le sol étranger ; et la demande de cette permission devra être adressée au Grand Juge[1]. » La déclaration de vouloir se fixer en France est reçue par le maire du lieu où l'ex-Français veut établir son domicile[2], et doit contenir l'indication précise de cet endroit ; elle rend constante la volonté de se repatrier pour reconquérir la nationalité. Cette forme n'est pas substantielle ; ainsi cette déclaration pourrait être faite, alors qu'on est encore à l'étranger, devant les agents diplomatiques ou consulaires, en faisant soumission de rentrer en France. Une expédition de cette déclaration doit accompagner la demande adressée au Ministre. Il faut enfin que celui qui veut recouvrer sa qualité, renonce à toute distinction contraire à la loi française. « Tout Français, dit l'avis

<hr>

1. Coin-Delisle, sur l'art. 18, n° 2.
2. Décret du 17 mars 1809, art. 2.

précité du Conseil d'État, qui étant, même avec la permission de Sa Majesté, au service d'une puissance étrangère, accepte de cette puissance un titre héréditaire, est,
par cette acceptation seule, censé naturalisé en pays
étranger. » En conséquence, il faut avant tout renoncer
à ce titre pour être réintégré dans sa qualité[1]. Cette disposition eut surtout de l'importance aux époques où les
distinctions nobiliaires furent prohibées en France, mais
elle peut s'appliquer, en dehors de cette hypothèse, lorsque des dignités, qualités ou titres étrangers, sans constituer des fonctions publiques, sont incompatibles avec
la qualité de Français. Les trois conditions que nous
venons de mentionner doivent être rigoureusement
observées, mais ce sont les seules qui soient exigées;
ainsi, il n'est pas de délai fixé dans lequel l'ex-Français
doive agir; quel que soit le temps écoulé depuis qu'il a
cessé de compter parmi les nationaux, il n'est jamais
trop tard pour adresser sa requête. Le gouvernement,
saisi par la demande, statue souverainement et peut à
son gré y faire droit ou la rejeter; c'est en général par
un seul et même acte qu'il autorise l'étranger à rentrer
en France et le déclare réintégré dans sa qualité de
Français.

Cette faveur était accordée par ordonnance royale,
aujourd'hui elle est concédée par décret; ampliation en
est envoyée au pétitionnaire et c'est la délivrance de cette
expédition qui rend le droit définitif, irrévocablement
acquis; jusque-là il est susceptible de suspension ou de
révocation. Les frais dus pour la réintégration dans la
qualité de Français, suivant l'art. 12 de la loi du 20
juillet 1837, sont assimilés à ceux qui étaient perçus au

---

1. LEGAT, p. 118. — COIN-DELISLE, n° 2. — DEMOL., I, 169.

cas de naturalisation ; toutefois, le gouvernement peut faire remise totale ou partielle de ces droits de sceau et d'enregistrement.

Lorsqu'un Français avait perdu sa qualité, il pouvait la recouvrer, dans l'ancien Droit, en obtenant des lettres de déclaration de naturalité ; il était alors censé n'avoir jamais perdu sa nationalité, il y avait en sa faveur effet rétroactif, et on revenait même sur les partages qui auraient pu s'effectuer pendant son absence. Aujourd'hui il n'en est plus de même, la réintégration n'a d'effets que pour l'avenir ; l'art. 20 du Code civil a eu pour objet d'effacer la distinction qui existait entre les lettres de naturalité et les lettres de déclaration de naturalité qui étaient la reconnaissance d'un droit préexistant ; désormais, ceux qui recouvrent la qualité de Français, en vertu des art. 10, 18 et 19, ne peuvent s'en prévaloir qu'après avoir rempli les conditions imposées par la loi, et seulement pour l'exercice des droits ouverts à leur profit depuis cette époque [1]. Le Français devenu étranger pour une des causes que nous connaissons, ne cesse de l'être qu'après avoir été relevé de sa déchéance ; dans l'intervalle du temps qui sépare la perte de sa nationalité du moment où il la recouvre, il a été régi par les lois du pays qu'il avait adopté, il y reste soumis pour toute cette période et doit continuer à en subir les effets sans qu'on puisse effacer le passé ; ce n'est que pour l'avenir que la législation française reprend son empire à son égard [2].

Un étranger qui s'est fait naturaliser Français peut perdre aussi sa nationalité d'adoption pour les causes énumérées dans l'art. 17, pourra-t-il se prévaloir des dispositions favorables de la loi à l'égard de l'ex-Fran-

1. *Exposé des motifs*, de TREILHARD.
2. MERLIN, *Rép.*, v° Loi, § 6, n° 5. — DALLOZ, *Droits civ.*, n° 162.

çais pour se faire ensuite réintégrer dans sa qualité perdue? Sans doute on peut dire qu'il n'a pas en lui de sang français, et, qu'une fois le lien d'adoption qui l'unissait rompu, il n'existe plus rien entre lui et la France[1]; il s'est montré peu reconnaissant de l'accueil généreux qui lui avait été fait, et on ne voit pas quelles raisons on pourrait invoquer en sa faveur pour lui rendre une distinction dont une première fois il s'est montré si peu digne. Ces motifs, qui peuvent avoir leur valeur en fait, ne nous semblent pas juridiques: et d'abord nous nions qu'il n'existe plus aucune trace des liens qui unissaient le naturalisé à la France, et nous pensons que comme tout ex-Français il se rendrait passible des peines édictées contre ceux qui portent les armes contre leur patrie. Si on admet cette dernière proposition, il faut être conséquent; d'autre part, l'acte de naturalisation a pour effet d'assimiler complétement l'étranger naturalisé aux naturels, pourquoi établir une distinction entre eux dans notre hypothèse, alors surtout que l'article est conçu en termes généraux?

§ 2. — Service militaire à l'étranger sans autorisation. — Naturalisation en pays étranger non autorisée. — Acceptation sans permission de fonctions publiques étrangères.

Le législateur de 1804 s'était montré plus rigoureux dans un cas: d'après l'art. 21, celui qui, sans autorisation du Roi, a pris du service militaire chez l'étranger, ou s'est affilié à une corporation militaire étrangère, ne peut rentrer en France qu'avec la permission du Roi, et recouvrer la qualité de Français qu'en remplissant les conditions imposées à l'étranger pour devenir citoyen. « Cette circonstance, a dit M. Treilhard[2], a un

---

1. ALAUZET, *De la qualité de Français*, n° 86.
2. *Exposé des motifs.*

caractère de gravité qui la distingue: ce n'est plus un simple acte de légéreté, une démarche sans conséquence, c'est un acte de dévouement particulier à la défense d'une nation, aujourd'hui notre alliée si l'on veut, mais qui demain peut être notre rivale et même notre ennemie. Le Français a dû prévoir qu'il pouvait s'exposer, par son acceptation, à porter les armes contre sa patrie. En vain dirait-il que, dans le cas d'une rupture entre les deux nations, il n'aurait pas balancé à rompre ses engagements : quel garant pourrait-il donner de son assertion? La puissance qui l'a pris à sa solde a-t-elle entendu cette restriction? L'aurait-elle laissé maître du choix? Le législateur a pensé alors que, dans ce cas, le Français devait être, soit pour rentrer en France, soit même pour recouvrer les droits de citoyen, soumis à des conditions particulières. » D'après l'art. 21, il faut une permission préalable pour rentrer en France; ici une simple autorisation tacite ne pourrait pas suffire, il est nécessaire qu'une décision officielle intervienne, c'est-à-dire une Ordonnance royale, et aujourd'hui un décret qui sera le point de départ du stage exigé du postulant comme de tout autre étranger qui voudrait se faire natu- raliser. Ce n'est plus par un seul acte que peut être accordée et l'autorisation de rentrer et la réintégration dans la qualité de Français; après avoir obtenu une pre- mière faveur, celle de revenir, il faut se soumettre à l'épreuve de stage exigé des étrangers, au bout de laquelle le gouvernement est encore libre de rejeter votre demande. La disposition rigoureuse de l'art. 21 a été atténuée par le décret du 26 août 1811 : il résulte en effet de la com- binaison des art. 12 et 25 de ce décret que le Français qui, sans autorisation, est entré au service militaire d'une puissance étrangère ou s'est affilié à une corporation militaire étrangère, peut être réintégré dans sa qualité en obtenant des lettres de relief accordées en conseil privé comme des lettres de grâce; elles ont pour effet de relever l'ex-Français des déchéances et de l'affranchir des peines qu'il a encourues. Nous ne pensons pas, comme certains auteurs, que l'ex-Français qui a obtenu ces lettres de relief doive néanmoins faire le stage exigé des étrangers; elles ont pour effet de le relever de toutes les déchéances et non pas seulement des pénalités spécialement prononcées par le décret de 1811. L'art. 12 ne fait aucune distinction, il doit donc viser aussi l'art. 25 qui prononce la plus dure des déchéances, la perte de la qualité de Français. Cette modification à l'art. 21 C. c. a toujours son importance, car nous avons admis que, malgré son inconstitutionnalité, le décret était resté en vigueur [1].

Nous n'admettons pas toutefois l'opinion de M. Duranton [2]; d'après lui « le caractère de ces lettres est de faire supposer que le fait d'où dérivait l'incapacité n'a jamais eu lieu. » Nous croyons que les lettres de relief n'ont pas d'effet rétroactif; l'interprétation contraire est pour le moins arbitraire, et puisqu'il est dit que ces lettres sont délivrées dans les mêmes formes que les lettres de grâce, elles doivent avoir le même résultat; or, celles-ci ne rétroagissent jamais. N'oublions pas ensuite que l'art. 20 a eu pour but d'empêcher la rétroactivité dans les cas des art. 10, 18 et 19; ne serait-ce pas aller contre l'esprit du Code de décider qu'il en est autrement dans notre espèce, qui est certainement vue avec défa-

1. Demante, *Rev. étrang. et fr.*, VII, p. 421. — Valette, *sur Proudhon*, I, p. 128. — Demol., I, 169.
2 Dur., I, 197 et 198. — Dalloz, *Droits civ.*, n° 531.

reur, puisque l'art. 21 imposait des conditions bien plus sévères que l'art. 18 dans l'hypothèse qu'il prévoit ?

Si le décret du 26 août 1811, conçu dans un sens rigoureux, s'est montré plus indulgent que le Code pour celui qui a pris du service à l'étranger, il est venu aggraver la situation de l'ex-Français dans deux cas auxquels on appliquait avant lui les dispositions favorables de l'art. 18. Et d'abord, d'après l'art. 12, si on s'est fait naturaliser à l'étranger sans autorisation préalable du gouvernement, il faut désormais, pour être relevé des déchéances encourues, obtenir des lettres de relief. Nous croyons ensuite qu'il y a lieu d'adopter une décision analogue pour le cas où il y a eu perte de nationalité par l'acceptation non autorisée de fonctions publiques conférées par un gouvernement étranger ; en effet, l'article 25 du décret, en parlant du Français entré sans autorisation au service d'une puissance étrangère, ne distingue pas si c'est un service militaire ou tout autre emploi ; il y a donc lieu de penser qu'il faut aussi des lettres de relief pour réintégrer celui qui avait accepté des fonctions civiles, administratives, judiciaires, etc.

§ 3. — Ex-Française mariée à un étranger.

La femme française perd sa nationalité par son mariage avec un étranger ; elle peut recouvrer sa qualité, en vertu de l'art. 19, § 2, pourvu qu'elle réside en France ou qu'elle y rentre avec autorisation, et en déclarant qu'elle veut s'y fixer, lorsque son mariage est dissout, soit par la mort de son mari, soit par toute autre cause. Le texte de l'article ne parle, il est vrai, que du cas de veuvage, mais on a statué *de eo quod plerumque fit*, et il faut raisonner par analogie[1] : ainsi, par exemple, en cas de divorce ; et en effet lorsqu'il était admis dans notre législation, on considérait, quand il avait été prononcé, les époux comme veufs et libres de se remarier. Il faudrait décider aussi que l'art. 19 est applicable lorsque la femme se trouve libérée du lien matrimonial par la mort civile prononcée contre son mari. Il en serait ainsi dans tous les cas où la femme recouvre son indépendance ; le point essentiel, c'est qu'elle ne soit plus sous la puissance maritale, car tant que le mariage subsiste, son devoir est de suivre son époux même à l'étranger.

Deux hypothèses différentes sont prévues par le Code : ou bien la femme devenue libre réside en France en ce moment, ou bien elle est fixée à l'étranger. Dans le premier cas, suivant plusieurs auteurs, la femme recouvrerait de plein droit la qualité de Française, elle n'aurait aucune formalité à remplir et serait dispensée, non-seulement de demander l'autorisation de rentrer, mais même de faire la déclaration qu'elle veut se fixer en France. Cette interprétation, favorable à la femme, est peut-être désirable : les femmes sont ignorantes en matière de formalités administratives, souvent elles n'accompliront pas les conditions de la loi par simple négligence. Nous admettons toutes ces raisons, mais il ne nous appartient pas de corriger la loi ; aussi, malgré l'avis de savants auteurs[2], malgré les décisions de la jurisprudence, qui a trouvé dans les faits des considérations pour mitiger la loi, nous croyons que, dans sa pensée, le législateur n'avait pas

---

1. Demol., I, 170. — Dalloz, *Droits civ.*, n° 167. — Lyon, 11 mars 1835.

2. Duranton, I, 193. — Coin-Delisle, art. 19, n° 5. — Demol., I, 171. — Proudhon, p. 127. — Guichard, n° 318. — Dalloz, *Droits civ.*, n° 168. — Cass., 19 mai 1830, rejet.

l'intention de conférer la nationalité de plein droit à l'ex-Française. Il faut s'en tenir au texte, qui est conçu en termes généraux, et à l'esprit de notre législation. La rédaction de l'art. 19 démontre, sans aucun doute possible, que l'on exige, dans les deux hypothèses prévues, une déclaration; les mots : *et en déclarant qu'elle veut s'y fixer*, se réfèrent aux deux cas indiqués. Le tribun Gary[1] nous montre que telle était l'opinion du Tribunat: «L'autorisation du gouvernement, dit-il, la déclaration de se fixer en France, sont aussi exigées par l'article 19, de la part de la femme française qui sera devenue étrangère en épousant un étranger. » Ne demande-t-on pas toujours, pour acquérir ou recouvrer la qualité de Français, une déclaration de l'intéressé? Ce système, suivi par le Code, est établi d'une façon certaine par les art. 9, 10, 18 et 19; on n'accorde notre nationalité qu'à celui qui le désire et qui manifeste son intention; or, la femme, par son consentement au mariage avec un étranger, a déclaré adopter une autre patrie, serait-il juste de la lui enlever malgré elle, ce qui peut amener de graves résultats, par ce motif seul qu'elle était en France au moment de la dissolution de son mariage? Qu'on ne dise pas que, de même que la femme a perdu de plein droit sa nationalité d'origine en se mariant à un étranger, elle doit aussi, lorsqu'arrive la dissolution, lui être restituée de plein droit; au moment du mariage, il y a eu volonté de la femme, elle a eu à se prononcer, mais en général la dissolution est indépendante d'elle; et d'ailleurs, si on invoquait ce raisonnement, il conduirait trop loin, car il pourrait aussi bien s'appliquer au cas où la femme est fixée à l'étranger lors de son veu-

---

1. Disc. du tribun GARY, 14 ventôse an XI.

vage; le texte s'y oppose, il est donc certain que le législateur n'a pas entendu établir cette corrélation[1].

L'article 19 prévoit en second lieu le cas où la femme réside en pays étranger au moment de la dissolution de son mariage, il est alors nécessaire qu'elle fasse une demande au gouvernement pour rentrer en France et déclare qu'elle veut s'y fixer. Cette déclaration, faite au maire du lieu qu'elle compte habiter, est envoyée en expédition avec sa demande au Ministre de la justice, chargé de faire un rapport. Si la réintégration est octroyée, un décret intervient, dont ampliation est envoyée à l'intéressée, ce qui rend son droit définitif.

Les effets de la réintégration sont tout à fait personnels et ne peuvent avoir d'influence à l'égard des enfants qui seraient nés pendant que la mère était étrangère. M. Duvergier[2] déclare cependant que « les enfants mineurs, nés d'un père étranger et d'une mère française, mais devenue étrangère par l'effet de son mariage, deviennent eux-mêmes Français de plein droit, dans le cas où leur mère, après le décès de son mari et durant la minorité de ses enfants, remplit les formalités voulues par la loi pour recouvrer la qualité de Française. » Nous ne pouvons adopter cette solution contraire à tous les principes : ces enfants sont nés étrangers, ils ont dès leur naissance une nationalité indépendante, un droit, un titre personnel, qu'un fait personnel et légal peut seul leur enlever; nulle part n'a été donné à la mère le droit de changer la nationalité de ses enfants[3].

---

1. A. et R., I, § 75, note 6.

2. DUVERG., *Collection des lois*, t. III, p. 241.

3. DEMOL., I, 175. — DALLOZ, *Droits civ*, n° 169. — DUR., I, 193 *bis*. — A. et R., I, § 75, note 9. — Paris, 30 juill. 1855. — Paris, 23 juin 1859. — Grenoble, 16 déc. 1858. — Cass., 5 mai 1862.

L'art. 2 de la loi de 1851 a consacré virtuellement ces principes.

Rappelons qu'en vertu de l'art. 20, l'ex-Française ne recouvre sa qualité que pour l'avenir, et ne peut s'en prévaloir que pour l'exercice des droits ouverts depuis sa réintégration.

§ 4. — Annexés.

A la suite du démembrement d'une portion du territoire français, les personnes comprises dans l'annexion deviennent *ipso facto* étrangères, à l'instant même où le traité est devenu exécutoire, à moins que, par exception, il ne déroge par un texte formel aux principes constamment suivis dans ces circonstances; ce n'est aussi que lorsqu'il a été inséré au traité des dispositions favorables aux annexés que ceux-ci peuvent, en accomplissant certaines conditions, recouvrer leur ancienne nationalité et modifier ainsi les effets directs de la conquête ou de la cession. La faculté de conserver l'ancienne nationalité a été reconnue dans presque tous les traités intervenus. Pothier s'exprimait déjà ainsi au xviiiᵉ siècle : « Ils peuvent conserver la qualité et les droits de citoyens en venant s'établir dans une autre province de la domination française ; car, comme ils ne perdraient la qualité de citoyens qui leur était acquise en continuant de demeurer dans la province démembrée, que parce qu'ils seraient passés sous une domination étrangère et qu'ils reconnaîtraient un autre souverain, il s'ensuit que s'ils restent toujours sous la même domination, s'ils reconnaissent le même souverain, ils continuent d'être citoyens et demeurent dans la possession de tous les droits attachés à cette qualité. »

Dans cette dernière hypothèse l'annexé est étranger sous condition résolutoire ; il est étranger par le fait de la séparation, car il restera tel s'il ne fait rien pour revendiquer son ancien titre ; mais il n'est étranger que conditionnellement, car en remplissant certaines formalités indiquées, la condition de la résolution venant à être accomplie, il sera censé n'avoir jamais cessé un seul instant d'être Français. C'est improprement que l'on a parlé dans ces circonstances de choix à effectuer, d'option pour conserver la qualité de Français [1] : on arrivera, il est vrai, à un résultat identique, parce que la condition accomplie rétroagit, et qu'on est réputé n'avoir jamais été étranger, c'est même ce qui explique cette inexactitude de langage ; mais, en réalité, la qualité de Français a été perdue, et l'effet de l'accomplissement des formalités n'est pas de la conserver mais de la faire recouvrer. Ce qui nous fait enfin persister dans notre manière de voir, c'est qu'il peut ne pas toujours être réservé aux annexés de pouvoir reprendre la nationalité qu'ils viennent de perdre ; quel sera alors l'effet de l'annexion ? On est bien obligé de décider que, dans ce cas, les habitants du territoire cédé ou conquis sont devenus *ipso facto* étrangers sans condition ; n'est-il pas logique d'en conclure que l'effet produit est toujours le même, seulement qu'il peut y être mis une cause de résolution. Ces principes étaient déjà ceux de notre ancien Droit et rien ne fait supposer qu'on ait voulu innover ; au contraire, le Code, par son silence, les a tacitement confirmés [2].

---

1. Il n'y a eu de véritable option que pour les militaires au service de la France.

2. Poth., 1re p., tit. II, sect. 1re. — Dur., I, 133. — A. et R., I, § 72, note 3. — Richelot, I, 73. — Demol., I, 157. — Dalloz, *Droit civ.*, nᵒ 124. — Cass., 4 juill. 1810, rejet.

Lorsque la faculté de recouvrer la qualité de Français a été réservée aux annexés, les conditions à remplir par eux ont varié d'après les événements politiques qui avaient amené la séparation et suivant le texte des traités. Nous nous bornerons à dire quelques mots des traités de 1814 et 1815 et de celui de 1871.

En 1814 et 1815 les provinces démembrées avaient été réunies depuis peu à la France par la conquête, il était donc naturel, après des revers, que la rétrocession eût pour résultat de rendre irrévocablement leur première nationalité à tous ceux que la réunion de leur pays avait faits Français ; on s'explique ainsi que les traités soient muets quant aux moyens, pour ces habitants, d'éviter les effets de la séparation et de rester à la France ; ils sont redevenus de plein droit étrangers et censés n'avoir jamais cessé de l'être. Pour recouvrer la qualité de Français ils devaient *a priori* se soumettre aux règles du droit commun sur la naturalisation des étrangers en France, et ils se sont trouvés régis par la loi étrangère de leur pays d'origine quant à la faculté de se faire naturaliser à l'étranger. Toutefois, la situation de ces ex-Français parut à nos législateurs de nature à justifier des mesures favorables, la France ne voulut pas abandonner complétement ceux qui avaient compté un instant parmi ses enfants et avaient pu s'attacher à elle ; la loi du 14 octobre 1814 eut pour but de leur faciliter les moyens de recouvrer la qualité de Français enlevée par les traités. Il est naturel que cette loi ne s'occupe pas des Français qui s'étaient fixés dans les provinces démembrées, mais qui n'en étaient pas originaires ; ils n'ont pas dû souffrir de l'annexion, la résidence ne pouvant à elle seule porter atteinte à leur nationalité d'origine et la séparation ne pouvant enlever que ce que la réunion avait conféré; il s'agit donc uniquement des personnes devenues Françaises par l'incorporation de leur pays, et auxquelles le démembrement a fait reprendre leur condition primitive. Les trois articles de la loi de 1814 se réfèrent à trois catégories d'individus qui se trouvaient, au moment de sa promulgation, dans des situations différentes. D'après l'art. 1", « tous les habitants des départements qui avaient été réunis au territoire de la France depuis 1791, et qui, en vertu de cette réunion, se sont établis sur le territoire actuel de la France, et y ont résidé sans interruption depuis dix années et depuis l'âge de vingt et un ans, sont censés avoir fait la déclaration exigée par l'art. 3 de la loi du 22 frimaire an VIII, à charge par eux de déclarer, dans le délai de trois mois, à dater de la publication des présentes, qu'ils persistent dans la volonté de se fixer en France. Ils obtiendront à cet effet, de Nous, des lettres de déclaration de naturalité, et pourront jouir, dès ce moment, des droits de citoyen français, à l'exception de ceux réservés dans l'art. 1" de l'Ordonnance du 4 juin, qui ne pourront être accordés qu'en vertu de lettres de naturalisation vérifiées par les deux Chambres. » Dans une première catégorie, il faut comprendre les habitants originaires des pays réunis puis séparés, qui, soit avant, soit après la réunion, s'étaient fixés dans une partie du territoire laissé à la France, et y étaient depuis dix ans au moins, à compter de leur majorité, au moment du démembrement. Redevenus étrangers, pour obtenir la naturalisation française ils sont dispensés de la déclaration préalable de la loi de frimaire et du stage de dix années qu'elle exige; les seules conditions qu'ils aient à remplir, ce sont : 1° une déclaration, dans le délai de trois mois, de l'intention de continuer à habiter en France; 2° l'obtention de lettres de naturalisation. Ces dispositions avaient un caractère purement transitoire, et il devait en résulter que tous ceux qui n'auraient pas fait leur déclaration dans les trois mois de la publication de la loi ne pourraient plus se faire naturaliser que par la voie commune à tous les étrangers ; il n'en fut pas ainsi, et on fit de la loi de 1814 la plus large application. Le délai de trois mois, pendant lequel on devait faire sa déclaration, fut considéré comme purement comminatoire et même longtemps après on accepta comme valables les déclarations tardives, sans opposer de déchéance. En effet, lorsqu'en 1835 un député proposa de faire revivre la disposition de la loi de 1814, en faveur des habitants des provinces démembrées, qui se trouvaient en France et ont continué d'y résider, un ministre déclara que le délai de la loi de 1814 était purement comminatoire, et que le gouvernement délivrait encore des lettres de naturalité, en exécution de cette loi, après trente années[1]. Ce fut seulement la loi du 3 décembre 1849 qui mit fin à cette extension arbitraire et prononça, dans son art. 4, l'abrogation de la loi de 1814. La déclaration doit être faite en la forme des actes de ce genre au maire de la résidence[2], et une expédition doit accompagner la demande en naturalisation. — La volonté légalement manifestée de rester en France n'a pas suffi pour conférer à elle seule et de plein droit la qualité de Français aux nationaux de provinces rendues à l'étranger, il a fallu en outre obtenir des lettres de déclaration de naturalité, et le gouvernement avait le pouvoir de les accorder ou de les refuser à son gré ; ce n'était pas un droit qu'on pou-

----

1. *Moniteur* du 11 janv. 1835.

2. Const. de l'an VIII. — Circulaires du Ministre de l'intérieur du 16 janv. 1827 et du 27 mai 1831.

vait faire valoir, mais une faveur que l'on demandait.
Une sérieuse controverse s'est élevée sur le point de
savoir si les lettres patentes délivrées à l'ex-Français
avaient un effet rétroactif et devaient le faire considérer comme n'ayant jamais cessé d'être Français, ou
bien si elles ne lui faisaient recouvrer sa qualité que
pour l'avenir et du moment de leur délivrance. De
savants auteurs[1] et la jurisprudence des tribunaux
civils, ont admis la rétroactivité des lettres patentes
délivrées en exécution de la loi de 1814 ; ils prétendent
trouver dans l'expression employée par la loi, *lettres de
déclaration de naturalité,* l'ancienne distinction qui existait entre les lettres de déclaration et les lettres de naturalité, reproduite avec intention. On a voulu, disent-ils,
les opposer aux lettres de naturalisation ordinaire, et, à
la différence de ces dernières, elles auraient pour résultat, non plus de conférer une nationalité nouvelle, mais
de constater l'existence d'un droit préexistant. Un avis
du Conseil d'État, du 17 mai 1823, est conforme à cette
interprétation: «Les membres de l'ordre de la Légion
d'honneur, devenus étrangers par les traités, ne sont rece-
vables à demander le traitement accordé aux membres
français de cet ordre, qu'autant qu'ils produisent, non des
lettres de naturalisation (il faudrait alors qu'ils fussent
reçus de nouveau dans l'Ordre), mais des lettres déclaratives de naturalité obtenues dans les délais fixés par la loi
du 14 octobre 1814, ou par les Ordonnances rendues pour
son exécution, et conçues dans les termes nécessaires
pour constater que les impétrants ont, sans aucune
interruption, conservé la qualité de citoyen français. »
Nous ne contestons pas la différence qui existait dans

---

1. A. et R., I, § 72, notes 17 et 21. — DEMOL., I, 173. — Nancy,
21 août 1845.

l'ancien Droit entre les lettres de déclaration et celles de naturalité, mais nous ne saurions admettre que les expressions sur lesquelles on s'appuie, dans l'opinion que nous avons exposée, aient eu pour but de leur donner l'ancien effet des lettres de déclaration.

Abrogées par la Révolution, les lettres patentes sont rétablies par l'Ordonnance du 8 octobre 1814, mais ni cette ordonnance, ni la loi du 26 avril 1816, ni celle du 20 juillet 1837, ne parlent de la distinction autrefois admise, et il n'y est question que d'une seule espèce de lettres de naturalisation produisant toutes le même résultat. La preuve que le législateur n'a pas entendu rétablir les anciennes distinctions et s'est peu préoccupé des expressions qu'il employait, c'est qu'il se sert des mêmes termes dans les trois articles de la loi ; or, de l'aveu même de nos adversaires, les lettres accordées en vertu du 3ᵉ ne sont pas seulement déclaratives mais acquisitives d'une natiolité ; ils sont en conséquence obligés d'accuser le législateur de ne pas s'être conformé à cette terminologie qu'il avait voulu consacrer selon eux, et de s'être, dans la même loi, trompé dans l'emploi d'expressions si différentes dans leurs effets. Ce n'est pas la seule erreur qu'on puisse signaler, car, dans l'Ordonnance du 17 février 1815, on parle de lettres de naturalisation là où, dans le système que nous combattons, il doit s'agir de lettres de déclaration. Nous croyons qu'il est bien plus simple de supposer que le législateur n'a entendu, dans tous ces cas, parler que d'une espèce de lettres patentes, sans rétroactivité. Nous venons de constater que le texte de la loi ne peut faire connaître d'une façon certaine la portée des expressions employées ; au contraire, nous trouvons dans le § 2 de l'art. 1ᵉʳ la preuve évidente qu'il ne doit être produit d'effets que pour l'avenir : « Ils obtiendront des lettres de déclaration de naturalité et pourront jouir, *dès ce moment*, des droits de citoyen français. » N'est-ce pas dire en propres termes que ce n'est qu'à partir de la délivrance des lettres patentes qu'on est restitué dans la qualité de Français? Comment pourrait-il en être autrement? La nationalité a été perdue de plein droit par le fait du démembrement, sans qu'aucune cause de résolution ait été consentie, car les traités sont muets à cet égard; tout ce qu'il est possible d'admettre, c'est que les habitants ont pu recouvrer ce qu'ils avaient réellement perdu, mais on ne peut pas effacer un fait accompli et définitif, et déclarer qu'il n'a pas existé. Nous trouvons un nouvel argument en notre faveur dans la rédaction des lettres patentes délivrées dans ces circonstances, elles sont conçues dans les mêmes termes que celles accordées pour la naturalisation de droit commun des étrangers. Enfin, la solution que nous repoussons ferait naître de graves difficultés et entraînerait à des résultats que, dans le doute, on ne peut supposer avoir été consacrés par le législateur. A la vérité, dans une interprétation stricte on n'avait que trois mois pour faire sa déclaration, mais on a décidé que le délai était comminatoire et on a accepté toutes les déclarations, en exécution de la loi de 1814, jusqu'à l'abrogation prononcée seulement en 1849; en tous cas, dans les hypothèses prévues par les art. 2 et 3 de la loi, un délai de dix ans peut séparer la déclaration de la délivrance des lettres de naturalité, et même davantage, car la déclaration une fois faite, on n'encourt plus de déchéance, il n'y a plus de délai imposé à l'intéressé, dans lequel il doive nécessairement obtenir ses lettres patentes, et d'autre part, le gouvernement peut vous faire attendre; enfin, en fait, ces lettres ont été accordées jusqu'en 1817, il faut donc admettre, dans le système que nous combattons, qu'elles ont produit rétroactivement des effets pour des années, qu'elles ont pu rétroagir jusqu'à trente-quatre ans en arrière et faire revenir sur les droits ouverts dans ce long intervalle. Une semblable conséquence, contraire à tous les principes généraux, peut-elle être acceptée en l'absence d'un texte formel et lorsqu'elle n'est fondée que sur une expression vieillie et qu'on n'a pas voulu employer dans le sens qu'on lui donnait autrefois [1]?

Nous n'avons pas admis que la condition du mineur dût être subordonnée à celle de son représentant naturel ou légal, et qu'il était resté étranger ou devenu Français suivant que le père ou tuteur avait lui-même accompli les formalités de la loi de 1814. Chacun a dû agir pour son compte personnel, et les mineurs au moment de la publication ont pu se mettre en mesure à leur majorité. La question n'a pas souffert de difficulté et on n'a pas contesté aux mineurs le droit d'agir après le terme de trois mois, comme on aurait pu le faire, grâce à l'interprétation favorable qui a fait considérer le délai fixé par la loi comme comminatoire. Le mineur aurait pu aussi se prévaloir de la disposition de l'art. 9 du Code civil, c'est même la seule ressource qui lui est restée depuis l'abrogation de la loi de 1814 par l'art. 4 de la loi de 1849.

L'article 2 de la loi de 1814 se réfère à une seconde catégorie de personnes : « Ceux qui n'ont pas encore dix années de résidence réelle dans l'intérieur de la France acquerront les mêmes droits de citoyen français le jour où leurs dix ans de résidence seront révolus, à charge

----

1. Ord. du Conseil d'État, du 15 juill. 1835. — 27 juin 1831, Req.

de faire, dans le même délai, la déclaration susdite. — Nous Nous réservons néanmoins d'accorder, lorsque Nous le jugerons convenable, même avant les dix ans de résidence révolus, des lettres de déclaration de naturalité. » Ainsi les habitants qui n'avaient pas encore leurs dix années de résidence sur le territoire resté à la France, ont pu les compléter, sauf à faire une déclaration de leur intention, et, après avoir terminé leur stage, ils ont pu obtenir des lettres de naturalité. Le gouvernement avait aussi le pouvoir de dispenser du complément de stage décennal, et de délivrer, de suite après la déclaration, les lettres patentes.

Enfin, art. 3 : « A l'égard des individus nés et encore domiciliés dans les départements qui, après avoir fait partie de la France, en ont été séparés par les derniers traités, Nous pourrons leur accorder la permission de s'établir dans Notre royaume et d'y jouir des droits civils, mais ils ne pourront exercer ceux de citoyen français qu'après avoir fait la déclaration prescrite, après avoir rempli les conditions imposées par la loi du 22 frimaire an VIII, et avoir obtenu de Nous des lettres de déclaration de naturalité. Nous Nous réservons néanmoins d'accorder lesdites lettres, quand Nous le jugerons convenable, avant les dix ans de résidence révolus. » Ceux donc qui n'avaient encore aucune résidence dans les pays restés français doivent en principe recourir à la naturalisation de droit commun, seulement on peut abréger en leur faveur la durée ordinaire du stage.

La cession de l'Alsace-Lorraine à l'Empire d'Allemagne a eu pour résultat de rendre tous les habitants et les personnes originaires de ces territoires, sujets allemands, sous une condition résolutoire contenue dans le traité de 1871[1]. Il a été en effet réservé, pour ceux qui étaient annexés, la faculté de reprendre la nationalité française en accomplissant certaines formalités déterminées par l'art. 2 du traité de paix et la convention additionnelle de Francfort. Ceux qui se sont mis en mesure dans les délais stipulés, ayant fait naître la cause de résolution, il y a effet rétroactif, et ils sont censés n'avoir jamais cessé d'être Français. Les conditions à remplir varient suivant les catégories d'annexés, et parfois aussi l'interprétation du gouvernement allemand a différé de celle du gouvernement français.

Les personnes originaires des territoires cédés, et qui y étaient domiciliées, ont eu, comme conditions à remplir, avant le 1ᵉʳ octobre 1872, pour recouvrer leur nationalité : 1° à faire une déclaration d'option devant l'autorité compétente; 2° à transporter leur domicile en France et s'y fixer. Les déclarations d'option des originaires domiciliés ont dû être faites devant les autorités allemandes, elles ont été reçues par les directeurs d'arrondissements et chaque intéressé a dû s'adresser à la direction du lieu de sa résidence. D'après un avis du directeur de l'arrondissement de Saverne, du 28 août 1871, l'option de personnes nées et domiciliées faite devant les autorités françaises est nulle et non avenue; ces individus appartiennent après comme avant à la nationalité allemande; s'ils ont l'âge de la conscription, ils doivent se présenter devant les autorités allemandes de recrutement, et s'ils quittent le territoire de l'Empire allemand après avoir atteint l'âge de conscription, ils sont passibles des peines édictées contre les déserteurs. Malgré cette interprétation, le gouvernement français a reçu nombre d'options,

---

1. Décision contraire de la Cour de Nancy, du 31 août 1871.

de mineurs surtout, dont les parents sont restés Allemands, mais ont prêté leur assistance et donné leur consentement; ces jeunes gens se trouvent ainsi réclamés par les deux pays.

La déclaration d'option n'exerce par elle-même aucune influence sur la nationalité de l'optant, ce n'est qu'après le transfert réel du domicile, c'est-à-dire après l'émigration, que le changement de nationalité s'accomplit; jusque-là on reste Allemand, en vertu de la loi d'incorporation. Cette interprétation imposée par l'autorité allemande n'est pas logique, et la seule déclaration en faveur de la France aurait dû suffire; que vient faire en effet ici la question de domicile? Un Français n'a-t-il pas le droit de rester domicilié en Allemagne sans perdre sa qualité? On peut assimiler cette contrainte à une mesure de police que peut toujours prendre un souverain à l'égard des étrangers fixés dans l'État; on a craint sans doute que les pays cédés ne fussent peuplés que de Français, on a agi par violence, et il est certain qu'en exigeant le départ des Alsaciens-Lorrains, on leur a fait une condition à part, on les a traités plus rigoureusement que les autres étrangers. Comme le faisait remarquer M. de Rémusat, ministre des affaires étrangères [1], exiger qu'un Français, qui réside en Alsace-Lorraine, doive prouver qu'il a un domicile hors de l'Alsace-Lorraine, procède d'une théorie qui non-seulement ne semble résulter d'aucun article du traité, mais qui n'est, je crois, conforme au droit commun dans aucun pays de l'Europe. Par tous pays, un étranger est obligé de prouver sa qualité d'étranger, mais nullement de prouver qu'il a un

____

1. Réponse à l'interpellation de M. Scheurer-Kestner, le 1er mai 1872.

domicile dans son pays. Ces paroles, pleines d'espérance d'une solution favorable et conformes à notre législation civile, s'étaient déjà trouvées dans le rapport de M. le comte d'Harcourt, fait au nom de la commission chargée d'examiner la convention additionnelle du mois de décembre 1871 : « Quelques personnes, disait le rapporteur, ont exprimé la crainte que les individus qui opteraient pour la nationalité française et qui transporteraient leur domicile en France, n'éprouvassent ensuite des difficultés pour rentrer dans les provinces cédées, ou du moins ne fussent assujettis à certains délais. Nous croyons pouvoir les rassurer à cet égard, car les plénipotentiaires allemands ont affirmé que ces individus seraient libres d'entrer sur le territoire allemand et de s'y fixer au même titre que tout autre étranger. » D'un autre côté, il a été déclaré à la même commission, en réponse à la demande faite par un de ses membres, par l'un des négociateurs français (et cela est consigné dans les procès-verbaux), « qu'il n'a pas été fixé de durée pour le domicile transféré hors de l'Alsace-Lorraine ; les plénipotentiaires allemands ont dit qu'il suffisait qu'on eût touché la terre française pour que le domicile fût changé. » Malgré les règles du droit si justement exposées par M. le Ministre des finances, malgré les assertions réitérées des représentants de la Confédération germanique, les résolutions définitives du gouvernement impérial se sont trouvées en désaccord complet avec ce qui avait été annoncé. Le sens adopté en dernier lieu par les autorités allemandes, c'est qu'il ne suffit pas d'une simple élection de domicile, mais il s'agit d'un transfert réel de domicile en France avant le 1ᵉʳ octobre, il faut qu'on y ait fixé avant cette époque son principal établissement[1] et qu'on y réside. C'est une nouveauté que ni le droit commun ni le traité n'autorisent, mais qu'il a fallu accepter comme la loi du vainqueur.

Les personnes originaires des territoires annexés, qui n'y étaient pas domiciliées au 1er mars 1871, n'ont eu pour redevenir Françaises qu'à faire la déclaration de leur volonté, et si elles résident hors d'Europe, le délai d'option a été prorogé en leur faveur jusqu'au 1er octobre 1873. Les Alsaciens-Lorrains résidant en France ont dû faire leur déclaration devant le maire de leur domicile, seul fonctionnaire qui ait qualité pour la recevoir; ceux qui sont établis à l'étranger et hors d'Allemagne peuvent opter, soit devant une chancellerie diplomatique ou consulaire française, soit en se faisant immatriculer dans une de ces chancelleries[2].

Les simples domiciliés, non originaires des pays annexés, n'avaient aucune formalité à remplir et pouvaient continuer à résider dans les provinces cédées, sans encourir de déchéance, pourvu que leur séjour à l'étranger ne fût pas exclusif de l'esprit de retour; telle est, du moins, l'opinion du gouvernement français; d'après les dernières communications du gouvernement allemand, ils ont dû transférer leur domicile en France avant le 1er octobre, mais nous avons déjà repoussé cette interprétation comme contraire aux principes de notre législation. Toutefois, comme on ne peut prévoir la solution donnée aux difficultés qui pourront naître à ce sujet, que les contestations sont surtout à craindre de la part

---

1. *Le transport de son établissement non matériel, mais national, ne peut-il pas du moins être considéré comme le principal, n'équivaut-il pas à fixation de domicile?* — M. CAUWÈS à son cours.

2. Art. 1er de la Conv. addit. du 11 déc. 1871.

de l'Allemagne, il a été prudent de se conformer à sa manière de voir : *sit pro ratione voluntas.*

Telle est la situation faite aux individus majeurs; quant aux mineurs, dans l'opinion qui les considère comme devant suivre nécessairement la nationalité de leurs représentants légaux, il semble qu'il n'y aurait pas eu besoin de faire pour eux une déclaration spéciale; cependant les Allemands ont exigé qu'ils fussent personnellement mentionnés dans l'acte d'option de leur père, et lorsque leur nationalité dépendait de celle de leur tuteur, et que celui-ci se prononçait pour la France, l'option n'a eu d'effet pour le pupille qu'autant qu'il était intervenu pour lui une autorisation du conseil de famille. Le gouvernement français n'a pas adopté cette interprétation, il a admis au contraire que le mineur pouvait avoir une nationalité différente de celle de ses représentants, qu'il avait un droit d'option personnel et qu'il pouvait l'exercer, bien que ses parents restassent Allemands, pourvu qu'il fût légalement assisté; il a reçu en conséquence les déclarations des mineurs autorisés et les considère comme valables indépendamment de la nationalité des représentants. Nous avions exprimé le désir que la faculté de se prononcer définitivement à leur majorité fût toujours conservée aux mineurs sans que les tuteurs naturels ou légaux pussent engager irrévocablement leur nationalité. D'après un article récent du *Mémorial diplomatique,* le gouvernement allemand reviendrait une fois encore sur ses décisions et prétendrait que les tuteurs n'ont pu décider de l'avenir de leurs pupilles, enfin que tout mineur Alsacien-Lorrain doit rester Allemand jusqu'à sa majorité, époque à laquelle seulement il pourra choisir sa nationalité. Nous ignorons quel serait le but de cette nouvelle tactique, si elle existe, car il ne faut pas compter sur l'indifférence ou la négligence des intéressés, et malgré notre défiance en voyant adopter un système que nous rérions, nous persistons à penser qu'il est plus juridique, plus libéral et plus légitime que la nationalité ne puisse jamais dépendre du fait d'un tiers. Malheureusement on ne pourra pas admettre aujourd'hui cette prétention tardive, toutes les options ayant été reçues et insérées successivement au *Bulletin des lois* depuis le mois d'octobre. Il résulterait de cette situation, si on n'arrive pas à une entente et si la nouvelle est exacte, que tout Alsacien-Lorrain mineur, ayant opté pour la nationalité française, jouirait de ses droits en France et en Allemagne jusqu'à sa majorité et compterait parmi les nationaux des deux pays.

Il nous reste, pour terminer ces quelques considérations, à examiner quelle est la situation des personnes frappées par l'annexion, qui n'ont pas profité des délais accordés pour revendiquer la qualité de Français. Cette question intéresse encore beaucoup de nos anciens compatriotes qui comptent rentrer dans la grande famille française et se rattacher à la mère-patrie lorsqu'ils auront pris les dispositions nécessaires à la sauvegarde de leurs intérêts: nécessité pour les uns, intérêts chez les autres, indécision pour un petit nombre, les ont empêchés de suivre le flot de l'émigration de tout un pays; mais, du moins, ceux qui ont dû accepter l'exil ont conservé des cœurs essentiellement français, et ils tournent sans cesse leurs regards vers la France avec l'espérance de voir arriver le jour de la délivrance. Sans doute, il serait glorieux de pouvoir racheter par les armes le pays qui a servi de rançon à la patrie, mais il serait plus beau encore d'arriver pacifiquement au même résultat et que la France, redevenue grande, puissante et redoutée de ses voisins, pût obtenir, par son autorité ou comme prix de sa neutralité, ces pays que la force seule lui a fait céder, sans avoir encore une fois à verser le sang de ses enfants. Quels que soient les secrets de la Providence, pour qu'on ne puisse pas nous accuser de nous bercer d'illusions, ne cherchons pas à interroger l'avenir; notre loi actuelle offre déjà des moyens aux Alsaciens-Lorrains de recouvrer facilement leur nationalité perdue. Lorsqu'un membre du Corps législatif parla de la nécessité de proposer une loi ayant pour but de faciliter aux malheureuses victimes de la guerre de 1870 le recouvrement de la qualité de Français, le Ministre répondit qu'aucune mesure de ce genre n'était nécessaire et que la législation du Code en vigueur suffisait amplement pour les besoins de la cause. Nous sommes aussi de cet avis, et nous croyons qu'on trouve un remède suffisant au court délai qui a été donné pour opter, dans les art. 9, 10 et 18 du Code civil. Et d'abord les majeurs, on ne peut leur contester ce droit, sont des ex-Français, ils sont donc compris dans la généralité des termes de l'article 18 et ils peuvent recouvrer leur qualité de Français en rentrant en France avec autorisation, et en déclarant qu'ils veulent s'y fixer [1]. La femme mariée pourra, à la dissolution de son mariage, se prévaloir de l'art. 19, 2°, C. c. Pour les mineurs, s'ils étaient nés sur le territoire resté à la France, en admettant qu'ils aient dû suivre la nationalité de leurs parents restés Allemands, ils peuvent en tout cas, en vertu de l'art. 9, réclamer à leur majorité la qualité de Français.

---

1. Cette solution est controversée; cependant l'art. 18, applicable à celui qui s'est fait naturaliser volontairement à l'étranger, ne doit-il pas l'être *a fortiori* à celui qui a été investi malgré lui d'une nationalité étrangère.

Et ici il est à remarquer que les Alsaciens-Lorrains, devenus étrangers, auront toujours un moyen pour que leurs enfants puissent facilement acquérir plus tard la nationalité française : c'est de leur donner le jour sur le sol français. Quant aux mineurs enfin, nés dans les provinces cédées, en admettant qu'ils soient restés Allemands, ce sont des ex-Français nés en pays étranger, ils pourront se prévaloir de l'art. 18, C. c.; pour ceux qui naîtront dans l'avenir sur le territoire annexé, de parents jadis Français frappés par l'incorporation, ce sont des descendants d'un ex-Français qui peuvent, par conséquent, invoquer l'art. 10 du Code civil. Si ces décisions étaient contestées, au besoin il interviendrait des mesures législatives pour y suppléer, comme il est probable aussi qu'une loi ratifiera l'option de ceux qui ont émigré sans faire de déclaration.

Quelle que soit l'interprétation donnée aux termes du traité de 1871, la France offrira dans tous les cas une main amie à ses anciens enfants et ne les abandonnera pas sans recours à leur malheureux sort ; ce sont des cœurs français, victimes des événements, qu'elle accueillera toujours, aussi ce n'est pas de ce côté que surgiront des difficultés. Mais il est une autre question non moins importante pour nos anciens compatriotes, et qui est liée à la première, c'est de savoir s'ils pourront obtenir de l'Allemagne la faculté de se faire naturaliser en pays étranger, si en devenant Français ils cesseront d'être Allemands. Nous ne pouvons malheureusement pas donner une solution telle que nous l'aurions désirée à cette question d'un intérêt si poignant pour les populations des provinces annexées. Et d'abord nous verrons que du moment qu'on est né de parents allemands, la législation de l'Empire ne tient aucun compte de la naissance sur un territoire étranger, on naît Allemand, et ce fait accessoire ne peut avoir aucune influence ni dans le présent ni dans l'avenir. D'autre part, pour perdre la nationalité allemande, aux yeux de ce pays, en dehors du mariage contracté par l'Allemande avec un étranger et de certains cas de légitimation de l'enfant naturel, l'abdication de la patrie y est en principe soumise à la permission du souverain : la démission du titre de citoyen doit être acceptée, et des refus sont probables, sinon certains, lorsqu'elle a pour but de se soustraire au service militaire. On peut encore cependant cesser d'être Allemand par un séjour en pays étranger, mais il faut qu'il se soit prolongé pendant dix années consécutives[1]. Il sera donc bien difficile pour nos malheureux exilés de recouvrer la nationalité française ou de l'acquérir, sans rester sujets allemands vis-à-vis du gouvernement de l'Empire germanique, ce qui peut avoir de graves conséquences pour ceux qui, abandonnant le pays, laissent derrière eux une fortune immobilière. Malgré toutes ces entraves, il faut s'attendre à voir chaque année l'émigration continuer, car une annexion qui a lieu uniquement par la force, et contrairement au vœu de tous les intéressés qu'on n'a pas osé consulter, n'est pas établie sur des bases durables et prospères ; par contre, il est à craindre qu'en présence de ces départs continuels, de la jeunesse surtout, l'Allemagne ne croie trouver un remède dans des mesures de rigueur de nature à inquiéter les émigrants et leurs familles, dans leurs personnes et dans leurs biens !

1. Analyse du projet de loi sur l'acquisition et la perte de la nationalité fédérale, par M. LYON-CAEN ; § 13 de la loi.

APPENDICE.

Législations comparées.

Avant de terminer ce travail sur la nationalité, il nous semble intéressant et utile tout à la fois de dire quelques mots des législations diverses des deux mondes civilisés sur cette matière et de les comparer entre elles; ce n'est pas que nous ayons la prétention de tout embrasser, de tout approfondir, ce serait dépasser de beaucoup le cadre de cette étude; nous essaierons du moins de faire ressortir les idées générales qui aujourd'hui ont prévalu, les divergences et les imperfections qui se rencontrent encore chez certains peuples, ce qui fera aussi mieux juger les principes qui ont guidé les rédacteurs de notre Code et apprécier les réformes accomplies de nos jours.

Nous aurons borné et, nous l'espérons, rempli cette partie de notre tâche en examinant : 1° d'après quelles lois on détermine les nationaux de naissance; 2° quels sont les modes de naturalisation propres aux différents pays. Ces deux questions nous semblent dominer tout notre sujet.

Un premier principe, généralement reconnu aujourd'hui, c'est de fonder la nationalité sur l'origine, la patrie sur la famille; de ne pas demander à l'enfant sur quelle plage il a vu le jour, mais de quel sang il est issu; de compter parmi les siens ceux qui sont nés de citoyens même sur la terre étrangère. Sous ce rapport, les intérêts de la politique sont d'accord avec le cri de la nature[1]; aussi la plupart des nations étrangères ont adopté la

---

1. Boulay, *Exposé des motifs*, tit. I du Code civil, 11 frim. an x.

maxime consacrée par notre Code civil : « L'enfant suit la condition de son père. » Nous avons vu que le Droit romain avait reconnu sur ce point les exigences du cœur humain; notre ancienne législation au contraire avait d'abord admis le principe territorial seul, mais il fut peu à peu abandonné, et on les appliqua longtemps concurremment. Quel que soit en effet le coin du globe où les yeux de cet enfant s'ouvrent à la lumière, on ne peut oublier que c'est le sang français qui coule dans ses veines; élevé loin de la France, ce sont cependant des cœurs français qui l'ont formé, il a appris à aimer sa patrie, il pense sans cesse à la France absente et même, sans l'avoir vue, il s'enorgueillit de ses jours de prospérité et de gloire, il s'émeut de ses désastres, il partage ses souffrances.

La Belgique [1], la Hollande [2], fondent la nationalité sur la filiation. Le Code autrichien (art. 28) déclare « qu'on acquiert la jouissance complète des droits civils par le droit de bourgeoisie; celui-ci, dans nos états héréditaires, appartient par droit de naissance aux enfants de tout bourgeois autrichien. » D'après la Constitution de Genève, du 24 mai 1817 (art. 47), « sont citoyens génevois ceux qui sont nés d'un père génevois. » En Italie [3], en Norwége [4], le même principe est admis. L'Angleterre considère comme Anglais de naissance les enfants légitimes, même nés à l'étranger, d'un père anglais dont

---

1. Code civil belge, art. 10.

2. Code néerlandais, art. 5, § 2.

3. Code civil italien, art. 4 : « Est citoyen l'enfant d'un père citoyen. »

4. Loi fondamentale de Norwége, de 1814, § 92 : « Sont Norwégiens ceux qui sont nés en pays étranger de père et mère norwégiens, qui à cette époque n'étaient pas sujets d'un autre État. »

le père était lui-même Anglais[1]. Si l'on a exigé dans cette législation deux générations pour l'enfant né à l'étranger, c'est que, comme nous le verrons, les enfants nés d'étrangers en Angleterre sont Anglais par le seul fait de leur naissance sur le territoire de la Grande-Bretagne; en adoptant concurremment et d'une façon absolue ces deux règles on avait craint un accroissement dangereux du nombre de ses nationaux. Cependant la règle générale s'est successivement élargie en vertu de plusieurs statuts, et aujourd'hui tous les enfants nés hors des dépendances anglaises, dont les pères *ou* grands-pères du côté paternel sont nés sujets anglais, sont réputés eux-mêmes sujets anglais et sont traités comme tels à tous égards, à moins que le père ou aïeul paternel ait été condamné à mort, ou banni au delà de la mer pour haute trahison, ou ne se soit trouvé, à la naissance de l'enfant, au service d'un prince en guerre avec la Grande-Bretagne. On considère aussi comme Anglais les enfants nés à l'étranger d'ambassadeurs anglais près des gouvernements étrangers. Il n'y a point de disposition concernant les enfants nés chez l'étranger d'une mère Anglaise mariée à un étranger, celle-ci ne perd point sa nationalité au point de vue de la loi anglaise; il a été jugé cependant que ses enfants ne pouvaient pas hériter des terres de leur mère en Angleterre, ce qui conduirait à supposer qu'ils n'y sont pas considérés comme Anglais. Le patriotisme castillan va plus loin, car la mère espagnole, eût-elle épousé un étranger, transmet sa qualité à son enfant né sur une terre étrangère : « Sont Espagnols les enfants de père ou mère espagnols, même s'ils sont nés hors d'Espagne[2]. »

1. LAFERRIÈRE et BATBIE, *les Constit. d'Europe et d'Amérique*, p. 411.
2. Const. des 25 mai 1845 et 15 sept. 1856, art. 1ᵉʳ, 2ᵉ.

On a été jusqu'à revêtir du titre de citoyen l'individu
né en dehors du territoire national et de parents étrangers par cela seul que le père était domicilié dans cet
État : c'est ce qui résulte de l'art. 5 du Code néerlandais. Aux termes de l'art. 24 du Code sarde, l'enfant né
d'un étranger établi dans le royaume avec l'intention de
s'y fixer à perpétuelle demeure, ou y ayant conservé son
domicile pendant dix ans, est considéré comme sujet. Le
Code civil polonais, mis en vigueur à dater du 1er janvier 1826 et qui continue à être obligatoire, déclare
(art. 9) que la seule circonstance du domicile, *de facto*,
du père étranger confère à l'enfant la qualité de Polonais, fût-il né sur le sol du royaume de Pologne ou
même en pays étranger[1]. D'après ce même Code enfin,
l'individu né d'un mariage légitime entre un étranger
et une femme polonaise, acquiert de plein droit la qualité de Polonais, au moyen d'une simple déclaration de
son intention à cet effet.

La plupart des pays admettent *a priori* parmi les
nationaux tous les descendants de citoyens, même nés à
l'étranger et, par une noble fiction, abritent le berceau
du nouveau-né sous les plis de leur drapeau.

Il est cependant quelques législations moins généreuses
qui font subir à l'enfant les conséquences de l'éloignement de son père ; pour elles le lieu de la naissance est
tout, la question d'origine n'est plus à considérer en
dehors de leur territoire, elles rejettent impitoyable-
ment de leur sein celui qui naît en pays étranger. Ainsi,
par exemple, en Wurtemberg, celui qui sortait du
royaume sans autorisation du roi, perdait son état de
citoyen, les enfants qu'il avait à l'étranger naissaient

---

1. LEHMANN, p. 3 et 4, et p. 93-95.

donc étrangers[1]. Du moins quelques-unes de ces lois fléchissent, car leur rigueur deviendrait une iniquité lorsque le père se trouvait à l'étranger pour le service de
l'État. Nous trouvons ce tempérament dans les Constitutions du Portugal et du Brésil[2]; ou bien encore, comme
l'avait fait notre Constitution du 14 septembre 1791
(art. 2, § 4), elles permettent à cet enfant de reconquérir
la patrie perdue en y faisant élection de domicile[3].

Ces dispositions sont exceptionnelles et la nationalité
déterminée par l'origine est admise par le plus grand
nombre des États, certains peuples même déterminent
uniquement quels sont les nationaux de naissance
d'après la qualité de ceux qui leur ont donné le jour;
d'autres, au contraire, s'attachent en outre au fait de la
naissance sur le territoire et concurremment font encore
résulter la nationalité comme corrélation obligatoire et
absolue de la naissance sur le sol. Tels sont les deux systèmes qui se trouvent en présence: *jus s .guinis et jus
soli.* Pour les premiers, et c'est la théorie qui tend à prévaloir, s'appuyant sur la filiation, fondant la nationalité
sur la famille, ils exigent dans tous les autres cas qu'un
contrat volontaire et synallagmatique s'établisse entre
l'étranger et la nouvelle patrie à laquelle il demande
accueil et protection ; il sera admis à la naturalisation,
mais seulement s'il en manifeste le désir, et en retour
il acceptera spontanément les lois et les charges de ce
pays. Les autres considèrent, au contraire, que l'assimilation est la conséquence forcée de certaines circonstances, souvent fortuites, dans lesquelles se trouve

---

1. Acte constit. du Wurtemberg, du 25 sept. 1819.

2. Charte const. du Portugal, des 29 août 1826 et 5 juill. 1852,
art. 7, § 3. — Const. du Brésil, 25 mars 1824, art. 6, § 3.

3. *Il.* art. 7 et 6, §§ 2.

l'étranger, comme la naissance sur le territoire, son séjour plus ou moins prolongé, et il est obligé, s'il veut s'y soustraire, à quitter le sol auquel il était venu demander l'hospitalité. Comme conséquence de ce dernier système, il arrive que, par cela seul que l'enfant a reçu le jour sur le territoire de tel ou tel peuple, il appartient à ce peuple, il est arraché malgré lui à sa famille et à sa nation. Pour défendre un résultat aussi contraire aux principes de la liberté individuelle, on a dit que les États ne peuvent que trouver avantage à étendre l'empire de leurs lois civiles, que c'est le territoire qui rassemble et qui fixe les habitants, qu'il constitue l'une des causes fondamentales du maintien de la société, que l'on distingue enfin le plus souvent les nations par les distinctions des territoires [1]. Une pareille loi nous rappelle le régime féodal, ces temps où la souveraineté sur le sol emportait la souveraineté sur la personne; aussi, il n'est pas étonnant qu'elle fût autrefois presque universellement reconnue en Europe. Sous l'ancienne monarchie française, nous l'avons vue appliquée d'abord seule, puis plus tard, à une époque plus avancée de la civilisation, concurremment avec le principe de l'origine. Les travaux préparatoires du Code civil ne parlaient pas de la condition des enfants nés en France d'un père étranger. Tronchet fit remarquer cette lacune, et dans les cinq premières rédactions on reproduisit la formule proposée par le Premier Consu[1] : « Tout individu né en France est Français.» — « Pourquoi, en effet, disait Boulay, ne pas reconnaître, dans cette terre heureuse de France, la faculté naturelle d'imprimer la qualité de Français à tout

---

1. BOULAY, *Exposé des motifs*, 11 frim. an x. — Discours de DELPIERRE, LUDOT, MALHERBE. — Discussion au Cons. d'État, 6 thermidor an IX.

individu qui y aurait reçu la naissance, comme autrefois l'esclave y retrouvait la liberté dès qu'il mettait les pieds sur son sol? » Et cependant, malgré d'ardents défenseurs, l'article proposé disparut plus tard du nouveau projet du Code; pourquoi? Parce que le hasard de la naissance ne suffit pas pour constituer une patrie; la véritable patrie est celle de la famille, où l'on retrouve le souvenir pieux des ancêtres, celle-là seule inspire l'affection qui attache, le patriotisme capable des plus grands sacrifices. Quel lien unit donc cet enfant au pays que sa mère n'a fait peut-être que traverser, que lui-même abandonnera peut-être bientôt pour n'y plus revenir? Sans doute, il faut que les peuples facilitent l'accès de leur patrie à cet étranger, s'il en est digne, s'il en manifeste le désir, mais un État ne doit s'assimiler que ceux dont il peut à chaque instant réclamer le secours et l'appui et non ceux qui sont peut-être prêts à le quitter. Doivent-ils se saisir pour ainsi dire de l'étranger contre sa volonté? ont-ils le droit d'arracher en quelque sorte l'enfant des bras de son père pour en faire, malgré lui, un régnicole? Un pareil acte n'est-il pas à la fois injuste, dangereux et contraire à la dignité nationale [1]? Ces raisons l'emportèrent devant le Tribunat et déterminèrent la suppression de cette disposition dans notre Code.

Quelque puissants et décisifs que paraissent ces motifs, ils n'ont pas empêché plusieurs législations d'imposer la qualité de régnicole en se fondant sur le lieu de la naissance. L'Espagne déclare « Espagnoles toutes les personnes nées sur le territoire espagnol [2]. » Celui qui est né en Hol-

---

1. TRONCHET, C. d'État, 6 therm. an IX. — R. de SIMÉON au Tribunat, 25 frimaire an X. — Tribun CHAZAL. — Observ. du Tribunat, therm. an X. — Discours du tribun GIAY, 11 ventôse an XI.

2. Const. des 23 mai 1845 et 13 sept. 1856 (art. 1er).

lande est Hollandais. La Charte du Portugal[1], la Constitution du Brésil[2], reproduisent des dispositions analogues; toutefois ces deux pays font une exception à la règle quand le père étranger se trouve sur leur territoire pour le service de sa nation. Celui qui naît sur le sol anglais est irrévocablement citoyen anglais par le hasard de sa naissance, comme si la patrie était le sol sur lequel la fortune vous fait naître, et non le pays de votre famille, de vos intérêts, celui que l'on a appris à aimer. Un navire portant pavillon anglais est, à cet égard, considéré comme partie du territoire de la Grande-Bretagne[3]. L'allégeance, lien qui soumet le sujet au roi, existe implicitement en Angleterre et par le seul fait de la loi du pays pour tout homme né sous la domination de la couronne, à moins que ses parents ne soient ennemis; ce lien est indissoluble, aucun Anglais ne peut s'y soustraire, quelque loin qu'il se trouve de son pays, il ne peut en aucun cas abdiquer sa patrie : « *Nemo potest exuere patriam.* » C'est par application de cette règle que l'Anglaise, malgré son mariage avec un étranger, conserve cependant sa nationalité d'origine. Enfin, dans les États-Unis, un amendement (XIV, art. 1er) à la Constitution de 1787 a été voté par le Congrès en 1866, par lequel « toute personne née ou naturalisée dans les États-Unis et soumise à leur juridiction, a la qualité de citoyen des États-Unis et de l'État où elle réside. » Cet amendement n'avait pas réuni, en 1867, la majorité des États à l'adoption desquels il était soumis, il a soulevé des difficultés de la part de la Prusse à l'occasion des émigrants nombreux et fils d'émigrants de l'Alle-

---

1. Charte const. du Portugal, art. 7, 1º.
2. Const. du Brésil, art. 6.
3. LAFERRIÈRE et BATBIE, *loc. cit.*

magne du Nord qui étaient établis en Amérique et qu'elle voulait soumettre au service militaire; mais une nouvelle épreuve sera probablement favorable à ce projet.

Par suite des différents systèmes que nous venons d'exposer, il résulte souvent des conflits de législation, on arrive à des conséquences vraiment déplorables. On peut voir en effet aujourd'hui des hommes, semblables aux Heimathloses de la Suisse [1], n'appartenir à aucune patrie; d'autres, au contraire, ballottés entre les devoirs de deux nationalités. Est-ce trop demander à l'avenir, est-ce trop présumer de l'humanité que d'espérer qu'un jour les nations civilisées, grâce à ces relations internationales toujours plus fréquentes, à ces congrès où chacun peut faire entendre sa voix pour le progrès général de la civilisation, qu'un jour, dis-je, on adoptera une législation uniforme pour déterminer la nationalité?

N'est-il pas plus juste et plus sage de ne pas faire découler, d'une façon absolue, du hasard seul de la naissance, une conséquence si grave et si importante, mais d'y reconnaître seulement une aptitude, une vocation que l'étranger peut, par sa volonté, en en manifestant le désir, changer en réalité? Pourquoi en effet, d'un autre côté, lui refuserait-on absolument de reconnaître pour patrie la terre qui fut son berceau et où il désire vivre et mourir? Le pays natal a ses attraits, il attache, laisse des souvenirs pourquoi ne pourrait-il pas réclamer, quand il saura manifester légalement sa volonté, la qualité que tant et de si doux liens, que les émotions, les joies de son enfance, peuvent lui rendre chère [2]?

---

1. Gens sans patrie et qui n'appartiennent à aucun canton. L'art. 56 de la Const. fédérale suisse, du 12 sept. 1848, dispose qu'il sera rendu une loi fédérale pour déterminer de quel canton ils ressortissent et pour empêcher qu'il ne s'en forme de nouveaux.

2. *Exposé des motifs*, par TREILHARD, 6 vent. an XI.

Diverses législations ont puisé dans cette pensée à la fois politique et équitable, des mesures que nous voudrions voir adopter par les autres peuples, elles ont donné à la naissance un certain droit, une certaine force, mais il est nécessaire qu'elle soit complétée par d'autres éléments : c'est ce que nous avons appelé naturalisation par le bienfait de la loi. Sans parler de notre Droit français actuel, qui a été l'objet spécial de notre étude, rappelons que déjà nos premières Constitutions, après 1789, permettaient à l'étranger né en France d'acquérir la qualité de Français en y fixant définitivement son domicile.

Nous pouvons citer d'autres peuples qui, à notre exemple, exigent aussi de l'individu né sur le sol de parents étrangers, ou un séjour prolongé, ou une simple manifestation légale de sa volonté, pour le compter parmi leurs nationaux. Ainsi le Code civil belge (art. 9) reproduit notre art. 9; le Code des Pays-Bas (art. 5, 3°) déclare « Néerlandais l'individu né dans le royaume, même de parents non domiciliés, pourvu qu'il y ait fixé son domicile. » Enfin, suivant l'art. 5 du Code italien, « si le père a perdu la qualité de citoyen avant la naissance de l'enfant, celui-ci est réputé citoyen, pourvu qu'il soit né dans le royaume et qu'il y ait sa résidence. »

D'autres fois on a accordé la nationalité à celui qui est né sur le territoire lorsqu'elle est accompagnée du domicile de ses parents étrangers, ce qui lui enlève son caractère fortuit. C'est ce que fait le Code civil des Pays-Bas dans son art. 5, 1° : « Sont Néerlandais les individus nés dans le royaume ou dans ses colonies de parents qui y sont domiciliés. » Le Code italien, art. 8 : « Est réputé citoyen l'enfant né dans le royaume d'un étranger qui y a fixé son domicile depuis dix ans non interrompus. La résidence pour cause de commerce ne suffit pas pour déterminer le domicile. »

Le plus souvent, nous devons le reconnaître, on a à peu près suivi le système que nous voudrions voir uniformément généralisé, c'est-à-dire que l'on s'est attaché à la volonté de l'intéressé, ou que du moins on ne l'a présumée telle que par son séjour prolongé dans le pays. Il serait à désirer, suivant nous, qu'en dehors de l'origine, on ne s'en référât jamais qu'à une manifestation explicite du désir d'adopter définitivement la patrie où on a vu le jour.

Au moment où nous recherchons l'influence de la naissance et de la filiation en matière de nationalité, disons encore un mot de ces enfants que nos mœurs stigmatisent dès leur naissance en leur faisant supporter la faute de leurs parents et que nos lois frappent d'infériorité et de nombreuses incapacités. Le législateur de 1804, en omettant d'en parler, a obéi à un sentiment de pudeur et d'honnêteté publiques, et il a voulu montrer une fois de plus qu'il n'entendait pas entourer les enfants illégitimes de la faveur souvent scandaleuse de la législation intermédiaire contre laquelle, au contraire, il crut devoir plusieurs fois protester et réagir. Il résulte des discussions législatives qu'il a, par son silence, consacré l'ancienne législation, sauf toutefois les modifications résultant de la reconnaissance faite par le père de l'enfant naturel [1] : l'enfant non reconnu suit la condition de sa mère et il est considéré comme Français s'il est né en France de parents inconnus. D'autres législations modernes n'ont pas imité une réserve que regrettait le tribun Malherbe[2]. Les art. 22 et 23 du Code sarde fixent l'état

---

1. POTHIER, *des pers.*, 1re part. tit. II, sect. 1re.
2. Disc. de MALHERBE sur le titre 1er du Code civil, 5 niv. an x.

de l'enfant naturel d'après celui de sa mère, à défaut du père. D'après le Code italien, art. 7, « quand le père est inconnu, est citoyen le fils né d'une mère citoyenne; si même la mère est inconnue, est citoyen l'enfant né dans le royaume. » En vertu de l'acte constitutionnel du Wurtemberg de 1819 (art. 19), « le droit de bourgeoisie était acquis par la naissance aux enfants nés hors mariage d'une mère ayant la qualité de bourgeoise. » Conformément à la Constitution de Genève de 1847 (art. 18), « sont citoyens génevois les enfants naturels d'une mère génevoise, à moins qu'ils n'aient été reconnus par un père étranger avec l'indication et l'aveu de la mère et que cette reconnaissance ne leur confère la nationalité du père. » La Charte constitutionnelle de Portugal (art. 7, 2°), la loi prussienne du 31 décembre 1842 (§§ 2 et 3), la loi allemande du 1er juin 1870, etc., sont aussi explicites; enfin, sont déclarés Anglais de naissance les enfants naturels même nés à l'étranger de parents anglais auxquels ils se rattachent légalement [1].

Nous venons de comparer succinctement les règles qui, chez les différents peuples, déterminent ceux qui, par la naissance, comptent de plein droit parmi les nationaux. Voyons maintenant à quelles conditions on peut dans ces divers pays devenir, par la naturalisation, membre de la nation, c'est-à-dire comment un homme né sujet d'un Empire, peut devenir sujet de tel ou tel autre. Cette question a été résolue de la manière la plus divergente par les diverses Constitutions des peuples des deux mondes. Pour les uns, la naturalisation ne peut être que volontaire; pour d'autres elle peut être imposée, résulter forcément de certaines circonstances. Chez les

---

1. LAFERRIÈRE et BATBIE, *loc. cit.*

premiers, comme en France aujourd'hui, loin de vouloir s'imposer à l'étranger qui préférerait conserver la patrie de ses ancêtres [1], on lui demande toujours une manifestation, soit expresse, soit tacite de sa volonté, et jusqu'à preuve du contraire il est réputé garder sa nationalité d'origine ; on ne retient pas non plus, malgré lui, le national qui veut changer de patrie, il est toujours libre de le faire. Chez quelques autres, au contraire, un étranger peut être contraint à devenir membre de la nation ; ils n'admettent pas qu'on puisse choisir sa patrie pas plus que sa famille, que le souverain puisse rester indécis sur les personnes soumises à son autorité, qu'il soit permis enfin à celui qui se trouve compris parmi les nationaux de s'affranchir à son gré de ses obligations et de la souveraineté du prince [2]. Un grand nombre de législations étrangères ont adopté le principe en vertu duquel une autorisation doit être accordée aux nationaux pour se faire naturaliser en pays étranger ; la forme des actes délivrés à cet effet et les conditions de leur obtention varient selon les pays ; on peut citer l'Autriche, la Bavière, la Hongrie, la Sardaigne, la Suède, l'Allemagne, etc. Avant qu'une législation uniforme fût adoptée pour les peuples de la Confédération germanique, les lois des duchés de Hesse et de Nassau permettaient même à de simples créanciers de former opposition à la démission de la qualité de citoyen donnée par leur débiteur.

Quel que soit le système adopté, les nations se sont en général réservé la faculté de repousser de leur sein ceux qui seraient indignes d'y entrer. Elles ne peuvent pas, en effet, s'exposer à recevoir parmi les leurs, mal-

1. Discours du tribun CHAZAL, tit. I du Code civil.
2. ALAUZET, p. 17.

gré elle, les êtres dangereux qui prétendraient s'y agréger. Elle serait bien imprévoyante et téméraire la législation qui autoriserait un étranger à venir dire : « Je
veux non-seulement résider sur votre territoire, toléré
par votre libérale hospitalité, mais y devenir citoyen;
c'est un droit que je réclame et dont vous ne pouvez me
priver [1]. » Pour échapper à cet abus possible, ce n'est
que pour une classe d'individus placés dans des situations particulières que la naturalisation accordée d'avance
par la loi est un droit soumis seulement à l'accomplissement de certaines conditions potestatives ; ordinairement
la concession de la qualité de régnicole est faite seulement à celui qui mérite cette faveur, c'est généralement
un acte individuel que l'on octroie ou refuse suivant les
aspirants; on examine les garanties que présente le
demandeur, les titres qu'il peut faire valoir, on lui impose parfois un séjour plus ou moins prolongé, après
avoir reçu l'autorisation de se domicilier, ou bien on
exige des services signalés ; en un mot, on n'est définitivement investi qu'après sérieux examen et par un acte
gouvernemental. À ces conditions, et en n'accordant le
bienfait de la naturalisation que d'une main réservée,
on évitera les mécomptes, on conservera à la qualité de
régnicole sa valeur et son prestige. La France s'est quelquefois laissé égarer par ses idées philanthropiques, et
nous ne craignons pas de dire qu'elle en a toujours subi
les désastreuses conséquences; les autres nations ne l'ont
pas, en général, suivie dans cette voie dangereuse, elles
ont compris qu'on ne pouvait naturaliser au hasard et
sans contrôle, sans manquer aux motifs de prudence et
de sagesse les plus élémentaires.

---

1. Boulay, *Exposé des motifs*, 11 frim. an x.

A qui doit appartenir le droit d'accorder la naturalisation ? Est-ce au Pouvoir législatif ou au Pouvoir exécutif ? L'histoire nous montre que les législations ont varié sur ce point : tantôt on a exigé l'intervention directe et nécessaire des deux pouvoirs, tantôt on a donné ce droit exclusivement au Pouvoir exécutif, tantôt au Pouvoir législatif. D'autre part, l'acte gracieux du gouvernement peut être plus ou moins favorable dans sa concession ; ou bien il assimile entièrement le naturalisé aux nationaux, ou bien il ne lui accorde que les droits civils et non les droits politiques ; en un mot, dans certains pays on distingue entre la naturalisation simple et la grande naturalisation, comme en France à certaines époques[1].

Ce fut presque toujours, dans notre pays, au souverain qu'appartint la délivrance des lettres de naturalisation, excepté, par suite de la forme du gouvernement, de 1791 au décret du 17 mars 1809 ; à cette époque, cette prérogative fit retour au Chef de l'État. En Belgique, « la grande naturalisation seule assimile l'étranger au Belge pour l'exercice des droits politiques[2] ; elle est accordée par le Pouvoir législatif. » En Angleterre, l'étranger naturalisé par acte du parlement peut exercer tous les droits politiques, il est assimilé aux sujets du roi, si ce n'est qu'il ne peut remplir certaines fonctions ; l'étranger naturalisé par brevet du secrétaire d'État l'est d'ordinaire avec des clauses restrictives des droits politiques ; il y a enfin la dénization, sorte de naturalisation restreinte obtenue par lettres patentes *ex donatione regis,* qui met le denizen dans une situation intermédiaire entre l'étranger et le sujet né Anglais ; il peut acquérir

---

1. Ord. du 4 juin 1814. — Loi du 3 déc. 1849.
2. Const. belge du 7 février 1831, art. 5, §§ 1 et 2.

des propriétés foncières dans le pays, sauf par héritage[1].

D'après la loi fondamentale des Pays-Bas de 1815, modifiée en 1840 et 1848 (art. 7), et celle de Norwége, (§ 92), « l'étranger ne peut obtenir la naturalisation qu'en vertu d'une loi. » En vertu de la Constitution des Principautés-Unies, du 30 juin 1866 (art. 8), « la naturalisation est accordée par le Pouvoir législatif; seule elle assimile l'étranger au Roumain pour l'exercice des droits politiques. » Dans l'Allemagne du Nord, depuis 1870, il suffit d'un acte dressé par l'autorité supérieure du pays. En Autriche (art. 30), « on peut.... se pourvoir auprès des autorités politiques pour obtenir le droit de bourgeoisie, et celles-ci pourront l'accorder suivant l'état de fortune, la capacité industrielle et la moralité du demandeur. » Suivant le Code italien (art. 10), « la qualité de citoyen s'acquiert aussi pour l'étranger au moyen de la naturalisation conférée par une loi ou par un décret royal. » L'art. 26 du Code sarde dit que les étrangers qui veulent jouir de tous les droits des sujets sardes doivent fixer leur domicile dans l'État, obtenir le privilége de naturalité et prêter le serment de fidélité au souverain.

Indépendamment des législations que nous venons de citer, la naturalisation existe également dans la plupart des autres États par une loi, un décret ou par lettres patentes : ainsi encore en Suède, en Hollande[2], en Suisse[3], en Espagne[4], en Portugal[5], au Brésil[6], aux

---

1. LAFERRIÈRE et BATBIE, p. 412.
2. Code néerlandais, art. 5, 5°.
3. Constitution génevoise de 1847, art. 18, 5°.
4. Const. espagnole, art. 1, 3°.
5. Charte const. du Portugal, art. 7, 4°.
6. Const. du Brésil, art. 6, 5°.

États-Unis d'Amérique[1], etc., etc.; et, notons-le bien, la plupart de ces nations ne font pas de distinction entre les droits civils et les droits politiques; chez elles, acquisition de la qualité de citoyen, de bourgeois ou de sujet, veut dire acquisition de la nationalité, assimilation complète avec les nationaux. Remarquons toutefois, lorsqu'il s'agit d'une confédération d'États, qu'il faut avant tout se poser une première question, c'est si la nationalité d'État est la conséquence nécessaire et exclusive de la nationalité acquise dans un des pays qui composent la Confédération, ou bien si le titre de citoyen confédéré peut être conféré séparément, sans qu'on soit membre d'une des principautés unies. Il existe dans ce dernier cas une différence avec ceux qui possèdent à la fois et la nationalité d'État et la nationalité d'un des États. Cette question capitale a été résolue en sens divers par les lois des principales Confédérations. Aux États-Unis, le titre de citoyen américain est tout à fait indépendant de celui de citoyen d'un des États de l'Union. En Allemagne[2], en Suisse[3], ceux-là seuls peuvent être et sont citoyens de la Confédération germanique ou helvétique qui sont membres d'un des États ou d'un canton.

Si l'assimilation facile de l'étranger au national est devenue la loi de presque toutes les nations, par contre chez quelques peuples nous trouvons parfois des obstacles insurmontables pour la naturalisation, derniers vestiges de l'intolérance religieuse. Rappelons-nous, à une époque où on crut pouvoir décréter l'unité de la foi en France, ces édits impuissants à retenir une foule d'exilés volontaires qui préférèrent quitter leur patrie plutôt que

---

1. Acte du Congrès des États-Unis, du 14 avril 1804.
2. Art. 1ᵉʳ, Loi du 1ᵉʳ juin 1870.
3. Art. 2, Const. fédérale.

leur religion ; ils furent dépouillés irrévocablement de la
qualité de Français, « sans qu'ils pussent être ci-après
rétablis ou réhabilités, ni leurs enfants naturalisés pour
quelque cause que ce fût. » Pendant longtemps ne fallait-il pas être catholique pour obtenir des lettres de
naturalité ? A une époque plus rapprochée encore, dans
la libre Angleterre, les étrangers professant certaines
croyances ne pouvaient devenir Anglais, être naturalisés,
sans avoir abjuré, communié et prêté le serment de
suprématie, reconnaissant ainsi le roi comme chef de
l'Église anglicane. De nos jours encore, en Roumanie, le
territoire est interdit aux populations d'autres races qui
voudraient le coloniser, et les membres des rites chrétiens peuvent seuls aspirer à la qualité de Roumain[1]. En
Wurtemberg, l'art. 27 de l'Acte constitutionnel n'accordait
« la plénitude de la jouissance du droit de bourgeoisie
qu'aux membres des trois croyances chrétiennes. » Pour
les autres, il faut que les principes de leur foi ne s'oppo-
sent pas à l'accomplissement des devoirs que ce droit
entraîne. En Prusse, la naturalisation des juifs était
soumise à une autorisation préalable du Ministre de l'intérieur. Enfin, d'après la Constitution suédoise, § 28, et la
loi fondamentale de Norwége, § 92, pour être admis aux
emplois publics, il faut professer la pure doctrine évan-
gélique.

A côté de la naturalisation par concession gracieuse du
législateur ou du souverain et à des conditions diverses
que nous venons de parcourir, de nombreuses législations ont admis la faculté d'acquérir la nationalité par
l'incolat.

Nous avons vu à ce sujet les dispositions de notre

---

1. Const. des Principautés-Unies, art. 3 et 7, § 2.

Droit intermédiaire, qui admet la naturalisation de plein droit rejetée par notre Code; actuellement encore, aux États-Unis il suffit, après trois ans de résidence, de manifester son intention de devenir citoyen américain; deux ans après cette formalité le titre peut être conféré; il l'est même nécessairement, à moins que l'étranger n'ait commis quelqu'acte de nature à compromettre gravement son honneur[1]. Par l'art. 3, 2°, du Code hollandais, les étrangers sont assimilés aux Néerlandais lorsqu'après avoir établi leur domicile dans une commune du royaume et l'avoir conservé dans la même commune pendant six années, ils ont déclaré l'intention de se fixer dans le royaume.

Enfin, pour ne pas multiplier une nomenclature qui pourrait devenir fastidieuse, terminons par la Constitution de Genève qui s'exprime ainsi, art. 18 : « Tout natif étranger de la seconde génération, tout Heimathlose né dans le canton et dont la résidence a été au moins de dix ans peut....... réclamer la qualité de citoyen génevois. »

Certaines législations, plus larges encore, font résulter la nationalité de la seule agrégation dans la bourgeoisie de quelqu'une des cités de leur territoire, comme autrefois en France jusqu'à la Constitution de 1791. Par l'Acte constitutionnel du Wurtemberg (art. 19), « le droit de bourgeois était acquis par l'admission dans la classe des bourgeois, ce qui suppose qu'on a obtenu préalablement d'une commune désignée l'assurance du droit de bourgeoisie »; et la Constitution espagnole (art. 1er, 4°) déclare « Espagnols ceux qui ont acquis droit de cité dans une commune de la monarchie. »

---

[1]. Acte du Congrès du 14 avril 1805.

Quelques pays ont même adopté ce système que nous avons cru devoir condamner dans nos Constitutions de 1790 et de 1791, mais qui pourrait cependant se justifier, c'est-à-dire la naturalisation non plus facultative mais obligatoire par l'incolat. D'après le Code civil autrichien actuellement en vigueur (art. 28), « l'étranger acquiert le droit de bourgeoisie autrichienne par un séjour non interrompu de dix ans, pourvu que dans ce laps de temps il n'ait encouru aucune condamnation judiciaire. » Des dispositions analogues ont été adoptées dans les Républiques de l'Amérique du Sud et en Espagne, où il suffit, pour devenir national espagnol, de fonder un établissement de commerce, sans qu'il soit besoin d'une manifestation de volonté. Les édits des 2 et 9 juillet avaient consacré des principes semblables pour la Prusse, mais ils n'ont pas été reproduits dans la loi de l'Allemagne du Nord du 1er juin 1870.

Certains peuples ont pensé que cette incorporation isolée, quelque fréquemment qu'elle puisse être sollicitée et octroyée, ne suffisait pas pour donner satisfaction aux relations des peuples qui tendent à s'augmenter de jour en jour, qu'elle n'était pas assez facilement accessible pour déterminer l'étranger à en subir les épreuves, qu'elle ne permettait pas de le récompenser assez promptement ou assez sûrement de ses services ; aussi ces gouvernements, plus généreux ou plus habiles, ont étendu les cas de naturalisation et, dans certaines circonstances, ont adouci et modifié les conditions de ce bienfait. C'est, à proprement parler, une naturalisation extraordinaire ou privilégiée que nous avons déjà rencontrée dans notre législation.

La loi anglaise déclare naturalisés ceux qui ont servi deux années dans les armées anglaises ou ont été employés trois ans à la pêche de la baleine, sans s'être absentés depuis plus d'un an des pays de la domination du roi [1]; de même, « sont Anglais, par l'effet des lois et coutumes, les matelots ayant deux ans de service à bord d'un navire anglais [2], les étrangers ayant sept ans de résidence dans une colonie anglaise. Toutefois ils n'obtiennent pas ainsi l'exercice des droits politiques. »

Parfois, pour attirer les capitaux, on se montre favorable à celui qui les apporte ou qui entreprend l'établissement d'une industrie avantageuse pour le pays. Cette pensée se révèle dans notre législation ; elle a dicté l'art. 29 du Code autrichien : « Les étrangers acquièrent le droit de bourgeoisie en entreprenant une industrie dont l'exercice exige un domicile habituel dans le pays. »

D'autres fois, enfin, on a vu d'un œil favorable, on accueille même *ipso facto* parmi les siens, celui qui consacre ses connaissances au service du pays, dans quelque branche de l'administration. C'est ce qu'ont fait le Code autrichien, art. 29 : « Les étrangers acquièrent le droit de bourgeoisie autrichienne en entrant dans un service public » ; la loi prussienne de 1846, § 6 : « La nomination d'une personne étrangère dans un service de l'État prussien servira en même temps d'acte de naturalisation, excepté pour les consuls et pour les agents qui seront nommés par nous à l'étranger » ; enfin l'Acte constitutionnel du Wurtemberg, art. 19 : « L'admission dans la bourgeoisie résulte de l'emploi au service de l'État, mais seulement pendant la durée de ce service. » Ces dernières dispositions ont été admises dans la loi du 1er juin 1870 pour toute l'Allemagne du Nord.

Pour que cette étude fût complète, il nous fau-

---

1. Blackstone, liv. 1er, ch. X.
2. Laferrière et Batbie, *loc. cit.*, p. 412.

drait ensuite rechercher les causes qui font perdre la nationalité dans ces pays, et examiner enfin les moyens offerts pour la recouvrer, mais le temps et l'espace nous manquent; du reste, nous nous proposions seulement dans cet exposé sommaire de traiter les deux points les plus importants : de faire d'abord ressortir les principes opposés qui se trouvent admis pour déterminer les nationaux de naissance chez les différents peuples, et ensuite d'indiquer les modes de naturalisation diversement adoptés. Nous terminerons en nous arrêtant un peu plus spécialement sur l'acquisition et la perte de la nationalité fédérale et de la nationalité d'État dans la Confédération de l'Allemagne du Nord, législation qui peut intéresser nos compatriotes et les Alsaciens-Lorrains à divers points de vue. Il s'agit en effet, pour ceux qui sont restés Français par leur option, de savoir à quelles conditions ils peuvent retourner dans les provinces annexées sans exposer leur nationalité, c'est-à-dire comment on devient citoyen allemand; il importe d'autre part à ceux qui désireraient recouvrer leur qualité de Français, de connaître comment, aux yeux des Allemands, ils peuvent cesser d'être considérés comme sujets de l'Empire.

Les législations des différents États de l'Allemagne du Nord étaient en désaccord quant aux causes d'acquisition et de perte de la nationalité; une loi récente, du 1ᵉʳ juin 1870, eut pour but de faire cesser les divergences qui occasionnaient des conflits fréquents, en donnant des règles uniformes et applicables à tous ces pays confédérés. La première question à résoudre était de savoir si on pourrait être citoyen de l'Empire sans être à la fois citoyen d'un des États de la Confédération et réciproquement. Cette loi établit que la qualité de citoyen de l'Empire dépend de celle de citoyen d'un des États fédérés, qu'elle est acquise en même temps que cette dernière, et perdue avec celle-ci. Le droit de citoyen de l'Empire germanique se fonde, par conséquent, sur celui de citoyen d'un des États allemands. Ce dernier droit est la chose principale et c'est d'elle que découle la qualité de citoyen de l'Empire. Les deux droits sont unis comme un seul droit; ils s'acquièrent et se perdent en même temps et forment les deux parties d'un tout indivisible. On ne peut pas être l'un sans l'autre. On pourrait, au contraire, être reçu citoyen d'une commune sans être citoyen de l'État où on réside et de l'Empire.

La nationalité fédérale ou d'État s'acquiert : 1° par l'origine; 2° par la légitimation; 3° par le mariage; 4° par la naturalisation. Nous allons parcourir ces différents modes[1].

I. *Origine.* — La loi allemande adopte entièrement le principe de la filiation et déclare que celui qui est issu de parents allemands naît sujet de l'Empire, quel que soit le lieu de sa naissance. Elle va même plus loin que notre Code civil et n'admet en aucune façon que la naissance sur le sol puisse avoir une influence quelconque : les enfants nés d'étrangers sur le territoire fédéral sont étrangers et il n'en résulte pour eux aucun droit; ils sont dans la même situation que s'ils étaient nés hors de la Confédération. Concluons-en pour ceux de nos compatriotes restés Français, dont les enfants naîtraient en Alsace-Lorraine, qu'il n'y a pas lieu de s'en préoccuper : la naissance dans le pays cédé n'a aucune influence sur le sort de leurs enfants, ils sont

---

1. *Analyse du projet de loi*, par M. Lyon-Caen.

considérés par les Allemands comme Français parce qu'ils sont issus de parents français.

II. *Légitimation.* — Contrairement à la solution généralement adoptée dans notre Droit français, en Allemagne, l'enfant naturel même reconnu par son père suit toujours la nationalité de sa mère. Si donc dans ce cas la mère est étrangère, l'enfant naît étranger, bien que son père qui l'a reconnu soit Allemand; seulement, si nous supposons que cet enfant soit légitimé par ses parents, cet acte a pour effet de lui conférer la qualité de son père, de citoyen confédéré.

III. *Mariage.* — La femme étrangère qui épouse un Allemand du Nord prend la nationalité de son mari; c'est la reproduction de notre art. 12 du Code civil.

IV. *Naturalisation.* — Le droit de naturaliser rentre dans les attributions du Pouvoir exécutif central de chaque État particulier, l'acte émane de l'autorité administrative supérieure. Les municipalités ont un certain droit d'intervention et doivent être consultées, notamment sur le point de savoir si l'étranger dont il s'agit est honorable et en état de satisfaire à ses besoins et à ceux de sa famille. La naturalisation ne peut pas être réclamée comme un droit, mais comme une faveur que l'on demande au gouvernement et qu'il est toujours libre de refuser; ceci est vrai pour l'étranger aspirant à la naturalisation, mais l'individu déjà citoyen de la Confédération et qui voudrait devenir membre d'un autre État fédéré peut toujours y arriver s'il remplit les conditions généralement exigées pour toute naturalisation. Ces conditions préalables sont : 1° la capacité de disposer de sa personne d'après les lois du pays que l'on quitte,

ou à défaut de cette capacité l'assistance du père, tuteur
ou curateur ; 2° une vie antérieure honorable ; 3° un
domicile propre ou chez des personnes domiciliées dans
le lieu où on veut s'établir ; 4° des ressources suffisantes
pour pourvoir à ses besoins personnels et à ceux de sa
famille. Remarquons que cette loi est très-libérale et ne
fixe aucun délai de stage.

La loi nouvelle reproduit une ancienne disposition de
la loi prussienne inconnue dans notre législation : elle
fait résulter une naturalisation tacite, à moins de réserve
formelle, de l'admission par le gouvernement d'un
étranger au service direct de l'État, ou de sa nomination
à des fonctions ecclésiastiques, universitaires ou munici-
pales.

Les effets de la naturalisation ne sont pas personnels,
comme d'après nos lois ; ils s'étendent à la femme et aux
enfants mineurs à moins d'exception formelle. Le naturalisé est assimilé en tous points aux autres nationaux.

A part les mesures de police que le gouvernement allemand peut prendre à l'égard des étrangers, il leur reconnaît le droit de résidence, ils peuvent même être domiciliés, dans le sens qu'il attache à ce mot, dans un État
de la Confédération sans devenir par cela même citoyens
de cet État ; on peut se faire naturaliser dans l'État qu'on
habite, mais on n'y est pas obligé [1]. Ceci a une grande
importance pour les Français qui désirent retourner en
Alsace-Lorraine ; d'après la loi de l'Empire, ils pourront
le faire sans inquiétude, dès que l'effet de leur option ne
pourra plus donner lieu à des contestations et à moins
qu'ils soient l'objet par leur attitude de mesures spéciales
d'expulsion.

---

1. Loi sur le libre établissement, § 12.

La nationalité fédérale ou d'État se perd : 1° par la démission acceptée par le gouvernement; 2° par la déchéance prononcée par le gouvernement; 3° par le séjour prolongé à l'étranger pendant dix ans; 4° par la légitimation; 5° par le mariage.

I. *Démission.* — Le principe posé dans la loi du 1er juin 1870, c'est qu'on n'est pas libre de quitter sa patrie à son gré. Il ne faut pas voir là une innovation, déjà en Prusse l'abdication de la patrie était soumise à la permission du souverain [1]; on crut politique d'étendre cette mesure afin d'empêcher les faits qui s'étaient produits en 1869 à Francfort, beaucoup d'habitants s'étant fait naturaliser Suisses pour éviter la nationalité prussienne. Il faut donc être autorisé à se faire naturaliser étranger, sinon on est toujours considéré comme sujet allemand, malgré même une naturalisation déjà acquise dans un autre pays. Le gouvernement est libre d'accorder ou de rejeter les demandes, et il n'a pas à motiver son refus; mais il n'y aura guère d'opposition de sa part que si le but du postulant était d'arriver à se soustraire au service militaire. L'acceptation de la démission a pour effet de faire perdre de suite la nationalité allemande, bien qu'une autre nationalité n'ait pas encore été acquise. Cette acceptation est non avenue si, dans un délai de six mois, l'ex-citoyen n'a pas été s'établir hors de la Confédération ou ne s'est pas fait naturaliser dans un autre État confédéré. Le plus grand reproche qu'on puisse faire à ce système, c'est de ne pas avoir assez tenu compte des autres législations de l'Europe; il en résultera des conflits internationaux très-graves, un

---

1. Code prussien, art. 2, liv. 17, § 127. — Ord. du roi de Prusse, du 18 sept. 1818.

même individu pouvant à la fois apparte[nir à deux na]-
tions. Ainsi, par exemple, un Allemand [devient]
Français au bout de trois ans, il reste cep[endant]
sujet de l'Empire; un individu né en France de p[arents]
Allemands peut réclamer à sa majorité la nationa[lité]
française, il est même déclaré Français de plein droit s[i]
ses parents étaient eux-mêmes nés en France, et ces circonstances sont, d'autre part, considérées comme sans
influence au point de vue de la loi allemande. Pour éviter ces conflits, le meilleur moyen est de les prévenir en
faisant des traités dans le but de régler les points liti-
gieux avec les différents États, car il serait, du reste,
presqu'impossible de tenir compte à la fois de toutes les
législations.

II. *Déchéance.* — La perte de la nationalité peut résulter d'une déclaration du gouvernement à titre de déchéance : par exemple lorsque, en cas de guerre déclarée
ou imminente, les citoyens ne sont pas rentrés dans leur
pays dans le délai fixé pour toute la Confédération par
son Président, ou quand des nationaux ont accepté des
fonctions publiques à l'étranger et que sommés de s'en
démettre, ils n'ont pas obéi à cette injonction.

III. *Séjour de dix ans à l'étranger.* — Bien qu'on ne
puisse pas abandonner à son gré la qualité de sujet allemand, on reconnut cependant qu'il serait injuste de la
conserver indéfiniment à celui qui s'expatrie sans esprit
de retour et qui, par conséquent, n'en supporte plus les
charges. On abandonne donc le premier principe de l'autorisation et on déclare que l'Allemand perdra sa nationalité par un séjour de dix années consécutives à
l'étranger; au bout de ce temps il est présumé s'y être

... autorisé à conclure des traités avec les nations étrangères, et d'y stipuler que les citoyens allemands perdront leur nationalité lorsqu'ils auront séjourné dans le pays contractant pendant cinq ans seulement [1].

IV. *Légitimation.* — Supposons qu'un enfant naturel ait été reconnu par son père de nationalité étrangère, et par sa mère d'origine allemande, il suit la condition de celle-ci dans tous les cas, seulement la loi allemande reconnaît que cet enfant, en cas de légitimation, doit prendre la nationalité de son père.

V. *Mariage.* — Conformément à notre disposition du Code civil, la femme allemande qui épouse un étranger suit la nationalité de son mari.

Nous ne voulons pas entrer dans l'examen critique de cette loi, notre but était seulement de constater les moyens légaux en vertu desquels s'acquiert et se perd la nationalité dans l'Empire germanique; les annexés qui voudraient dans l'avenir se rattacher à la France ne doivent pas oublier qu'ils ont à compter avec la législation allemande.

---

1. Traité avec les États-Unis-d'Amérique du 22 fév. 1868.

Première Partie.

Deuxième Partie.

Troisième Partie.